商聲振金石

The Promotor of
Epigraphy

紀念商承祚先生誕辰一百二十周年

Exhibition Commemorating
the 120th Anniversary of the Birth of Shang Chengzuo

深圳博物館 編

文物出版社

圖書在版編目（CIP）數據

商聲振金石：紀念商承祚先生誕辰一百二十周年 /
深圳博物館編. -- 北京：文物出版社，2024.10
ISBN 978-7-5010-8229-2

Ⅰ. ①商… Ⅱ. ①深… Ⅲ. ①商承祚—紀念文集
Ⅳ. ①K825.72-53

中國國家版本館CIP數據核字（2023）第220029號

圖録編輯委員會

主　　任：黄　琛

副 主 任：郭學雷　杜　鵑

主　　編：黄陽興

顧　　問：黄詩金

執行主編：陳珊婉

編　　委：劉　倩

内容編寫：黄陽興　陳珊婉　張　傲　劉　倩　高　雅

商聲振金石：紀念商承祚先生誕辰一百二十周年

編　　者：深圳博物館

責任編輯：王　偉

責任印製：張道奇

出版發行：文物出版社

社　　址：北京市東城區東直門内北小街2號樓

郵　　編：100007

網　　址：http://www.wenwu.com

郵　　箱：wenwu1957@126.com

經　　銷：新華書店

印　　刷：雅昌文化（集團）有限公司

開　　本：889mm×1194mm　1/8

印　　張：45.5

版　　次：2024年10月第1版

印　　次：2024年10月第1次印刷

書　　號：ISBN 978-7-5010-8229-2

定　　價：838.00元

喬聲振金石

紀念商承祚先生誕辰一百二十周年

The Promotor of Epigraphy

Exhibition Commemorating the 120th Anniversary of the Birth of Shang Chengzuo

主辦單位：深圳博物館　中山大學

協辦單位：故宮博物院　上海博物館　廣東省博物館　廣東民間工藝博物館

　　　　　重慶中國三峽博物館　南京博物院　南京大學博物館　太平天國歷史博物館

　　　　　湖南博物院　西泠印社

特別支持：番禺商氏家族

Organizers: Shenzhen Museum, Sun Yat-Sen University

Collaborators: The Palace Museum, Shanghai Museum, Guangdong Museum, Guangdong Folk Arts Museum, Chongqing China Three Gorges Museum, Nanjing Museum, Nanjing University Museum, The Historical Museum of Taiping Heavenly Kingdom, Hunan Museum, Xiling Seal Engraver's Society

Special support: The Shang family in Panyu

展覽委員會

深圳博物館：

主　　任：黃琛

副主任：郭學雷　杜鵑

學術策劃：黃陽興

展覽顧問：黃詩金

展覽統籌：喬文傑　李飛

策展人：陳珊婉

策展助理：張傲　劉倩　高雅

設計指導：周藝璇

文字編校：黃陽興　陳珊婉　張傲　劉倩　高雅　陳坤

英文翻譯：陳珊婉　弋子涵　鄧應知　黃宗晞

展務管理：饒珊軼　劉芷辰

施工統籌：古偉森　馮豔平

點交布展：黃陽興　黃詩金　陳珊婉　張傲　劉倩　高雅
　　　　　蔡明　利國顯　劉繹一　黃建彬　弋子涵　鄧應知
　　　　　胡亞楠

文物保護：盧燕玲　李懷誠　金爽　牛飛

行政支持：羅旋　李軍　邵揚　陳丹莎　閆明　林琳
　　　　　陳思賢　高文麗　饒光鋒　馮思瑜　劉靜宜　李浪鵬
　　　　　唐水江　王輝　袁濤

教育推廣：劉琨　張旭東　賴聰琳　呂宇威　郭嘉盈

社會服務：王彤　張采芩　黃景惠　黃佳妮

信息技術：海鷗　高原　文獻軍　楊帆

安全保衛：楊業彬　羅禮華

中山大學圖書館：

何文平　林明　張琦　肖卓　張紅　蔣文仙　陳莉

故宮博物院：

馮賀軍　魯穎　楊帆　見驊　楊兮　周詩琪

上海博物館：

王樾　趙岑瑒　胡嘉麟　韋心瀅　崔佳　武嘉儀

廣東省博物館：

肖海明　阮華端　陳栒　任文嶺　羅兵　歐陽雲

廣東民間工藝博物館：

黃海妍　胡舜　江寶儀　許穎思

重慶中國三峽博物館：

張榮祥　羅霞　江潔　楊婧　申林

南京博物院：

周竑　楊海濤　陳莉

南京大學博物館：

史梅　李文聶娜　馬音寧　周帥

太平天國歷史博物館：

孔令琦　問純

湖南博物院：

喻燕姣　王卉　任亭燕　王帥

西泠印社：

秦陶　諸葛慧

目　録
Contents

為商老速寫 黃永玉 一九八〇年 六月於五羊

黃永玉　商承祚畫像

紙本　墨筆
1980 年
縱 51.4 厘米　橫 34.4 厘米
中山大學圖書館藏

商承祚（1902～1991年），字錫永，號契齋，廣東番禺人，是我國近現代成就卓著的古文字學家、金石學家、考古學家、教育家、書法家與鑒藏家，任教於金陵大學、中山大學等多所著名大學，一生著述豐富。

商承祚出生成長於晚清民國政治與文化大變革時期，其學術與鑒藏深受清乾嘉以來金石學以及近代啓蒙思潮的影響。乾嘉時期，考據之學勃興，文人學者全面研究、整理數千年中華文明的典章文物，開創近代實證學風之先河，肇興於宋代的金石學全面復興并持續影響至晚清民國學術之發展。近代以來，中國面臨"三千年未有之大變局"，國家屢遭列強欺凌，西學也對中華文化形成了全面的衝擊。晚清民國有識之士倡導振興中華傳統文化，商承祚正是這樣一位胸懷"救亡圖存"愛國熱情與精神追求的大學者。

商承祚始終將金石學術研究、文物搶救保護、書畫碑帖鑒藏、書法篆刻創作與振興中華文化的思想抱負相結合。商承祚及其家屬先後將商氏所藏歷代古籍、古器物、書畫碑帖等萬餘件藏品悉數捐贈給深圳博物館、中山大學等十餘家國家單位，彰顯了商承祚"藏寶於國，施惠於民"的愛國情懷。2022年是商承祚誕辰120周年，此次特展旨在全面梳理和展示商承祚研究、傳承和弘揚中華文化的精神與成就，尤其是表彰其無私奉獻、服務國家的捐贈義舉，助力深圳至粵港澳大灣區文化事業更上一層樓。

Shang Chengzuo (1902~1991), who went by the courtesy name (zi) Xiyong and style name (hao) Qizhai, was born in Panyu, Guangdong Province. He was a paleographer, epigrapher, archaeologist, educator, calligrapher, and collector with outstanding achievements in Chinese modern history. During his lifetime, Shang Chengzuo taught at several prominent universities including the University of Nanking and Sun Yat-sen University and wrote extensively.

Shang Chengzuo grew up and lived in the late Qing Dynasty and the Republic of China, a period of great political and cultural change, and his scholarship and connoisseurship were greatly influenced by epigraphy from the Qian-Jia period in the Qing Dynasty, and by modern Chinese Enlightenment thinking. The study of textual criticism flourished during the Qing Dynasty and led to the creation of modern empirical scholarship. In modern times, having been bullied by the western powers, China was facing "a great change unprecedented in three thousand years", and Western Studies also had a comprehensive impact on Chinese culture. Shang Chengzuo was one of the great scholars with patriotic passion and ideological ambition who advocated the revitalization of traditional Chinese culture.

Shang Chengzuo had always combined the study of epigraphy, the rescue and conservation of cultural relics, and the appreciation of calligraphy, painting, inscriptions, and seal cuttings with his ambition to revitalize the Chinese culture. Shang Chengzuo and his family donated nearly 10,000 pieces of books, artifacts, works of calligraphy, paintings, and inscriptions to more than 10 public organizations including Shenzhen Museum and Sun Yat-sen University, demonstrating Shang Chengzuo's patriotic sentiment of "collecting national cultural relics to benefit the people of nation". As 2022 marks the 120th anniversary of Shang Chengzuo's birth, this special exhibition aims to comprehensively review and showcase Shang Chengzuo's spirit and achievements in studying, inheriting, and promoting the Chinese culture, especially in commending his selfless dedication, to enhance the cultural development undertakings in Shenzhen and the Greater Bay Area of Guangdong, Hong Kong, and Macao in China.

【第一單元】

金石學

Epigraphy
Study

金石學是對銅器、碑刻、錢幣及璽印等相關銘刻資料進行鑒別、考訂、研究之學的統稱。商承祚的學術成長得益於清乾嘉以來金石學興盛與晚清學術思潮變革的時代背景。

　　證經補史的金石學肇興盛起於趙宋之世。南宋覆亡以來，金石之學一度沉寂了數百年。清乾嘉年間，考據之學盛，金石學再度復興，搜訪、考證金石成爲一種學術時尚與審美活動。近代以來，隨着甲骨文、敦煌文書、簡牘文獻、古器物等大量文物的新發現，金石學不斷拓展，加以西方學術思想與觀念的傳播，傳統金石學逐漸向現代考古學轉型。

Epigraphy refers to the identification, review, and study of bronze ware, tablet inscriptions, coins, imperial seals, and other related materials. Shang Chengzuo's academic progress was derived from the flourishing of epigraphy since the Qian-jia period and the changes in academic thinking during the late Qing dynasty.

During the Song dynasties, epigraphy began to flourish but experienced hundreds of years of silence since the fall of the Southern Song Dynasty. During the Qian-jia Period in the Qing Dynasty, the study of textual research thrived and epigraphy was revived once again. In modern times, with the discovery of a large number of cultural relics such as oracle bone inscriptions, Dunhuang documents, bamboo and wooden slips, and ancient artifacts, epigraphy has continued to expand, and with the spread of western academic ideas and concepts, traditional epigraphy has been gradually transformed into modern archaeology.

何爲金石學

金石學是一門以古代青銅器與石刻等文物之上的文字爲研究對象的學問……金石者，往古人類之遺文，凡甲骨刻辭、彝器款識、碑版銘志及一切金石、竹木、磚瓦等之有文字者，皆遺文也。

——馬衡《中國金石學概論》

"金石學"者何？研究中國歷代金石之名義、形式、制度、沿革；及其所刻文字圖像之體例、作風；上自經史考訂、文章義例，下至藝術鑒賞之學也。

——朱劍心《金石學》

元明　金石學式微

宋代　金石學興起

宋代文人士大夫致力於恢復華夏禮制，法三代"先王之政"，儒學全面復興。學者重視金石文物收藏與研究，形成了集著錄、校勘、鑒別、考訂等系統方法的研究學科，爲復古提供文獻支持，開啓"證經補史"的中國金石考古學傳統，由此涌現了諸多名著。

①歐陽修《集古錄跋》（局部圖）
臺北故宮博物院藏
②呂大臨《考古圖》（清乾隆十七年黃氏亦政堂刻本）
（最早系統摹寫宮廷與私家藏古器物圖錄）
③王黼《宣和博古圖錄》（元至大重修本）
浙江圖書館藏
④趙明誠《金石錄》（清乾隆雅雨堂刊版）
⑤薛尚功《歷代鐘鼎彝器款識法帖》（清嘉慶二年刻本）
（宋代以此畫收錄彝器款識最豐富）

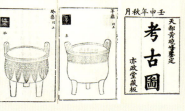

①

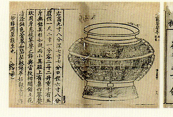

②

③

④

⑤

清代（清初至嘉道）金石學復興

清初以來，顧炎武、王夫之等反對空談，提倡經世致用，開啓樸實學風的先路。乾隆至道光年間，"以復古爲解放"的思潮推動了樸學（考據學）的興盛，金石學的發展也進入空前鼎盛時期。金石學者借鑒小學、經典校勘、史料辨僞等嚴謹治學之風，收集考訂鐘鼎彝器與各類古物，探訪研究名碑古迹，金石考古之風盛行一時。

此時期金石學研究範圍擴大，從鐘鼎彝器、碑刻塔幢等逐漸擴展到錢幣、璽印、兵器、玉器、鏡鑒以及佛道造像等，體制完備。但遺憾的是，清代金石學仍未脫離經學、小學的窠臼。

①畢沅《關中金石記》（經訓堂刻本）、《中州金石記》（商務印書館，民國二十五年）
②錢大昕《金石文跋尾》（清光緒十年長沙龍氏家塾刻本）
③孫星衍《平津館金石萃編》（清稿本）
④王昶《金石萃編》（清光緒石印本）
⑤翁方綱《粵東金石略》（清光緒二十七年廣州石經堂書局影印本）（開粵中金石學風氣之先）
⑥阮元《積古齋鐘鼎彝器款識》（清刻本）

①　　　　②　　　　④　　　　⑤

③　　　　　　　⑥

清代（晚清）金石學轉型

清道咸以來，金石學一方面承乾嘉學術遺風，另一方面亦逐漸受托古改制的今文經學思潮之影響。晚清民國時期，國際文物收藏、考古與研究正興，城市擴張與工業建設、考古探險等促使文物大量出土，甲骨學、簡牘學和敦煌學等隨之誕生，以此爲契機，傳統金石學逐漸向現代考古學轉型。

①陳介祺《十鐘山房印舉》（清鈐印本）
②吳大澂《愙齋集古錄》（吳湖帆重裝本）
③孫詒讓《契文舉例》（民國十六年上海蟫隱廬石印本）
④羅振玉《殷虛書契》（近代集大成的著名學者，商承祚師）

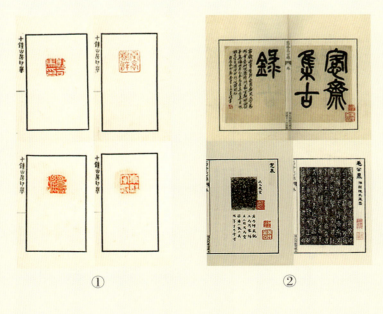

③

④

①　　　　　　②

王厚之　鐘鼎款識

漢陽葉氏刻本
清·道光二十八年（1848年）
商承祚家屬捐贈
中山大學圖書館藏

　　宋代金石考古著作的整理與價值重估爲乾嘉金石學復興奠定了基礎，阮元可謂居功至偉。阮元主張"器者，所以藏禮""欲觀三代以上之道與器，九經之外，捨鐘鼎之屬，曷由觀之"，其在彝器銘文考釋研究上具有篳路藍縷之功，影響經史與金文互證之學風。宋拓《鐘鼎款識》是追慕兩宋金石雅趣、考據三代遺風的重要物證。期間，錢大昕、黃易、潘奕雋、陸恭、錢泳、翁方綱、阮元、張燕昌、朱爲弼等均是《鐘鼎款識》鑒賞的重要學者。

　　由此因緣，阮元又編《積古齋鐘鼎彝器款識》，集阮氏與江德量、朱爲弼、孫星衍、錢坫、江藩、張廷濟等人所藏鼎彝拓本款識精華摹勒匯爲一書，計560件。這是清代第一部輯錄諸家藏器拓本考釋而成的款識專書，是清中後期許多學者研究金文的起點和重要參考。金石學家吳雲《兩罍軒彝器圖釋》序曾評價："三代文字之不絕於今者，實賴此書維系之也。"

　　王厚之（1131～1204年），號復齋，江西臨川人。南宋著名金石學家、理學家和藏書家。王氏博雅好古，深通籀篆，富藏彝器及金石碑刻，輯有《鐘鼎款識》《復齋金石錄》《復齋碑錄》《漢晉印章圖譜》等。《鐘鼎款識》含商、周、漢代59器的款識拓本，輾轉流傳，清初經曹溶、朱彝尊、馬思贊等遞藏，後又歸吳門蔣春皋池上書堂、陸氏松下清齋，至清嘉慶七年（1802年）歸於阮元後，由其詳加考釋并摹鋟成書。道光年間，漢陽葉氏依據阮元刻本影刊。此書爲商承祚重要的金石藏書之一。

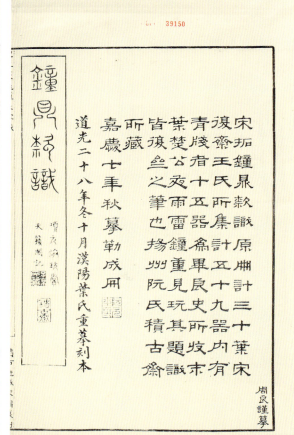
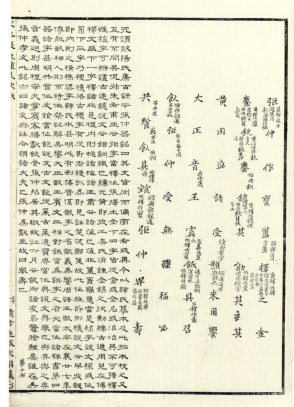

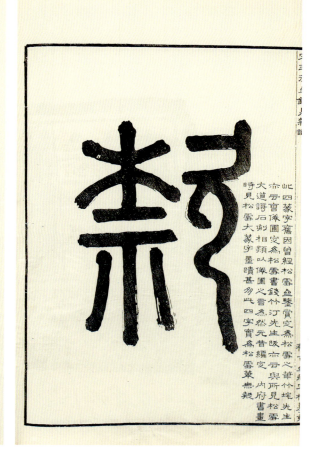

法帖十五作張仲簋從劉原父歐陽公釋
呂大臨與叔作虢趙德父黃長睿同之

此乃劉原父簋蓋劉奕於權場得之以不全故留於其家劉屢潮州

○○二

翁方綱　隸書七言聯

紙本　墨書
清（1616～1911 年）
縱 127.4 厘米　橫 30.8 厘米
故宮博物院藏

釋文：詩追白傳元和體，書
仿黃庭內景經。書奉燕南老
先生雅鑒，覃溪翁方綱。
鈐印：復初齋（朱文）、翁方
綱印（白文）、覃溪（朱文）。

　　翁方綱（1733～1818
年），字正三，號覃溪，晚
號蘇齋，順天大興（今北京）
人。乾隆十七年（1752 年）
進士，曾任廣東學政，官至
內閣學士，乾嘉時期主盟文
壇，博聞強識，詩文書法俱
佳，尤擅長金石碑帖之考據，
是帖學轉向碑學的啟蒙人物
之一。

　　翁方綱著有《復初齋
詩文集》《粵東金石略》《兩
漢金石記》等，開粵中金石
學風氣之先。此作結體嚴謹
勻稱，風格古樸遒勁，其寧
靜、質樸之氣體現出乾嘉學
者的書法思想。

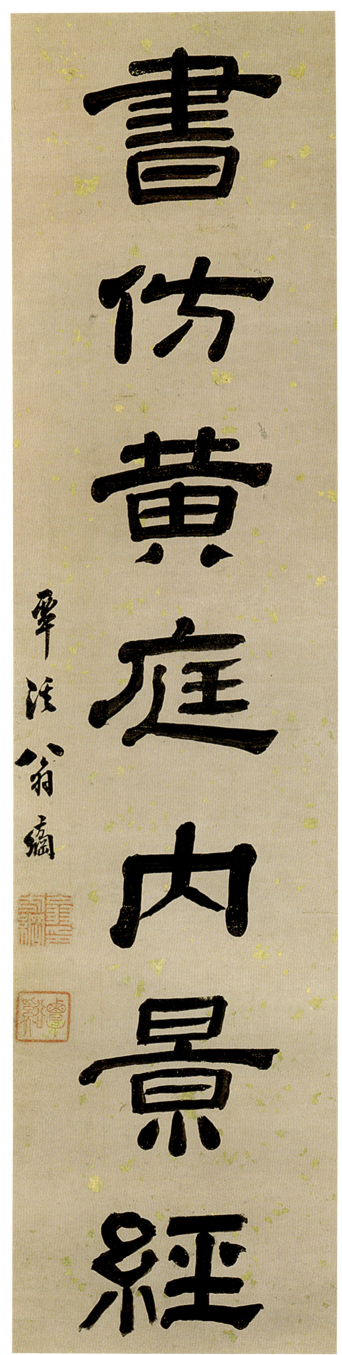

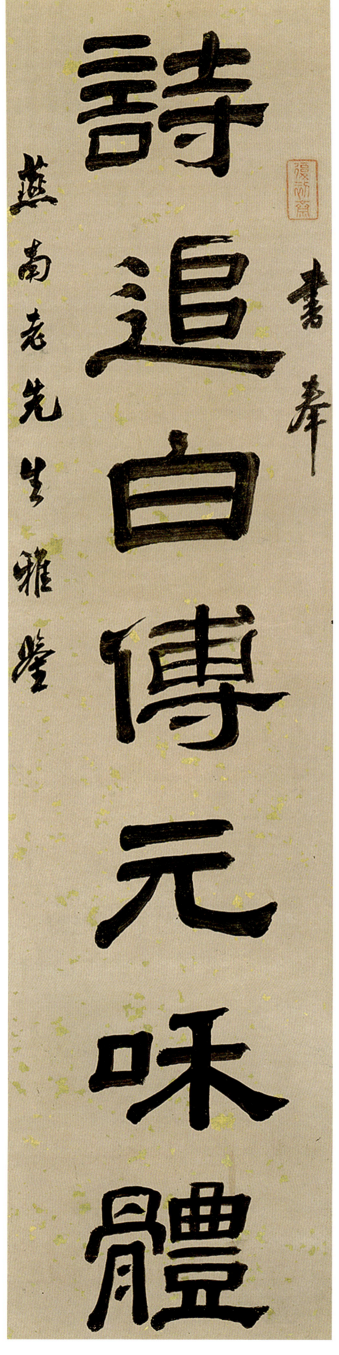

○○三

黃易　隸書臨楊太尉碑軸

紙本　墨書
清（1616～1911 年）
縱 69 厘米　橫 27.5 厘米
故宮博物院藏

釋文：聖漢龍興，楊憙佐命。公侯之胄，必復其始。是以神祇降祚，乃生于公。實履忠貞，恂美且仁。博學甄微，靡道不該。又明尚書歐陽河洛緯度。窮神知變，與聖同符。楊太尉碑石已不存，余得宋搨本，日臨一過。古脩先生正定。杭人黃易。
鈐印：易（朱文）、別字小松（白文）。

黃易（1744～1802 年），字大易，號小松、秋庵，浙江錢塘人。乾嘉年間杰出的金石學者，富藏金石碑拓，善篆刻，"西泠八家"之一。曾廣尋殘碣斷碑，整理研究，著有《小蓬萊閣金石文字》《嵩洛訪碑日記》等，繪有《訪碑圖》，盛傳學林。其書畫作品以鐘鼎入隸法，帶有濃鬱的金石味。

該書作節錄宋拓《楊太尉碑》。據沈津《翁方綱年譜》載，乾隆四十二年（1777 年），翁方綱作《漢楊太尉碑宋拓本爲黃小松》，可知翁氏爲黃易所獲宋拓《楊太尉碑》題詩。則黃易此書蓋作於 1777 年前後，時約 34 歲。

〇〇四

孫星衍　寰宇訪碑錄

清·光緒十一年（1885年）
吳縣朱氏刻本
商承祚家屬捐贈
中山大學圖書館藏

孫星衍（1753～1818年），字淵如、號伯淵，江蘇陽湖人。乾嘉學派重要代表學者，精研經史、文字、音訓之學，旁及諸子百家，精於金石碑版，篆隸兼工。

孫星衍歷官山東督糧道、山東布政使、晚年被浙江巡撫阮元聘爲詁經精舍教習。阮元創辦的詁經精舍與當時浙江敷文、紫陽書院以科舉考試爲原則不同，而是提倡培養經世致用之人才、聘請如王昶、孫星衍等乾嘉名流學者授課，可謂阮元在廣州創辦學海堂的先聲。

孫星衍著述宏富，有《尚書古今文注疏》《周易集解》《平津館金石萃編》《京畿金石考》《寰宇訪碑錄》等。《寰宇訪碑錄》收大量周秦至宋元碑版，皆著其出處，間有考證，是乾嘉學派在金石考據方面的代表性著作，爲後代金石研究之典範。

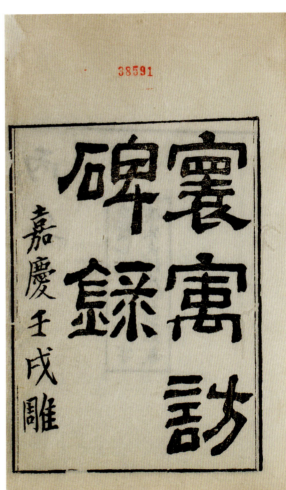

○○五

孫星衍　篆書軸

紙本　墨書
清·嘉慶二十年（1815年）
縱50.3厘米　橫33.5厘米
商承祚捐贈
廣東省博物館藏

釋文：南登之罘，東上泰山。立石頌德，以作嘉觀，欺天罔人。嘉慶乙亥歲花朝，書於金陵市。思亭仁弟，孫星衍。
鈐印：孫星衍印（白文）、伯淵（朱文）。
鑒藏印：百研室藏（白文）。

　　"思亭仁弟"或當指吳脩（1764～1827年），號思亭，浙江海鹽人。官至布政使司，工詩古文，精於書畫金石考證鑒別，著有《思亭近稿》《吉祥居存稿》等。曾刻清人600餘家尺牘，即《昭代名人尺牘》。吳脩與錢大昕、孫星衍交往頗多，孫氏詩文集中常見與吳思亭往來奉答之詩。據孫星衍《乙亥花朝，同人集五畝園，吳思亭有詩見詒，次韵奉答》，詩中雅集之地"五畝園"爲孫星衍在金陵的齋號，此書軸落款時間、地點皆與該詩相同，蓋爲同日所贈之作。此書後歸晚清民國藏硯名家許脩直（1881～1954年）所得，其字西溪，晚年號百研室主。

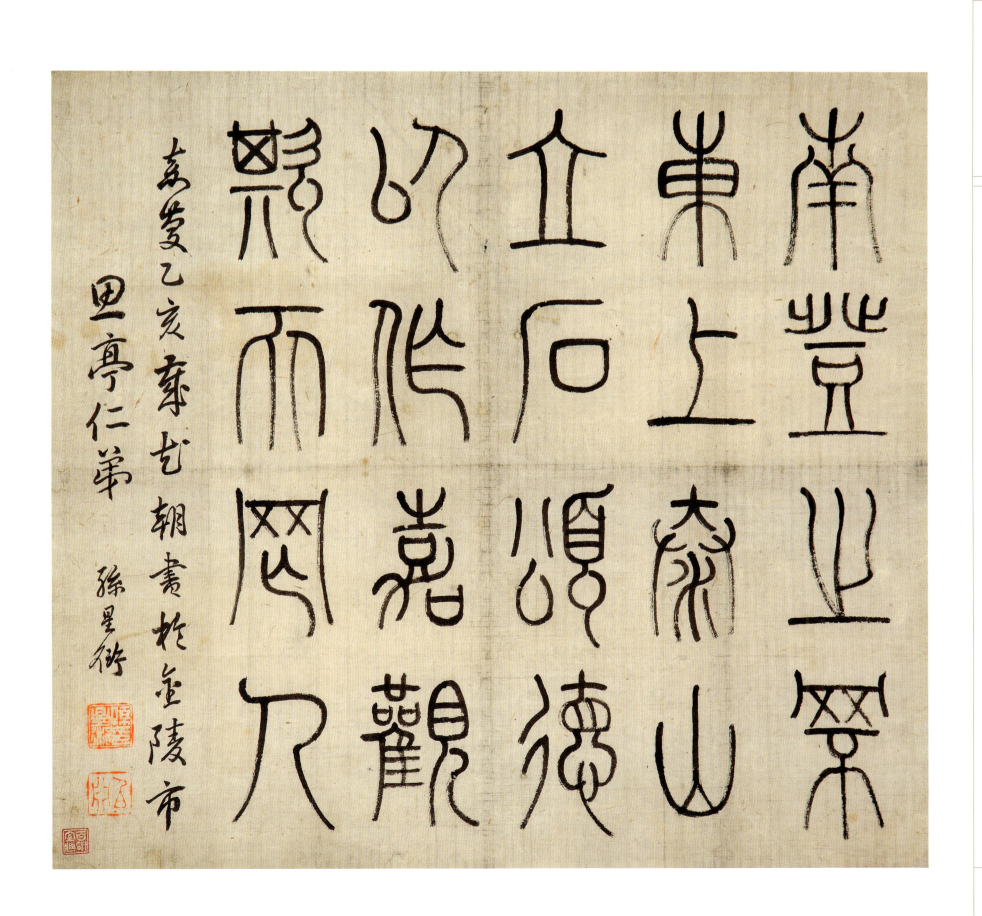

阮元　揅經室集

民國（1912～1949年）
上海商務印書館據清道光阮氏初刻本影印
商承祚家屬捐贈
中山大學圖書館藏

　　阮元（1764～1849年），字伯元，號揅經老人，江蘇揚州人。官至兩廣總督、體仁閣大學士，著名經學家、訓詁學家、金石學家，乾嘉學派晚期代表人物，繼翁方綱之後主盟文壇。創立廣州學海堂，培養了大批通經史、識時務的才學之士，對嶺南近代思想啓蒙貢獻卓著。

　　《揅經室集》是阮元自編定稿的個人文集。此外，阮元還編著有《經籍籑詁》《十三經校勘記》《山左金石志》《兩浙金石志》等。

　　阮氏弟子徐熊飛云："公餘多暇，好古彌殷。雕用敏之圖編（重刻薛尚功《鐘鼎款識帖》），鋟復齋之鈐册（又刻王復齋款識）。周戈漢印，手自箋題（夫子藏有周戈五、秦漢印章十）；晉碣唐碑，親爲考索。固已標期淵雅，爭推博奧之宗。義蘊昭明，群仰圖書之秘矣。而乃雕旗風暖，拂拭叢殘；畫戟香清，摩挲缺蠹。錦囊炳墨，沿洄竹素之林；册府丹黃，臚列琅嬛之館。"

　　經過乾嘉學者的不斷倡導，金石鼎彝鑒藏之風日益興盛。據清陳康祺《郎潛紀聞二筆》中記云："乾嘉巨卿魁士，相率爲形聲、訓詁之學，幾乎人肆篆籀，家耽蒼雅矣。諏經權史而外，或考尊彝，或訪碑碣，又漸而搜及古磚，謂可以印證樸學也。"

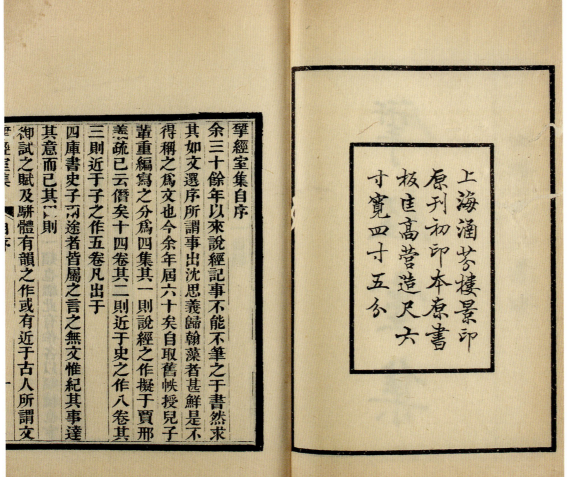

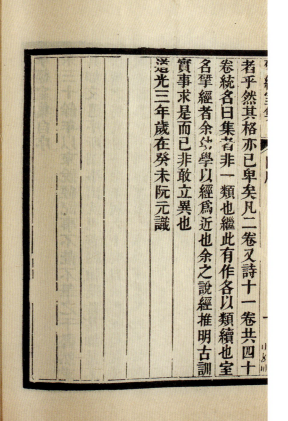

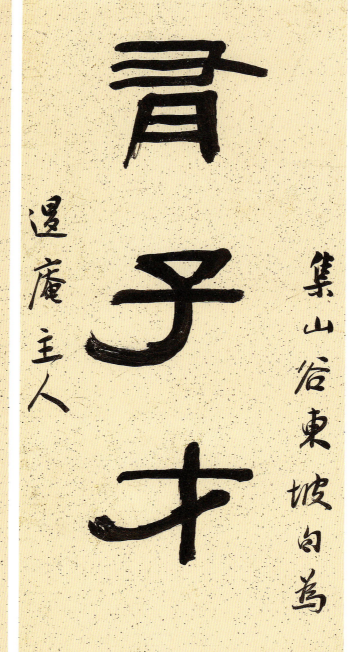

先生可是絕俗人　有子才如不羈馬

退庵主人

集山谷東坡句為

阮元

○○七　阮元　隸書七言聯

紙本　墨書
清（1616～1911年）
縱125.5厘米　橫29厘米
故宮博物院藏

釋文：有子才如不羈馬，先生可是絕俗人。集山谷、東坡句，為退庵主人。阮元。
鈐印：阮元私印（白文）、撫浙使者（白文）。
鑒藏印：藥農平生真賞（朱文）。

據林則徐《誥授資政大夫兵部侍郎都察院右副都御史江蘇巡撫梁公墓志銘》謂梁章鉅："生平精鑒藏，其辯證金石，討論隸古，與覃谿閣老、阮雲臺太傅、伊墨卿太守、程春海少農特相器重。"阮元以"集山谷、東坡句"書贈梁章鉅，既顯示了其"崇宋學之性道，而以漢儒經義實之"的學術精神，也體現了對梁氏才學的讚賞。

該作品後經近現代著名書畫鑒藏家趙㷆黃（1883～1960年）所藏，其號藥農，又號去非，江蘇武進人，清代史學家趙翼之後，中國生藥學界元老，故鈐有"藥農平生真賞"鑒藏印。

學海堂

　　學海堂，由清代兩廣總督阮元於 1824 年創立，爲當時省級官辦最高學府，大體位於現廣州越秀山上。學海堂設立八位"學長"，刊刻《皇清經解》，以經史實學爲教學旨歸，倡導融通漢宋之學，經世致用，崇尚科學。阮元曾稱："此堂專勉實學，必須八學長各用所長，協力啓導，庶望人才日起。"學海堂辦學至 1897 年，精英薈萃，爲廣東近代文化思想的崛起奠定了基礎。後有吳榮光仿學海堂制在湖南創設湘水校經堂，首開湖南書院改革之風。

黃培芳繪，學海堂圖（參見林伯桐編《學海堂志》，清道光十八年（1838 年刊印本））

①

②

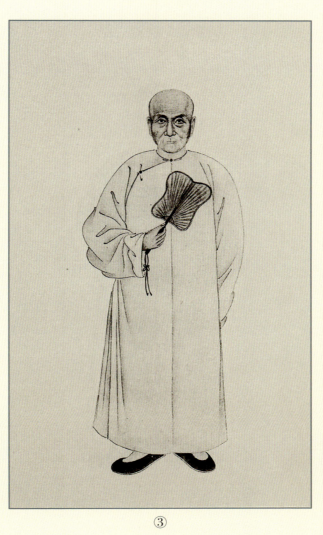

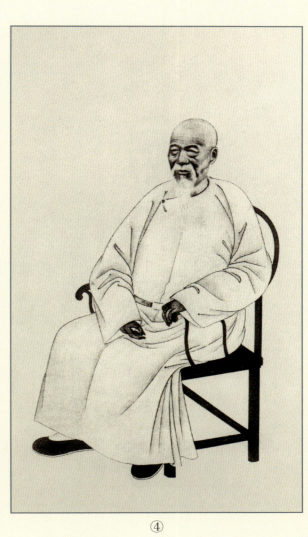

①阮　元（1764～1849年）
②吳蘭修（1789～1839年）
③張維屏（1780～1859年）
④陳　澧（1810～1882年）
（清）葉衍蘭、葉恭綽編《清代學者像傳》

③

④

《授經圖卷》阮元、吳榮光、何紹基（從上至下）　廣東佛山市博物館藏

吳榮光 辛丑銷夏記

清·光緒三十一年（1905 年）
長沙葉氏郋園刻本
商承祚家屬捐贈
中山大學圖書館藏

　　吳榮光（1773～1843 年），字伯榮，號荷屋、可庵，晚號石雲山人，廣東南海人。嘉道年間嶺南著名學者、藏書家、書畫金石鑒藏家，師從阮元，曾效仿其師創辦湘水校經堂，講授經史。

　　《辛丑銷夏記》收錄吳榮光收藏及借觀法帖書畫 146 種，珍品名迹甚多。書中備錄作品尺寸、題跋及印記，間附載其自作詩跋和題記。作品真贗考辨及流傳經過記叙詳賅，爲書畫著錄之佳作。

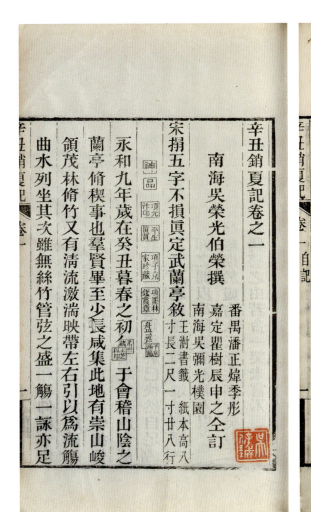

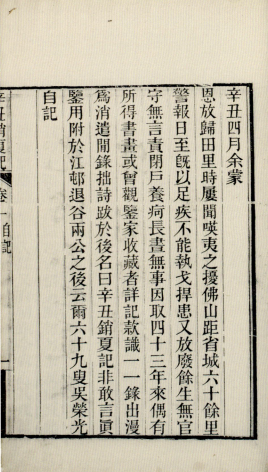

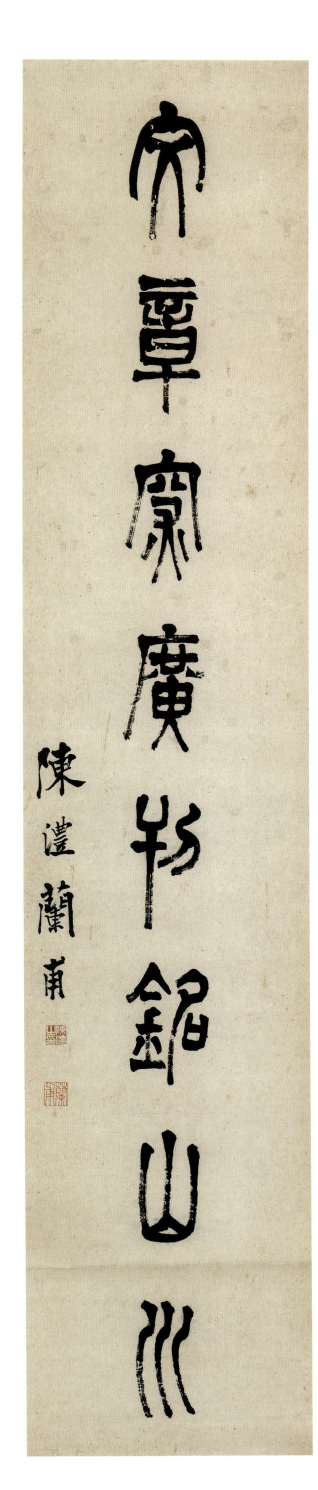

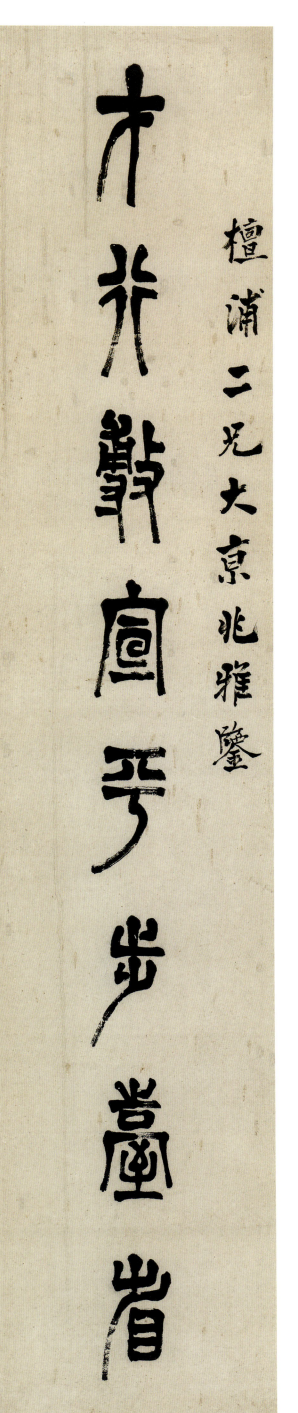

檀浦二兄大京兆雅鑒

○○九
陳澧　篆書八言聯

紙本　墨書
清（1616～1911年）
縱167厘米　橫33厘米
商承祚家屬捐贈
深圳博物館藏

釋文：才行敷宣平步臺省，文章深廣刊
銘山水。檀浦二兄大京兆雅鑒，陳澧蘭
甫。
鈐印：陳澧之印（白文）、蘭甫（朱文）。

　　陳澧（1810～1882年），字蘭甫，
號東塾，廣東番禺人。清代經學家、教
育家，曾任學海堂學長。提倡樸學，從
學者甚多，形成“東塾學派”。曾爲商
承祚祖父商廷煥之師。
　　其書法廣取秦篆、金文和石鼓文之
用筆，對嶺南金石書法發展起到了推動
的作用。
　　梁肇煌（1827～1887年），字檀
浦，廣東番禺人。同治九年（1870年）
任順天府尹，即大京兆。

碑學中興

《藝舟雙楫》《廣藝舟雙楫》爲金石碑學發展中的重要著作。

包世臣《藝舟雙楫》分六卷。前四卷論文，抒發己見，錄己作書、序、碑傳等文；後兩卷論書，闡述書法理論、用筆源流及學書心得。前後合編，故稱"雙楫"。《藝舟雙楫》提倡碑學，爲後世書法定下了"揚碑抑帖"的基調。

康有爲《廣藝舟雙楫》是對包世臣《藝舟雙楫》"揚碑抑帖"思想的進一步弘揚。此書大力推崇漢魏六朝碑學，尤其是北碑。康有爲結合其變法的哲學思想，提出了書法發展變遷的必然性。因此，《廣藝舟雙楫》既是其政治思想在藝術方面的體現，又推動了碑學的實踐，是碑學理論的集大成之作。

  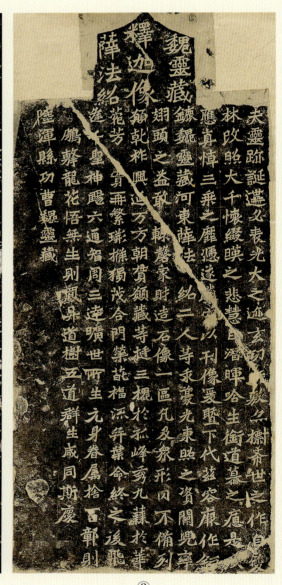

① ② ③

① 《乙瑛碑》刊刻於東漢永興元年（153年），爲漢隸成熟的標志碑之一。
② 《孔羨碑》又稱《魏魯孔子廟碑》，三國魏黄初元年（220年）立。
③ 北魏《魏靈藏薛法紹造像記》（嘉慶拓本）爲龍門二十品之一，現存於洛陽龍門石窟古陽洞北壁。

○一○

包世臣　藝舟雙楫

清光緒十年（1885年）
安徽聚文堂重刊本
深圳博物館藏

　　包世臣（1775～1855年），字慎伯，號誠伯、慎齋，安徽涇縣人。清嘉道著名學者、書法家、書學理論家，倡導經世之學，師從碑學巨擘鄧石如。

　　包世臣發揚金石碑版之學，著有《藝舟雙楫》，推崇北碑，認爲北朝人書"落筆峻而結體莊和，行墨澀而取勢排宕"，對清中後期書風的變革影響巨大。

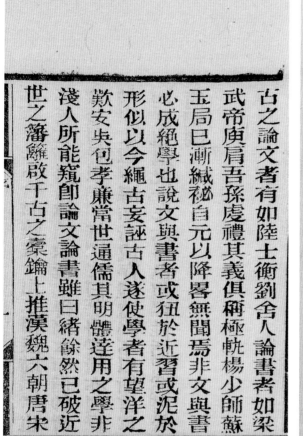

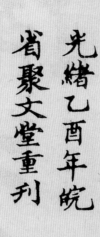

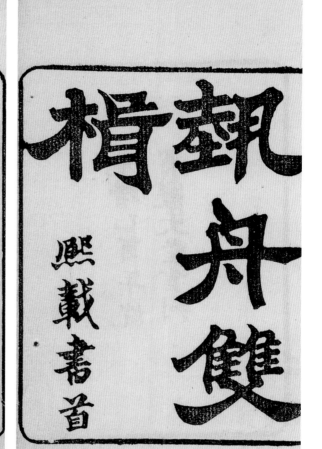

○一一

包世臣　行書八言聯

紙本　墨書
清（1616～1911 年）
縱 171.5 厘米　橫 30 厘米
商承祚家屬捐贈
深圳博物館藏

釋文：春暉秋明海澄嶽靜，準平繩直規圓矩方。
賓叔先生雅鑒，安吳包世臣。
鈐印：包世臣印（白文）、慎伯（朱文）。

　　"賓叔先生"當即柳賓叔（1795～1880 年），名興恩，江蘇丹徒人。道光十二年（1832 年）舉人，著名文學家、經學家。師從嘉道文壇盟主阮元，尤精於穀梁之學，著有《穀梁箋》。晚清廣東學海堂大儒陳澧贊嘆其精博。另有《宿一齋詩文集》以及《周易卦氣輔》四卷、《毛詩注疏糾補》三十卷、《劉向年譜》二卷等多部經史學著作。包世臣與柳賓叔早年即相識，後皆在經學方面成就卓越。此幅對聯表彰柳賓叔經史治學之成就。

《六朝書道論》爲《廣藝舟雙輯》日文版，對近代日本書法影響巨大。

○一二

康有爲　廣藝舟雙楫

民國五年（1916年）
上海廣藝書局
深圳博物館藏

　　康有爲（1858～1927年），字廣厦、號長素、西樵山人等，廣東南海人。近代思想家、政治改革家、書法家。著有《新學僞經考》《孔子改制考》《南海先生詩集》等。

　　康有爲著《廣藝舟雙楫》，集碑學理論之大成，掀起了"尊碑抑帖"的書法革命，影響極爲深遠。

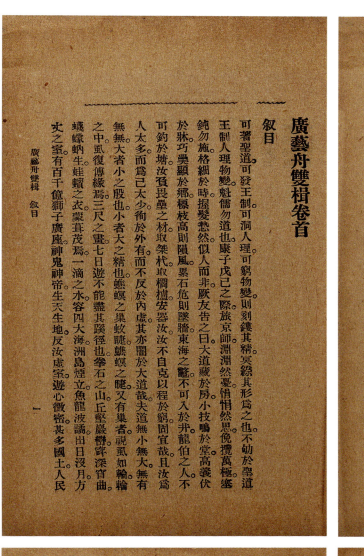

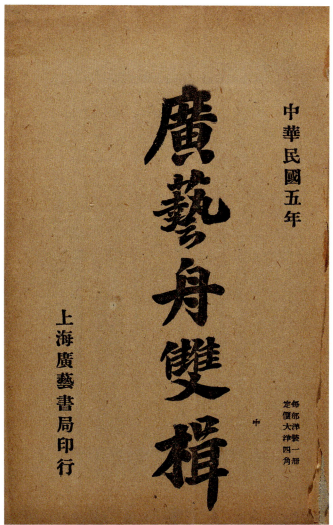

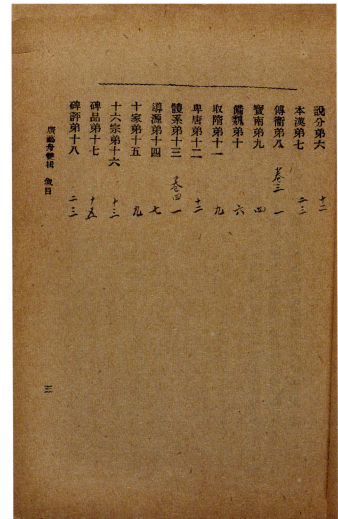

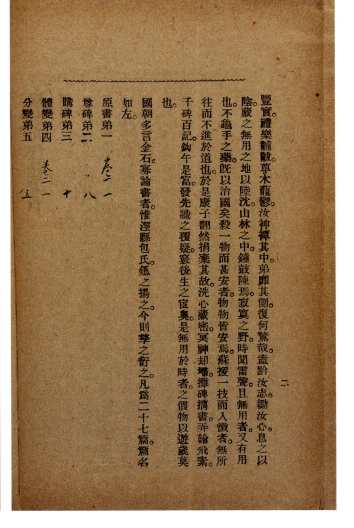

康有爲　致商衍鎏信札折頁（其一）

紙本　墨書
民國八年（1919 年）
縱 18 厘米　橫 13.5、11.6 厘米
商承祚家屬捐贈
深圳博物館藏

釋文（一）：學仙忘其高節，不知學仙乃其寄托也，賦三詩發明之。寄呈藻亭侍講兄正之。己未十月，康有爲。
釋文（二）：藻亭仁兄：震岩同年太夫人（何姓並示）是不八十大壽（今年舉行），若然，吾須賀（吾已製得聯），望即示，即請。
鈐印：康有爲印（白文）。

　　康有爲書法渾穆大氣，帶有濃鬱的魏碑韵味。商承祚之父商衍鎏思想開明，與康有爲素有往來，支持其變法自強的主張。商衍鎏、商承祚曾藏康有爲信翰多件，并結集出版。

紙本　墨書
民國八年（1919 年）

小學與金石學

　　"小學"指研究古文字的學問，包含音、義、形三方面，即音韵學、文字學、訓詁學。宋代金石學興起，考釋文字，證經補史，小學和金石學緊密聯係。清代乾嘉以來，小學全面鼎盛，涌現出王念孫王引之父子、段玉裁等集大成的學者。清中後期，豐富的金石出土文物以及多元的文化交流爲古文字學發展提供了大量實物資料，研究成果頗豐。故康有爲《廣藝舟雙楫》稱："乾嘉之後，小學最盛，談者莫不藉金石以爲考證史學資本。"少時商承祚的古文字學習便啓蒙於此。

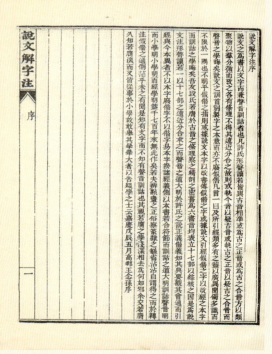

商承祚於《長沙古物聞見記》自序中回憶："…… 時十二齡，日附讀鄰家，夜取插架阮氏《積古齋鐘鼎彝器款識》、段注《説文》，反復檢閲。"

○一四

段玉裁　説文解字注

1967 年
世界書局
深圳博物館藏

　　段玉裁（1735 ～ 1815 年），江蘇金壇人。清代集大成的文字訓詁學家、經學家，以小學享譽學林。

　　東漢許慎著《説文解字》是中國最早的系統分析漢字字形和考究字源的辭書，影響深遠。《説文解字注》是對該書的研究與注釋，極大地推動了清代古文字研究的發展。

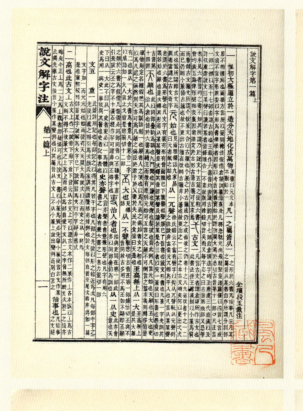

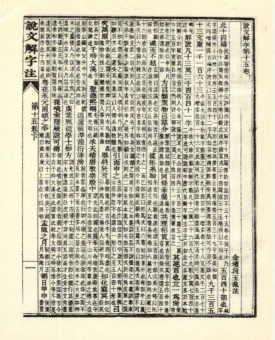

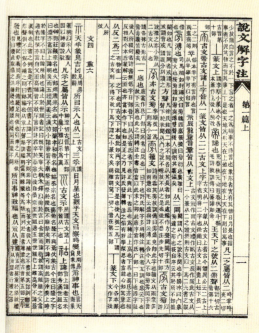

○一五　謝啓昆　小學考

清·光緒十四年（1888年）
浙江書局刻本
商承祚家屬捐贈
中山大學圖書館藏

　　謝啓昆（1737～1802年），字蘊山，號蘇潭，江西南康人。乾嘉歷史學、方志學的代表人物，師從翁方綱，著有《樹經堂集》《史籍考》《廣西金石錄》等。

　　《小學考》是我國第一部語言文字專科目錄書，反映出小學從經學附庸逐漸成獨立學科。清晚期著名學者、翰林院編修俞樾在其序中稱嘆"欲治小學者不可不讀此書"。

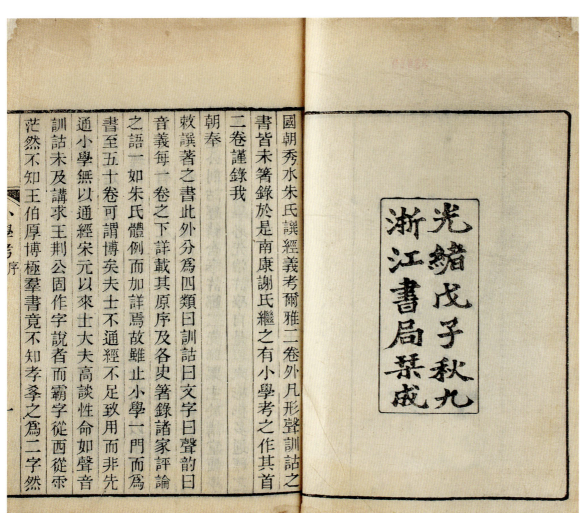

○一六

潘仕成　潘氏泉譜

稿本
商承祚家屬捐贈
中山大學圖書館藏

　　潘仕成（1804～1873年），字德畬，廣東廣州人。清末嶺南著名的國際巨商、金石書畫鑒藏家。營建嶺南第一名園——海山仙館，內設"文海館"，以藏書數萬卷聞名。

　　周時以"泉"爲錢的代稱。據東漢許慎《說文解字》："古者貨貝而寶龜，周而有泉，至秦廢貝行錢。"新朝王莽"附會周禮，托古改制"仍以"泉"稱，遂爲歷代沿用。乾嘉以來，隨着金石學的興起，古泉迎來了第一次收藏與研究熱潮，相關著錄層出不窮。嘉道書畫名家戴熙《古泉叢話》云："藏錢以足補史傳之缺者爲貴。故異錢可考者，上也；無可考者，次也；壓勝，下也。"可見當時乾嘉學者仍恪守"證經補史"的中國考古學傳統。

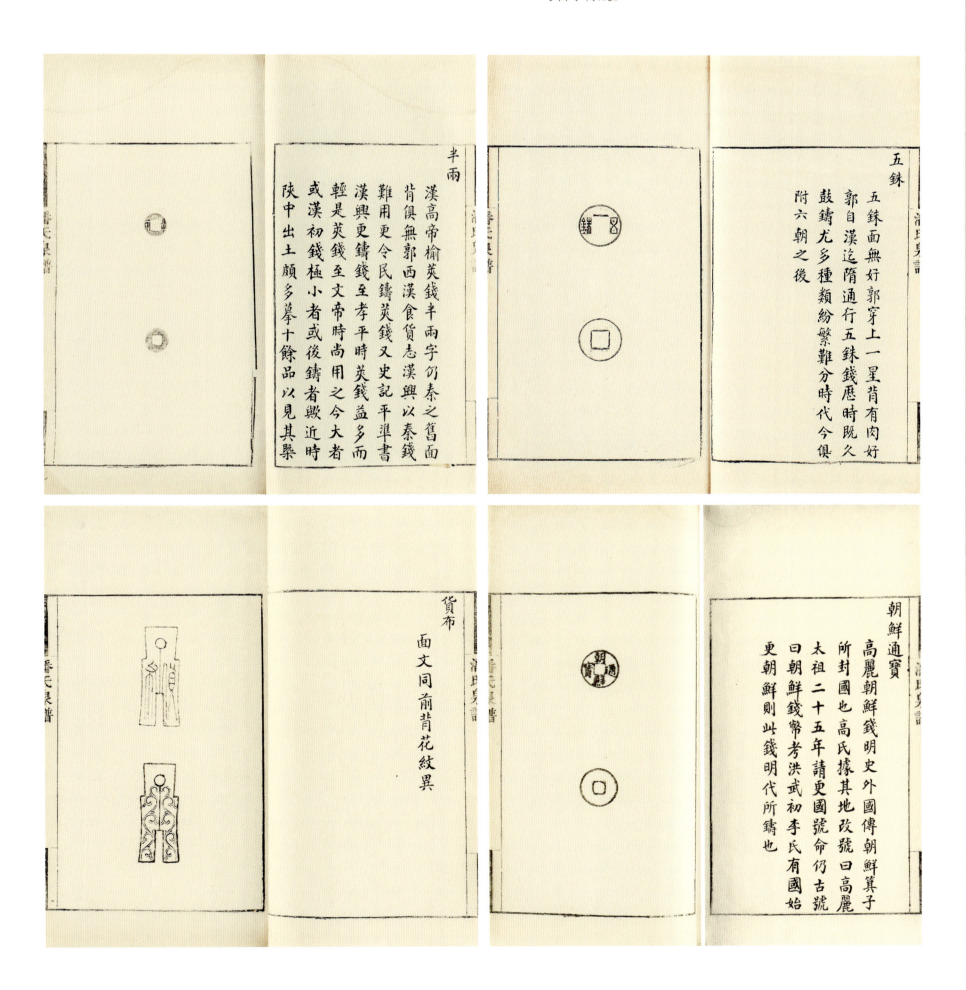

半兩

漢高帝榆莢錢半兩字仍秦之舊面背俱無郭西漢食貨志漢興以秦錢難用更令民鑄莢錢又史記平準書漢興更鑄錢至孝平時莢錢益多而輕是莢錢至文帝時尚用之今大者或漢初錢極小者或後鑄者皴近時陝中出土顏多舉十餘品以見其綮

五銖

五銖面無好郭穿上一星背有肉好郭自漢迄隋通行五銖錢歷時既久鼓鑄尤多種類紛繁難分時代今俱附六朝之後

貨布

面文同前背花紋異

朝鮮通寶

高麗朝鮮錢明史外國傳朝鮮箕子所封國也高氏據其地玫號曰高麗太祖二十五年請更國號仍古號曰朝鮮錢幣考洪武初李氏有國始更朝鮮則此錢明代所鑄也

張鳳　漢晉西陲木簡彙編

民國二十年（1931年）
上海有正書局影印本
商承祚家屬捐贈
中山大學圖書館藏

張鳳（1887～1966年），字天方，浙江嘉善人。旅法考古學者，精研漢晉木簡，所輯《漢晉西陲木簡彙編》收入西北出土簡牘251枚，以傳統金石學的研究方法對其進行整理研究。

斯坦因中亞考察所獲的漢晉簡牘材料是古文獻在近代的重大發現之一。如居延漢簡便與敦煌藏經洞遺書、殷墟甲骨文、明清內庫檔案并稱爲近代古文獻的四大發現。張鳳曾在法國隨著名漢學家馬伯樂求學。回國時，馬伯樂將斯坦因第三次中亞考察時所獲簡牘照片和出土編號等資料贈以張鳳。後張鳳將此部分資料匯編成書，其中斯坦因第二、第三次所獲簡影爲一編，并對第三次發現的木簡作了考釋，大大推動了近代學術的發展。

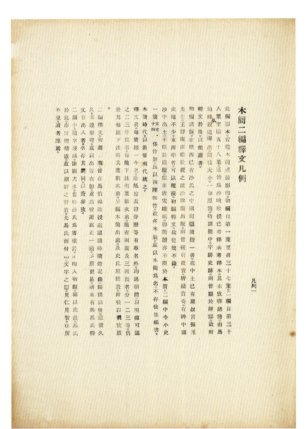
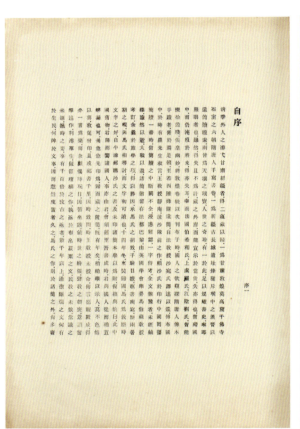
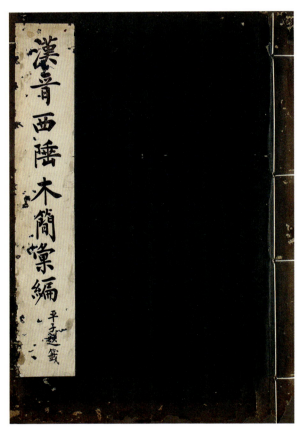
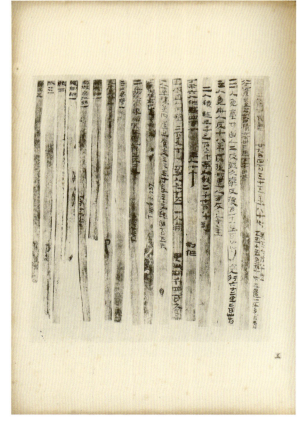
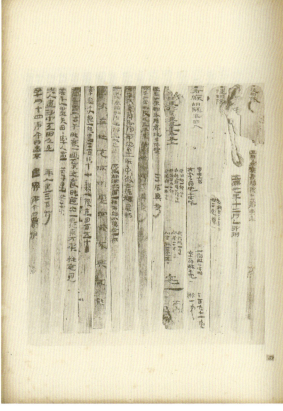
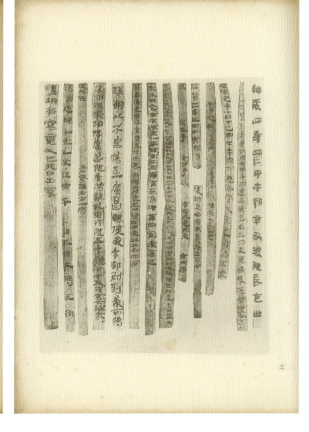

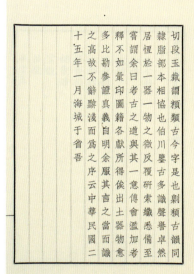

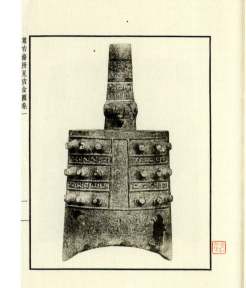

○一八

黃濬　尊古齋所見吉金圖

民國二十五年（1936年）
北平尊古齋影印本
商承祚家屬捐贈
中山大學圖書館藏

　　黃濬（1880～1952年），字伯川，湖北江夏人，近代北京琉璃廠重要古玩商人，精於商周秦漢銅器鑒藏與研究，涉獵廣泛，包括商周銅器、銅鏡、玉石、古磚瓦等。黃伯川曾在同文館學習，通曉德、英、法三國外語。後在尊古齋從事古董生意，多與外國人往來。黃伯川注重古物圖錄編輯，編有《尊古齋古鐘集林》十二冊、《衡齋藏印》十六冊、《衡齋金石識小録》二卷、《鄴中片羽》二卷、《衡齋吉金識小録》二卷、《衡齋藏見古玉圖》二卷、《尊古齋所見吉金圖》四卷、《尊古齋陶佛留真》二卷、《古玉圖録》四卷、《尊古齋集印》六十卷等。

　　黃伯川與羅振玉、馬衡、郭沫若等金石學者交往頗多。商承祚所編《十二家吉金圖録》中的一家便是尊古齋黃伯川。

金石璽印

　　從廣義上講，甲骨、封泥、兵符、印璽、錢幣、簡牘等都屬金石學的重要分支。西泠印社社長、著名金石學者馬衡指出：“刻印家……即一切金石文字也在研究之列。故金石家不必爲篆刻家，而刻印家必出於金石家，此所以刻印家往往被稱爲金石家也。”商承祚自幼學習篆刻治印，曾以日摹漢印十餘方爲常課，對其日後金石研究具有深遠影響。

汪啓淑
《漢銅印叢》
民國（1912～1949年）
商承祚舊藏

汪啓淑（1728～1799年），字秀峰，號切庵，自稱“印癖先生”。清著名藏書家、金石學家、篆刻家，廣收歷代印章數萬鈕。著有《飛鴻堂印譜》，與明末張灝《學山堂印譜》、清初周亮工《賴古堂印譜》并稱爲“三堂印譜”，在中國印學史上聲名卓著。

何秀峰
《秦漢官印譜》
民國十七年（1928年）
商承祚舊藏

何秀峰（1898～1970年），號印廬、冰庵，廣東中山人。收藏名家印章過千，齋名千印樓、念劬閣。篆刻求教於王褆、易孺等名家，得元人及西泠遺法。輯有《印廬印存》《冰庵劫餘印存》。

陳介祺
《簠齋藏古玉印譜》
民國十九年（1930年）
商承祚舊藏

由何昆玉集拓清金石藏家陳介祺自藏古玉印67方。何昆玉（1828～1896年），字伯瑜，廣東高要人。擅摹拓金石彝器璽印。

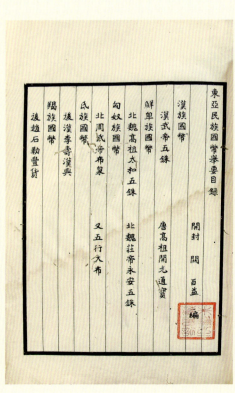

關百益
《東亞民族國幣舉要》
民國十九年（1930年）
商承祚舊藏

關百益（1882～1956年），字益齋，河南開封人。著名金石考古學家、書法家，師從羅振玉。著有《金石學》《考古淺説》《殷虛文字存真》等。此書收錄東亞各民族錢幣，是研究東亞各民族貨幣的重要參考資料。

古璽印是了解古代官職、印章制度、文字演變的重要物證。
"印宗秦漢"，秦代官印制度、文字和形制都趨於規範。漢承秦制，
書法和鐫刻藝術全面發展。

清乾嘉以來，文人熱衷收集秦漢璽印，詳加考證，兼治篆
刻。商承祚早期一直留心秦漢璽印的鑒藏，輯有《契齋古印存》，
但原印多在戰亂中散佚。這批秦漢璽印雖非商承祚舊藏，亦可
見秦漢印雄渾樸茂的藝術風格。

○一九

○二○

○二一

○二二

○一九

"敬爾"圓形臺鈕銅印

戰國（公元前 475～前 221 年）
直徑 1.2 厘米　高 1.1 厘米
深圳博物館藏

○二○

"中壹"日字形瓦鈕銅印

戰國（公元前 475～前 221 年）
長 1.85 厘米　寬 1.25 厘米　高 1 厘米
深圳博物館藏

○二一

"量事"方形鼻鈕銅印

戰國（公元前 475～前 221 年）
長 1.8 厘米　寬 1.2 厘米　高 1.3 厘米
深圳博物館藏

○二二

"富"方形鼻鈕銅印

戰國（公元前 475～前 221 年）
長 1 厘米　寬 1 厘米　高 1.1 厘米
深圳博物館藏

○二三

○二四

○二五

○二六

○二七

○二八

○二三

"軍假司馬" 銅印

漢代（公元前 206 ～公元 220 年）
長 2.2 厘米　寬 2.2 厘米　高 1.9 厘米
深圳博物館藏

○二四

"部曲將印" 銅印

漢代（公元前 206 ～公元 220 年）
長 2.2 厘米　寬 2.2 厘米　高 2 厘米
深圳博物館藏

○二五

"部曲將印" 銅印

漢代（公元前 206 ～公元 220 年）
長 2.5 厘米　寬 2.3 厘米
深圳博物館藏

○二六

"郭長卿印·郭安樂印" 方形兩面銅印

漢代（公元前 206 ～公元 220 年）
長 1.5 厘米　寬 1.5 厘米　高 0.5 厘米
深圳博物館藏

○二七

"朔方將軍章" 銅印

漢代（公元前 206 ～公元 220 年）
長 2 厘米　寬 2 厘米　高 2 厘米
深圳博物館藏

○二八

人獸紋方形臺鈕銅印

漢代（公元前 206 ～公元 220 年）
長 1.3 厘米　寬 1.3 厘米　高 0.7 厘米
深圳博物館藏

　　漢印主要有官印、私印、吉語印和肖形印等幾類。官印則有 "璽" "印" "章" 之不同。如皇帝、皇后、諸侯王等多稱 "璽"；列侯、鄉亭侯、丞相、太尉、將軍部屬、郡邑令長、丞尉等多用 "印"；列將軍則稱 "章"。漢官印也分鑄印、鑿印兩種。漢將軍印一般稱 "章"，往往是行軍中急於臨時任命而在倉促間刻鑿而成的，故有 "急就章" 之謂。這些璽印章爲研究秦漢歷史與藝術提供極佳的物證。

封泥是蓋有古代印章的泥團，用於封緘文牘貨物，防止被私拆。從先秦持續至南北朝紙張普及之前，封泥一直是官私印章使用、徵信的主要憑記。

封泥在嘉道年間的重新發現是金石學的重要成果之一。近代學者王國維曾指出："封泥之物，與古璽相表裏，而官印之種類，較古璽印爲尤多，其足以考證古代官制、地理者，爲用至大。"這組漢封泥即爲商承祚先生舊藏，有重要歷史及藝術價值。

○二九

○三○

○三一

○三二

○三三

○二九

"齊官者丞"封泥

漢代（公元前 206～公元 220 年）
直徑 3 厘米　厚 0.9 厘米
商承祚家屬捐贈
深圳博物館藏

○三○

"京兆尹印"封泥

漢代（公元前 206～公元 220 年）
直徑 3 厘米　厚 0.8 厘米
商承祚家屬捐贈
深圳博物館藏

○三一

"小月府"封泥

漢代（公元前 206～公元 220 年）
直徑 3.1 厘米　厚 0.8 厘米
商承祚家屬捐贈
深圳博物館藏

○三二

"東光長印"封泥

漢代（公元前 206～公元 220 年）
直徑 3 厘米　厚 0.7 厘米
商承祚家屬捐贈
深圳博物館藏

○三三

"都襄君"封泥

漢代（公元前 206～公元 220 年）
直徑 2.5 厘米　厚 0.7 厘米
商承祚家屬捐贈
深圳博物館藏

陳介祺　十鐘山房印舉

民國十一年（1922 年）
上海商務印書館影印本
商承祚家屬捐贈
中山大學圖書館藏

陳介祺（1813 ~ 1884 年），字壽卿，號簠齋，晚號海濱病史、齊東陶父，山東濰縣人。晚清著名的金石學家、古器物鑒藏家、傳拓大家。編著有《簠齋吉金錄》《簠齋金文考釋》《十鐘山房印舉》《簠齋藏古玉印譜》等，對晚清民國時期金石鑒藏之學影響甚大。

梁啓超《近代學風之地理的分布》中指出："山左金石最富。自顧亭林來游，力爲提倡。厥後黃小松（易）宦斯土，搜剔日廣，斯土學者亦篤嗜之，有以名其家者，海豐吳子苾（式芬）、諸城劉燕庭（喜海）、濰縣陳簠齋（介祺）、黃縣丁彥臣（彥臣）、福山王蓮生（懿榮），皆收藏甚富，而考證亦日益精審。故咸同光間金石學度越前古，而山東學者爲之魁。"

陳介祺精鑒藏，集有三代及秦漢印 7000 餘方，以"萬印樓"而聞名天下，士林仰慕。此書是陳介祺晚年編印之作，匯集李璋煜、吳式芬、李佐賢、鮑康等諸名家藏印，以古鈢、官印、周秦印等三十舉分類編次，宗法秦漢，收錄三代、秦、漢、晉印近萬件，被譽爲中國印譜之冠，在中國印譜編纂史上具裏程碑意義。

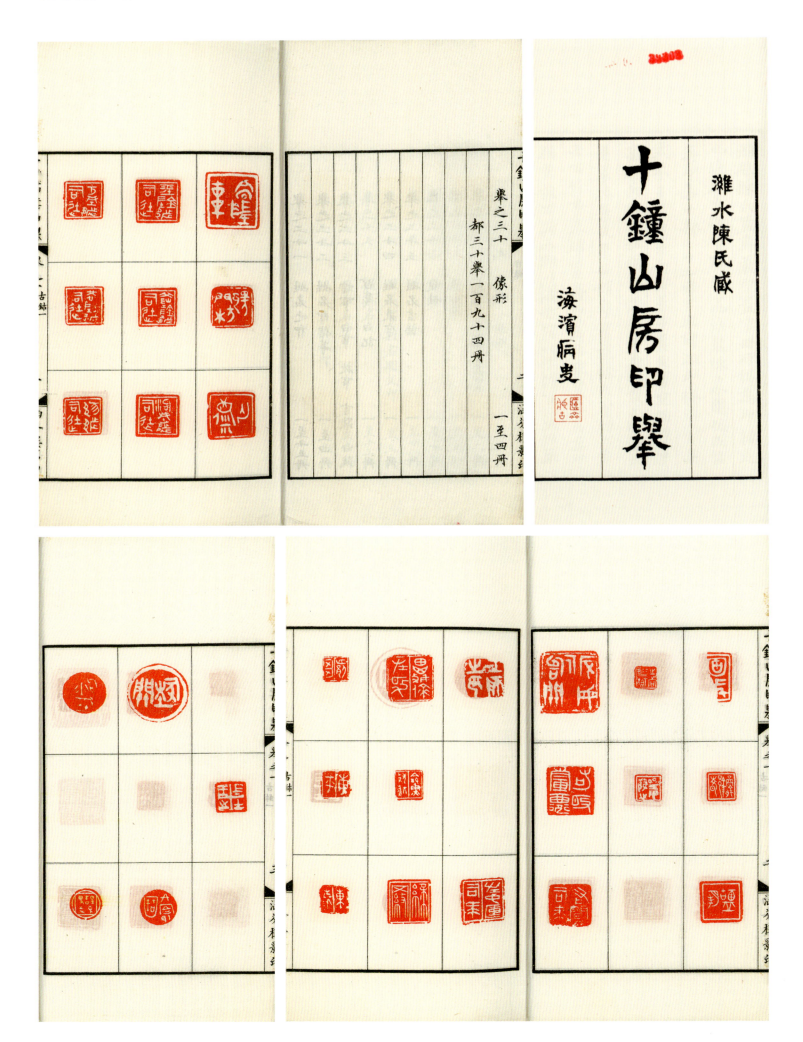

○三五

陳漢第　伏廬藏印

民國十六年（1927年）
上海商務印書館石印本
商承祚家屬捐贈
中山大學圖書館藏

　　陳漢第（1874～1949年），字仲恕、號伏廬，浙江杭州人。清末翰林，著名畫家、藏印家。《伏廬藏印》爲陳漢第所編自藏古璽印譜録，收録各類印章706方，其中多屬清端方《陶齋藏印》故物，亦有《汪氏集古印存》之所載。

徐堅　西京職官印録

民國二十四年（1935 年）
據清乾隆十九年稿本影印
商承祚家屬捐贈
中山大學圖書館藏

　　徐堅（約 1712 ~ 1798 年），字孝先，號友竹，江蘇蘇州人。精印學，嘗臨摹秦漢官私印數千鈕。
　　此書是徐堅所輯職官印譜。按秦漢古印之篆法，仿古人摹成此書，共著錄考釋印 560 餘方。

商承祚在其金石學著作《十二家吉金圖錄》自序中提及："其著錄一人所藏者，圖像則如錢坫《十六長樂堂古器款識考》、曹載奎《懷米山房吉金圖》，文字則如陳介祺《簠齋吉金錄》，稱巨擘焉。其錄衆人所藏者，有吳式芬之《攈古錄》、吳大澂之《集古錄》、鄒安之《周金文存》，莫不獨樹一幟，雄視前賢。"

《十二家吉金圖錄》書影

錢坫　十六長樂堂古器款識考

清·嘉慶元年（1796年）
商承祚家屬捐贈
中山大學圖書館藏

　　錢坫（1744～1806年），字獻之，號小蘭、十蘭，自署泉坫，江蘇嘉定（今上海嘉定區）人。乾隆三十九年（1774年）舉人，累官知乾州兼署武功縣，乾嘉學派重要代表學者，錢大昕之侄。精訓詁、善書畫、精鑒藏、擅考金石碑版，尤工篆籀，取法古銅器銘文古樸蒼厚之氣。著述甚豐，如《十經文字通正書》《漢書十表注》《聖賢冢墓志》《十六長樂堂古器款識考》《浣花拜石軒鏡銘集錄》《篆人錄》等。

　　此書集錄錢氏家藏金石器物，參仿《博古圖》《集古錄》體例，專錄古器款識銘文，精確摹其形字，標識尺寸，然後引經據典，詳加考釋。全書四卷，收古器49件。共收錄殷器7件、周器22件、秦器1件、漢器8件、新莽器7件、北魏造像1件、隋魚符1件、唐魚符傳信符2件。該書是最早私家著錄金文的專著，也是清代最早使用銘文拓片的書籍。以往金石著作所錄銘文多為臨寫，而本書則據拓本摹錄，更加科學精確地保存了銘文原貌。

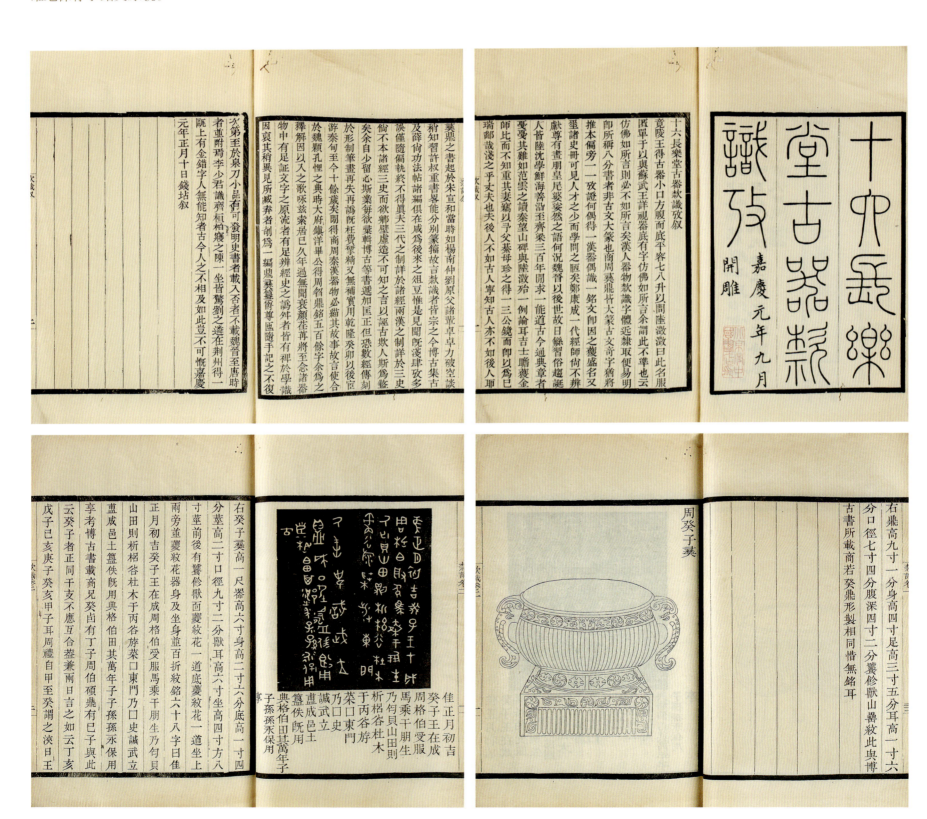

○三八

錢坫 篆書録語軸

紙本 墨書
清·嘉慶三年（1798年）
縱 125 厘米 橫 57 厘米
故宮博物院藏

釋文（一）：歲之祥，國之陽。蒼靈敝，翠雲長。象爲飾，龍爲章。乘長日，坯蟄戶。列雲漢，迎風雨。大呂歌，云門舞。省滌濯，莫牲牷。鬱金酒，鳳皇樽。回天卷，顧中原。員玉已奠，蒼幣斯陳。瑞形成象，璧氣含春。禮從天數，智總圓神。爲祈爲祀，至敬咸遵。嘉慶三年十月，十蘭主人坫篆。

鈐印：錢坫私印（朱文）、梁山祭尊（白文）。

釋文（二）：吾友錢獻之篆書爲一代絕手，直出王若霖吏部之上。其筆法宗李斯、李陽冰，運中鋒，懸腕作字。已而好作變體，長短欹仄，隨意書之，轉多姿致。此其變格書也。獻之後病偏枯，余戲之云：近見君作字，傾側取逸態，亦五行志之娱耶。後又用左手作篆，仍工整不可及。鳳卿郎中愛此幅，因以贈之。星衍并記。

鈐印：孫伯淵（白文）。

鑒藏印：嘉定徐郙收藏書畫金石（朱文）。

　　此軸以篆書抄録《隋書》卷十四《昭夏》《登歌》二篇，上有友人孫星衍題記一則。

　　此軸或爲錢坫贈孫星衍之作，孫氏對錢坫篆書風格特點作了精辟闡述，稱其"篆書爲一代絕手"。孫氏又將其贈予"鳳卿郎中"。經查此印屬孫馮翼，乃孫星衍之侄，著名藏書家、校勘學者。致力于兩漢學術研究，編輯《問經堂叢書》，又與孫星衍同輯《神農本草經》三卷，另著有《禹貢地理古注》《江寧金石待訪録》等。此作後爲晚清重要政治家、書畫收藏家徐郙所得，再歸商承祚所藏。商氏所藏書畫中不少來自徐郙舊藏。

曹載奎　懷米山房吉金圖

民國（1912～1949年）
影印本
商承祚家屬捐贈
中山大學圖書館藏

　　曹載奎（1782～1852年），後名奎，字秋舫，江蘇吳縣人。曹奎出身吳門富家，嗜好金石，富金石收藏，專藏鼎彝盤尊等古器物。所藏殷周彝器逾百，齋號"懷米山房"，藏器與阮元、吳雲等收藏齊名。《懷米山房吉金圖》收錄曹氏所藏商周秦漢銅器60件，按圖鐫於石。此書成於道光十九年（1839年），著名金石學家張廷濟書"懷米山房吉金圖"於册首，後則有吳榮光跋語。

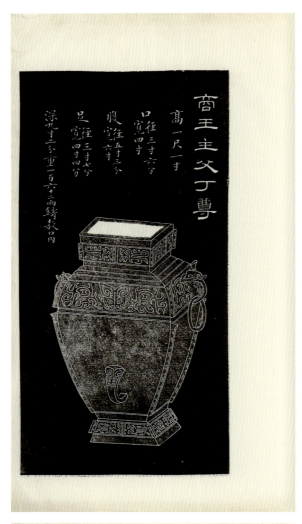
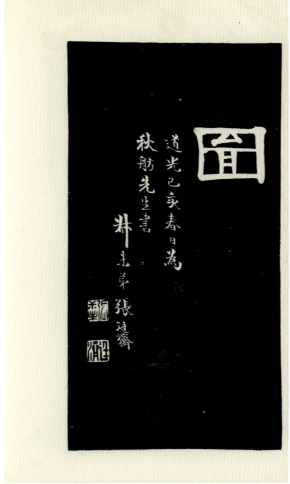

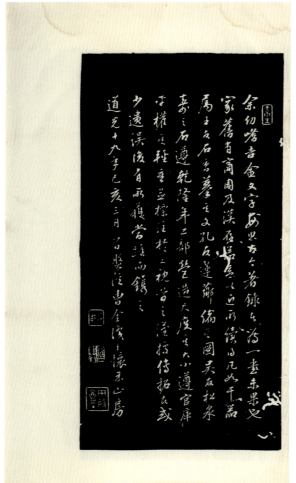
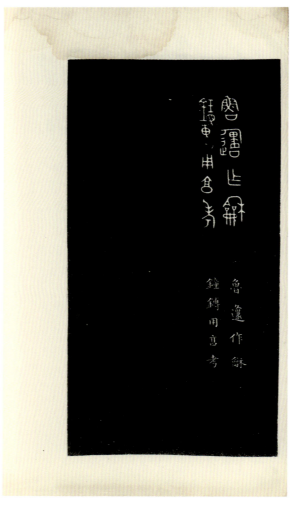
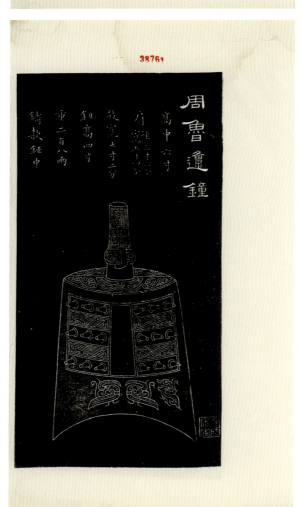

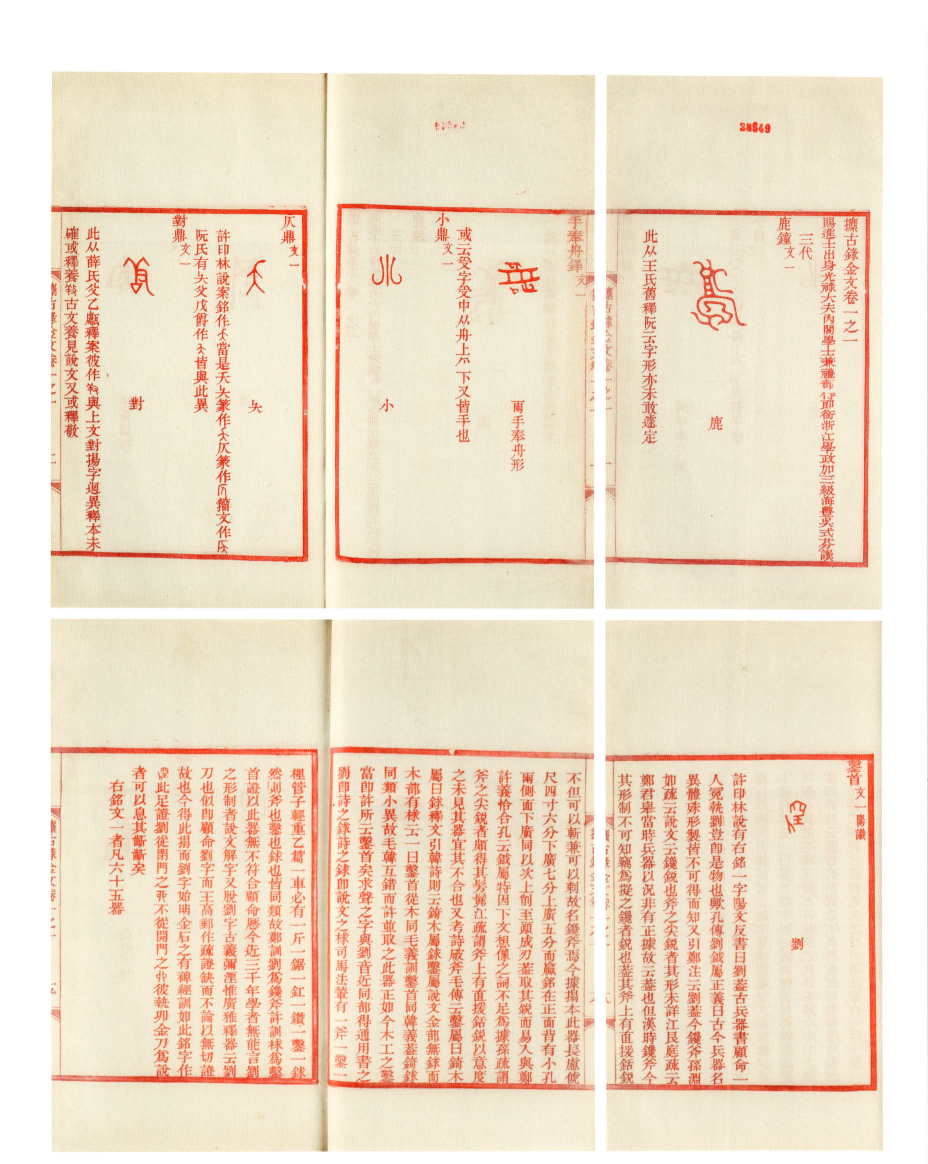

○四○

吳式芬　攮古錄金文

清·光緒二十一年（1895 年）

海豐吳重憙刻本

商承祚家屬捐贈

中山大學圖書館藏

　　吳式芬（1796～1856 年），字子苾，號誦孫，山東海豐人。清代金石收藏家、藏書家，擅長音韻訓詁之學，精於經史考訂，著有《攮古錄》《攮古錄金文》等。

　　《攮古錄金文》三卷九冊，共考釋商周至元代有銘文的鐘鼎彝器 1329 件，廣受後代金石學家推崇和引證。

○四一

吴雲　兩罍軒彝器圖釋

清·同治十一年（1872年）
自刻本
商承祚家屬捐贈
中山大學圖書館藏

　　吴雲（1811~1883年），字少甫，號平齋、愉庭，晚號退樓。清晚期代表性金石學家，兼工書畫。所藏三代彝器、書畫碑帖、秦漢古印等富甲吳門，精於鑒別與考據，著有《兩罍軒彝器圖釋》《二百蘭亭齋金石記》《古官印考》等。

　　該書以吳雲兩罍軒所藏彝器為基礎編定，"上自商周，下訖五季，無款識者不錄，涉疑似者必汰，釐為十二卷"。共收錄器物100餘件，每件皆鈎摹器形、銘文，說明尺寸、重量，附以釋文、考證。所收器物包含阮氏積古齋、曹氏懷米山房、張氏清儀閣舊藏等。

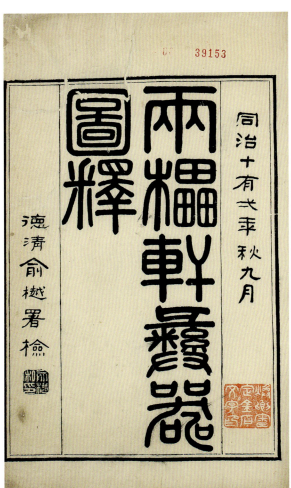

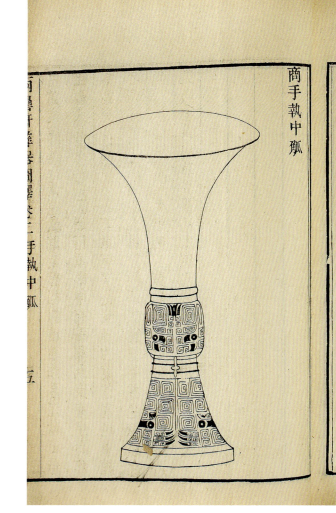

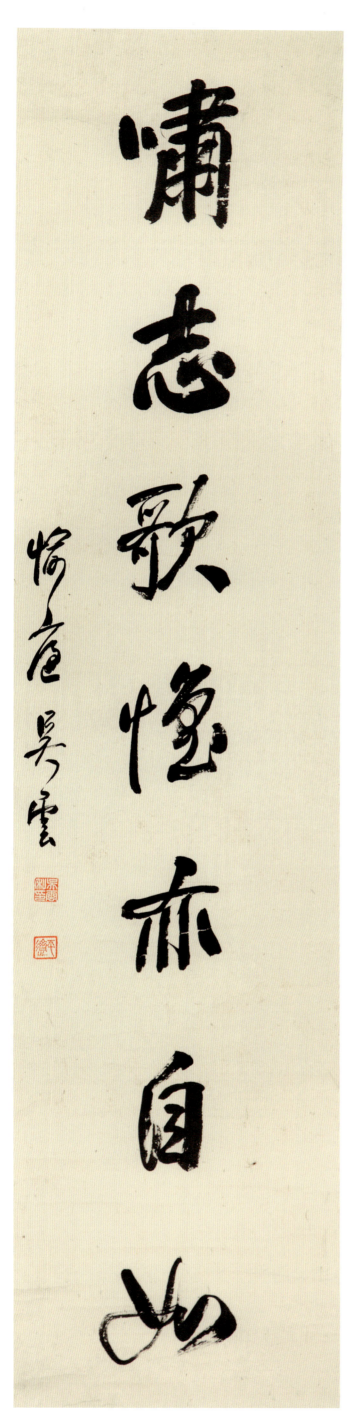

釋文：雲容水態還堪賞，嘯
志歌懷亦自如。芷芳二兄正
之。愉庭吳雲。

鈐印：吳雲私印（白文）、
平齋（朱文）。

○四二
吳雲　行書聯

清（1616～1911年）
縱133.5厘米　橫31厘米
商承祚捐贈
廣東省博物館藏

陳介祺　簠齋吉金録

民國七年（1918年）
影印本
商承祚家屬捐贈
中山大學圖書館藏

　　陳介祺是晚清最負盛名的金石學家及古物藏家，《清史稿》中稱其"所藏鐘鼎彝器爲近代之冠"。

　　此書爲陳介祺藏器拓墨圖録，凡八卷，收録簠齋藏商周器、秦漢器、泉範、魏隋造像等拓本390件。商承祚在《古代彝器僞字研究》中評論："他一生收藏的銅器等，不下幾千件，没有一件是假的。他的論調同批評，不但高出當時同輩一等，簡直可以説是'前無古人，後無來者'。"

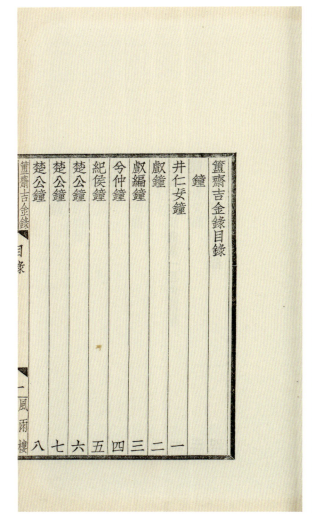

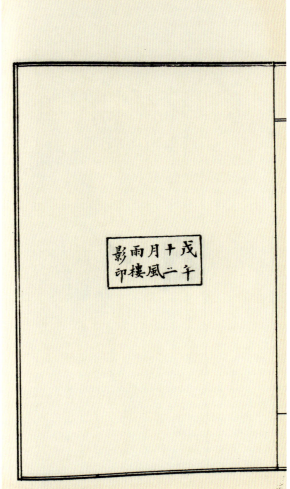

〇四四

陳介祺　古陶器拓片軸

紙本
清（1616～1911年）
縱135厘米　橫65厘米
商承祚家屬捐贈
深圳博物館藏

鈐印：簠齋藏古（白文）、平生
有三代文字之好（朱文）、海濱
病史（白文）。

　　陳介祺集藏古、鑒古、釋
古與傳古於一身。陶器收藏冠
絕一時，所藏古陶器70餘種，
殘陶文片5000餘件，大都山東
古齊國地界出土，臨淄爲最，鄒、
滕次之。陳介祺尤重傳拓之傳
承與開創，并著《傳古別錄》
刊行於世，極大地推動了晚清
金石學的傳播。陳介祺拓印的
古陶文器紙墨精良，工藝絕佳，
廣爲學界稱譽。

　　陳介祺於古陶文更有首發
之功，其致吳大澂信札云："三
代古陶文字不意於祺發之，三
代有文字完瓦器不意至祺獲之。
殆祺好古之誠，有以格今契古，
而天實爲之耶。"（據民國影
印本《簠齋尺牘》，光緒三年
八月廿四日）陳氏又著《三代
古陶文字》，吳大澂曾全面考釋。
故王襄《古陶殘器絮語》云："有
文字之陶現於人間，列入金石
學，陳氏爲其創者。"經陳介
祺的不斷介紹與開拓，齊國陶
文逐漸爲學界所重視，其後潘
祖蔭、王懿榮、王念亭等亦搜
集研究。

〇四五

吳大澂　吳中丞說文部首墨蹟

清·光緒十一年（1885 年）

石印本

商承祚家屬捐贈

中山大學圖書館藏

吳大澂（1835～1902 年），字止敬、清卿，號恒軒，晚號愙齋，江蘇吳縣人，官至湖南巡撫。清末著名金石學家，富收藏，精鑒賞，擅考據。吳大澂書法取篆籀筆意，風格獨特，尤工篆書。著有《說文古籀補》《古玉圖考》等。

此本吳大澂書《說文部首墨迹》原爲吳氏贈劉傳福書作，雄勁蒼莽，深得秦漢以上筆意，劉氏常與同儕共賞。光緒乙酉春，劉傳福付石印以公諸同好。

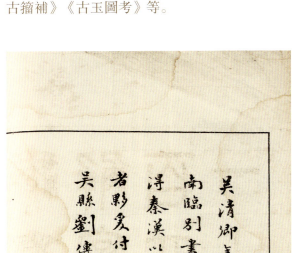

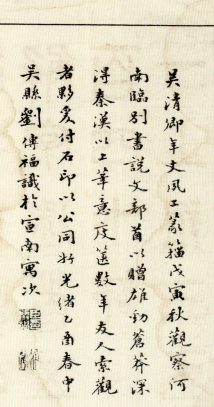

吳大澂
篆書七言聯

紙本　墨書
清·同治十一年（1872 年）
縱 148 厘米　橫 36 厘米
商承祚家屬捐贈
深圳博物館藏

釋文：博涉史書由強識，廣
求文獻亦多能。晉卿仁兄同
年大人察書。吳大澂。
鈐印：吳大澂印（白文）、
愙齋（白文）。

　　吳大澂的金文大篆質
樸雅致，在晚清書法史上
可謂獨樹一幟，也是金石
書法的重要裏程碑。商周
青銅器的研習爲其大篆書
法提供了最直接的營養，
謂商周“文字多雄渾，能
斂能散”，同時又廣泛吸
取秦詔版、漢瓦當文字乃
至漢畫像圖案等。潘祖蔭
譽爲“大篆之工，國朝
二百年無及之者”。吳大
澂金文篆書喜以漢隸題跋
落款。

吴大澂《愙齋集古圖》是其金石學的代表性著作之一。由吳氏親自拓文、摹勒、考釋，但晚年因病未能成書。門人王同愈（勝之）後將其整理成書，由張元濟促成出版。此書所收銘文拓本準確性高，甄選、考釋確當，流傳較廣，是清代集錄金文諸書中較好的一部。

　　吳大澂善篆籀，亦能畫，精金石、文字等學，收藏書畫、古銅器甚富。《愙齋集古圖》以繪畫與墨拓的形式構成，共有兩卷，集中展現了吳氏所藏金石文物的全形拓與銘文拓片，并有吳大澂考釋題記，備覽器形、紋飾及銘文。上卷由任熏繪制，下卷由胡琴涵寫像，陸恢補景。

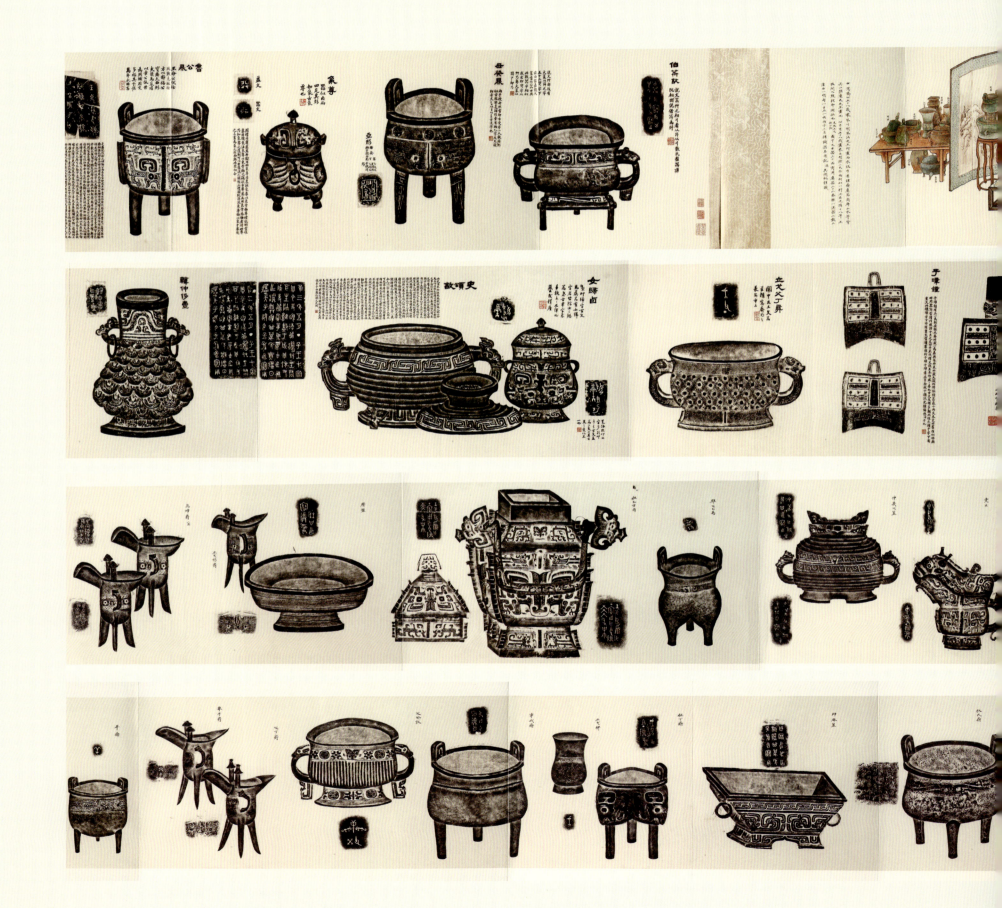

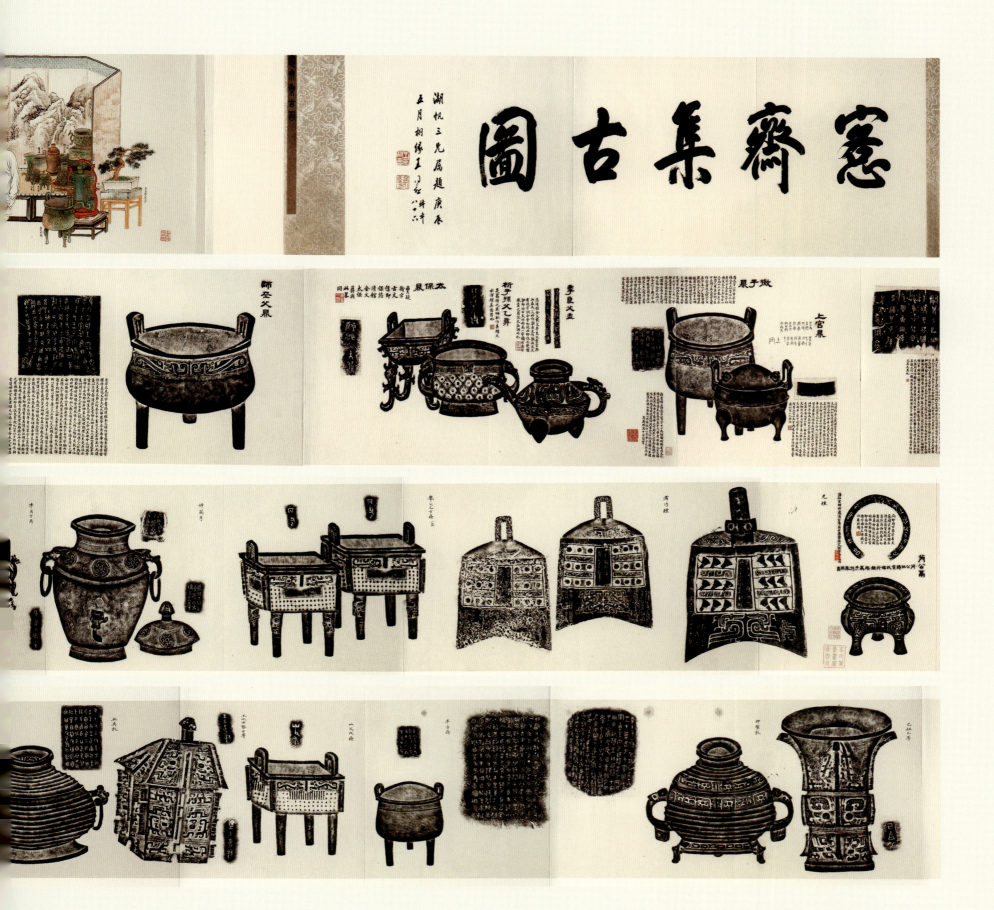

吴大澂《愙齋集古圖卷》（局部）
上海博物館藏

黃士陵　周季良父盉全器圖軸

清（1616～1911年）
縱65厘米　橫29厘米
商承祚家屬捐贈
深圳博物館藏

釋文（一）：周季良父盉。季良父作敦始寶盉，其萬年子子孫孫永寶用。
釋文（二）：季良父盉。季良父作敦始寶盉，其萬年子子孫孫永寶用。《西清古鑑》釋"良"爲"高"，釋"效（敦）"爲"敦"。兹與筠清館釋文并録之。吕侯考季，前在吴憲帥坐中見一器，与此形製無异，而失其蓋。兹從古鑒補入。穆甫記。
鈐印：黃士陵（白文）。

　　黃士陵（1849～1908年），字牧甫，又作穆甫、穆父，號倦叟，別號黟山人，安徽黟縣人。晚清著名金石學家，曾入吴大澂幕府，盡睹其藏器，晚年助端方編《陶齋吉金録》。精篆刻，師法秦漢，參以鐘鼎古泉、秦權漢鏡、碑碣陶瓦等文字筆意，具有濃鬱的金石氣韻，"黟山派"開宗大師，嶺南篆刻名家易孺、李尹桑、鄧爾雅等均受其影響。輯有《黃牧甫印存》，又善繪畫，融合西法，摹繪鼎器，寫生植物，尤爲學界所重。

　　據黃士陵《博古圖》跋曰："中國畫法務意，西國務理。中國古人務理，今人務意。理可學而能，意不可以求而至，理足而意趣自至也。猶之解經，必先求訓詁，不求訓詁，則爲空疏迂闊之論矣。今之從事寫意畫法者，其弊亦類此。"可見黃士陵繪畫提倡中西"意理"融通。

西周　季良父盉
美國舊金山亞洲藝術博物館藏

季良父盉

季良父作敔始寶盉其萬年無疆子子孫孫永寶用

薛尚功款識釋為高釋敔為敔茲與筍清館
釋文並錄以昌佳敔季前在吳意帥望中見一器与
此耳制裝各異而乌其蓋旅於古鑑補入
穆甫記

季良父此二圖一鐘三款与此異余審為寶用

周季良父盉

○四八

鄒安　周金文存

民國十年（1921 年）
影印本
商承祚家屬捐贈
中山大學圖書館藏

　　鄒安（1864～1940 年），字壽祺，一字景叔，號適廬、雙玉主人，浙江海寧人。善金石文字之學。收藏甚多，考訂精詳。
　　此書分類編次了鄒安輯録的殷、周金文拓本，收各類器物 1545 件。目録下記器物的銘文字數及藏家姓名，每卷附説明，卷後附補遺。

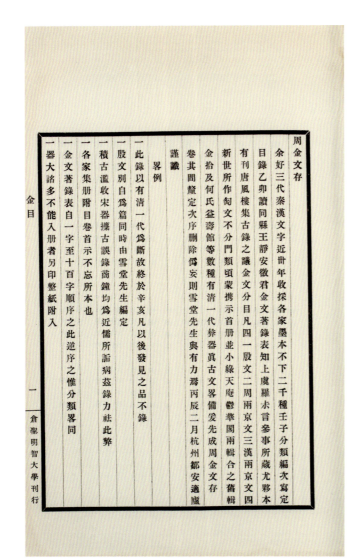

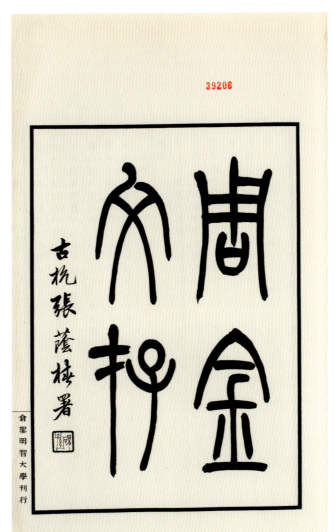

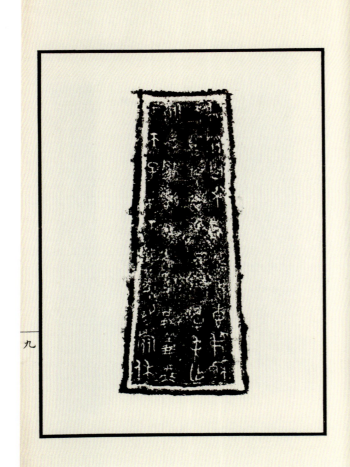

○四九

端方　陶齋吉金續錄

清·宣統元年（1909 年）
石印本
商承祚家屬捐贈
中山大學圖書館藏

　　端方（1861～1911 年），字午橋，號陶齋。晚清大臣、金石學家。著名的金石書畫藏家，所藏精品薈萃，著有《陶齋吉金錄》《端忠敏公奏稿》等。
　　該書爲《陶齋吉金錄》的續補，收錄銅器 88 件，以繪圖配文的方式展示細節，爲金石研究提供了重要的物證與史料。

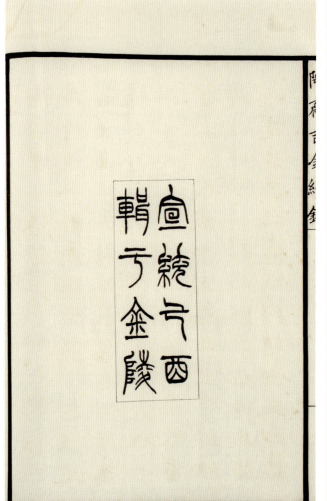

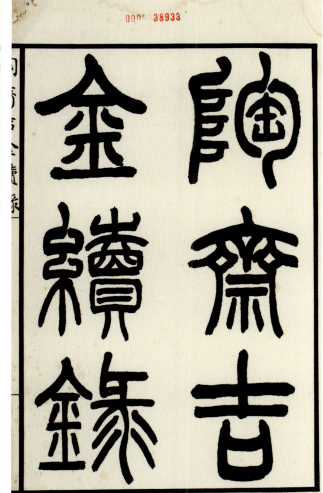

（上圖）
端方等清朝官員與銅柉禁組器合影
1907 年攝於南京
美國國立亞洲藝術博物館
（原弗利爾美術館）藏

（中圖）
西周銅柉禁十三器
1901 年陝西鳳翔寶雞縣鬥鷄臺出土
美國紐約大都會藝術博物館藏

（下圖）
陶齋評權圖
中國文物研究所藏
（引自陸和九輯《吉金圖釋拓本》
第二十一開照片）

○五○

端方　秦權全形拓片及端方題記軸

紙本
清（1616～1911年）
縱182厘米　橫50厘米
商承祚家屬捐贈
深圳博物館藏

釋文（一）：廿六年，皇帝盡并兼天下諸侯，黔首大安，立號爲皇帝，乃詔丞相狀、綰，法度量，則不壹，歉疑者皆明壹之。

釋文（二）：近年陝西咸陽原上出秦權量多至數十百種，然皆始皇詔，無二世詔，此權光緒己卯出臨潼新豐鎮，重秦斤百二十斤，兩詔具備，文字并勝，真奇寶也。拓奉季孺仁丈鑒玩。癸卯九月浭陽端方題。

鈐印：陶齋所藏金石刻辭（朱文）、端方之印（白文）、希古樓（朱文）。

　　"權"是一種度量衡器。《漢書·律歷志》曰："權者，銖、兩、斤、鈞、石也。所以稱物平施，知輕重也。"秦始皇統一六國，實行"書同文，車同軌，度同制"等政策，并頒布度量"詔書"。"權"作爲重要歷史物證之一，受晚清金石學者的高度關注和廣爲鑒藏。如吳大澂著有《權衡度量實驗考》。

　　端方對秦權頗爲痴迷，共收藏各式秦權48枚，影拓傳諸同好，遺澤後人，甚至以此設計權墨以充文房。幕僚褚德彝輯有《陶齋藏秦漢宋元明全量文字》。今見晚清民國學者題跋端方藏秦二世權拓片者亦有十餘件。

　　此件秦二世權出於陝西咸陽民家，曾爲吳大澂愙齋藏物，後轉歸時任湖北巡撫的端方。清光緒二十七年（1901年），端方邀請好友幕僚李葆恂、錫春臣、黃左臣、程伯葴等在武昌官邸鑒賞所藏秦權，并請人拍下了著名的"陶齋評權圖"照片。圖中桌上所置最大者即此秦二世權。該秦權後流散至日本，今歸日本藤井有鄰館藏。

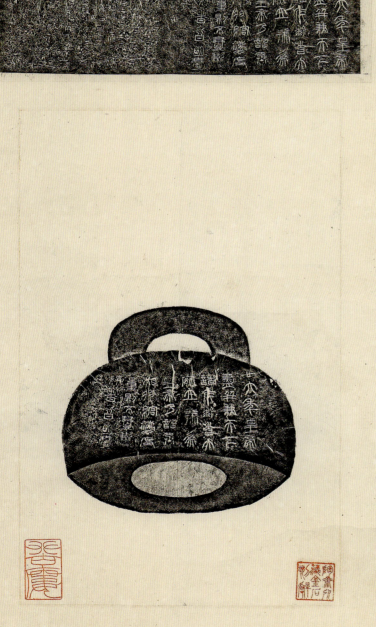

秦權　日本京都有鄰館藏

甲骨大發現

安陽殷墟甲骨文的發現是中國乃至國際近代學術史上的劃時代事件，推動了中國考古學的誕生，更爲實證中華文明提供了可靠的文字證據。甲骨文揭示了漢字的早期形式，大大推動了古文字的研究，促使金石文字學進入到一個嶄新的歷史時期。

晚清王懿榮爲最早發現甲骨文字的金石學者之一。另有劉鶚、王襄、羅振玉、王國維等學者紛紛參與到甲骨的收藏、著錄與研究中，并發表了許多相關著作，在文字的考釋、分類、斷代等方面都涌現出重要的研究成果。

王懿榮（1845～1900年），字正儒、廉生，山東烟臺人。晚清金石學家、鑒藏家、書法家，是最早發現和購藏甲骨的學者之一。

劉鶚（1857～1909年），字鐵雲，號老殘，江蘇丹徒人。好收金石、碑帖、書畫及善本書籍，對我國的甲骨研究起到了開創性作用。

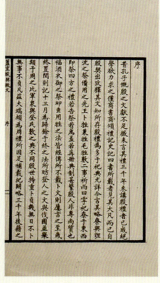

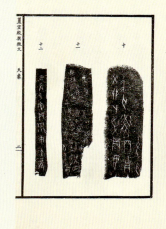

王襄《簠室殷契征文》 民國十四年（1925年） 商承祚舊藏

王襄（1876～1965年），字綸閣，號簠室，天津人。近代金石學家、甲骨學家。最早購藏并研究甲骨者之一，所著頗豐。此書爲我國甲骨文研究早期著作，分天象、地望、帝系等十二類收錄甲骨拓片，附圖影、卜辭及考釋，對後世甲骨文研究具有極高參考價值。

○五一

唐蘭　天壤閣甲骨文存并考釋

民國二十八年（1939 年）
石印輔仁大學叢書本
商承祚家屬捐贈
中山大學圖書館藏

　　天壤閣是王懿榮所建藏書樓。《天壤閣甲骨文存》爲唐蘭輯，
著錄王懿榮所藏甲骨 108 片。
　　唐蘭（1901 ～ 1979 年），近現代文字學家、歷史學家、金
石學家。詩文書法俱佳，精於小學，金石甲骨研究造詣深厚，
與商承祚爲學友。著有《殷墟文字記》《古文字學導論》等。
　　此册爲唐蘭贈商承祚，故題"錫永我兄正之。弟唐蘭。"

○五二

劉鶚　鐵雲藏龜

清·光緒二十九年（1903年）
收録於《甲骨文資料匯編》第1冊
北京圖書館出版社
深圳博物館藏

　　劉鶚（1857～1909年），字鐵雲，號老殘。最早的甲骨收藏者之一，曾購藏甲骨5000餘片。所著《鐵雲藏龜》爲中國第一部甲骨文著録，收録所藏甲骨1000餘片，推動了近代甲骨學的興起。

　　王懿榮於1900年殉難後，其所藏甲骨1500餘片悉數爲劉鶚購得。劉鶚獲罪遭流放新疆後，客死异鄉，所藏甲骨又多散出。1926年，商承祚與友人合購劉氏舊藏2500餘片，其中600餘片收入商氏1933年所編《殷契佚存》，另有部分爲金陵大學以及陳中凡、束世澂所藏，多收録於1946年胡厚宣編輯《甲骨六録》中。

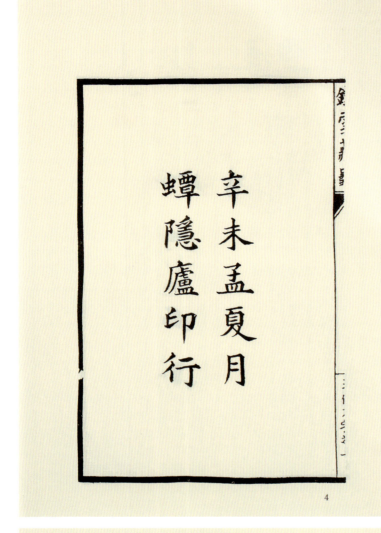

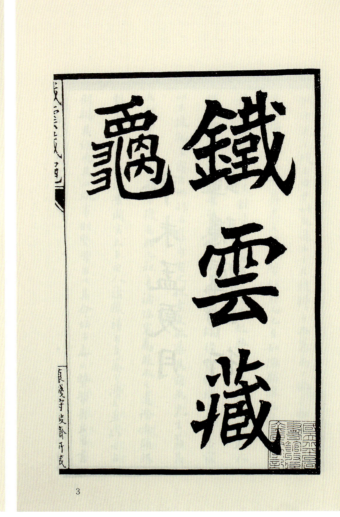

○五三

張蔭桓　致王懿榮函

紙本　墨書
縱 18.5 厘米　橫 30 厘米
商承祚家屬捐贈
太平天國歷史博物館藏

釋文：廉生仁兄大人閣下：不晤教言，倏將匝月。塵勞擾擾，清塵迢迢，甚念甚歡。頃拜惠佳珍，頓生海客之思，或得重為五洲之游，溘於軟紅僕僕矣。近有攜示漢玉各印一方，字畫尚整；玉刀一枚，云是商物，匣銘橙字或即龔孝恭也。季度最喜其人，乞代鑒定，若非贋鼎，當購贈季度為別。此承著安。弟桓白。初四日。

　　張蔭桓（1837～1900 年），字樵野，廣東南海（今佛山）人。清末洋務大臣，精通西學，是戊戌變法重要的推動者。詩文自成一家，畫亦超逸。著有《三洲日記》《英軺日記》《鐵畫樓詩文稿》等。
　　張蔭桓於此函中請王懿榮代為鑒定漢玉印一方及玉刀一枚，反映出王懿榮在印璽鑒藏方面頗有權威。

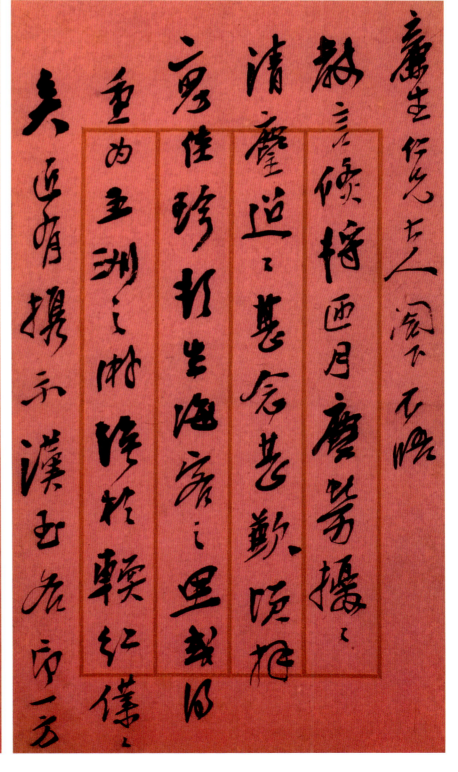

羅王之學

　　羅振玉和王國維是近代殷墟甲骨研究的奠基人，學術界稱殷墟科學發掘以前的甲骨學研究爲"羅王之學"。二人不僅爲甲骨研究奠定了研究基礎，還培養了許多從事甲骨研究的專業人才。商承祚年少師從羅振玉，開始甲骨的學習和研究，後得王國維諸多指導。羅、王二人對商承祚的學術有着深遠的影響。

王國維與羅振玉舊照

王國維致商承祚信函

釋文：錫永仁兄姻大人閣下：前蒙莅滬見訪，甚感盛意。項誦手書，敬審一切，尊編《殷墟書契說文類編》中、下各冊已由雪翁寄滬，拜讀一過，甚佩甚佩。已略有箋識，祈將首冊寄滬，以便通校，其中弟所釋各字亦多有說，散見弟新編《觀堂集林》中。此書現已付印，明春當可印竣，當奉寄，備採擇。其《戩壽堂殷墟文字》一書，亦當索取奉呈。肅復，敬候侍祺，不一。弟王國維頓首。六月廿一日。

○五四

羅振玉　甲骨文七行軸

紙本　墨書
1928 年
縱 70 厘米　橫 30.8 厘米
商承祚家屬捐贈
深圳博物館藏

釋文：己巳卜，貞：王窒（賓）且（祖）丁奭匕（妣）己彡（肜）日亡（無）尤。甲子卜，貞：羌甲壱（害）王，三月。戊辰卜，宕（賓）貞：乎（呼）自般取于夫。貞：𤞚伐囗，其戈（翦）。庚申卜，囗貞：王弓（勿）正（徵）舌方，下上弗若。辛巳卜，貞：王其田盂，亡（無）戈（灾）。乙巳卜，爭貞：囗（侑）于王亥。庚子卜，貞：王往休，亡（無）尤。己卯卜，行貞：王其步自杞，亡（無）灾。戊辰暮春貞松羅振玉。
鈐印：羅振玉印（白文）、六十後字含章（白文）。

羅振玉（1866 ～ 1940 年），初名寶鈺，字式如、叔蘊、叔言，號雪堂，晚號貞松老人、松翁。浙江上虞人。近代集大成的學術先驅，舉凡金石學、甲骨學、古文字學、敦煌學、簡牘學、文物鑒藏乃至目錄文獻等皆成就卓著。

羅振玉最早探知了甲骨文的出土地，搜集并保存了數萬片甲骨。同時對甲骨文進行考釋與通讀，先後著有《殷商貞卜文字考》《殷墟書契考釋》等。羅振玉也是甲骨文書法的開創者。

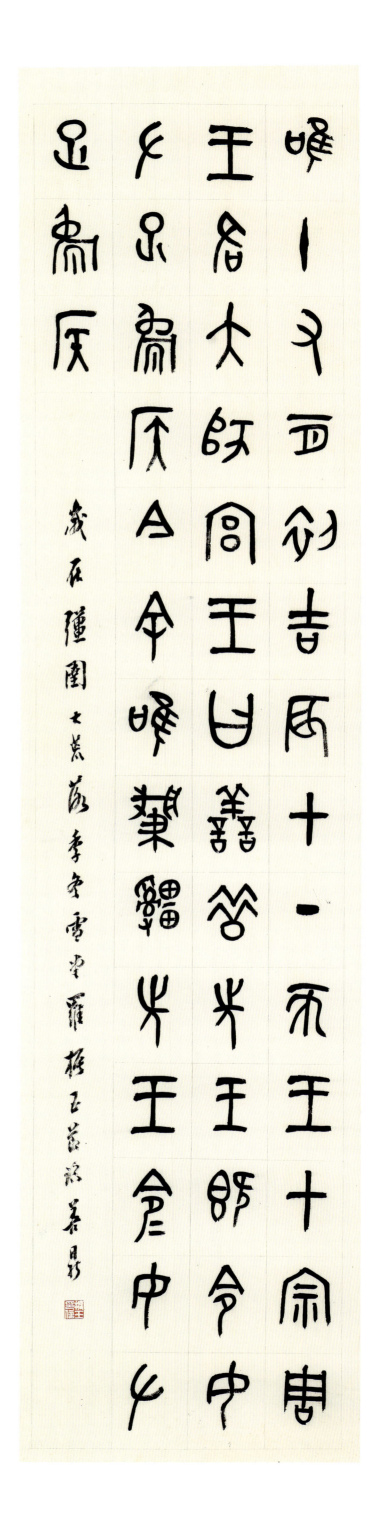

○五五

羅振玉　臨善鼎銘軸

紙本　墨書
民國（1912～1949年）
縱 132.5 厘米　橫 31.5 厘米
商承祚家屬捐贈
深圳博物館藏

釋文：唯十又一月初吉，辰在丁亥，王在宗周，王格大師宮。王
曰：善，昔先王既令汝左（佐）胥毚侯，今余惟肇申先王令，令汝
左（佐）胥毚侯。歲在疆圉大荒落季冬，雪堂羅振玉節臨善鼎。
鈐印：振玉印信（白文）。

　　善鼎是近代學者關注的著名西周青銅鼎之一。鼎銘中的"王"
指西周中期左右的某位王，"大師宮"則首見於善鼎銘文中。
羅振玉的金文書法醇厚溫雅，體現了深厚的金石學根底。

○五六

羅振玉 楚雨樓叢書初集

民國（1912 ～ 1949 年）
上虞羅氏影印本
商承祚家屬捐贈
中山大學圖書館藏

　　本叢書共 8 冊，收集殷商至唐代的金石文物并作考釋，包括《殷文存》《石鼓文考釋》《秦金石刻辭》《金泥石屑》《古器物範圖錄》《古鏡圖錄》《隋唐以來古官印集存》《蒿裏遺珍》等。

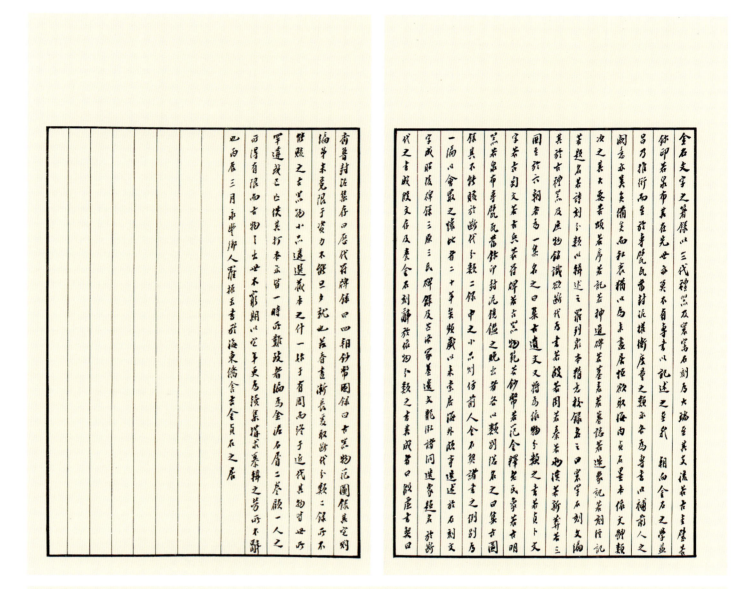

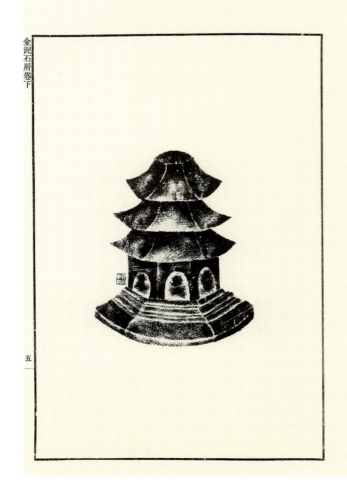

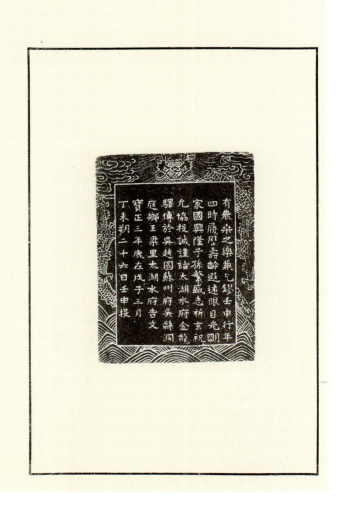

○五七

王國維　海寧王忠慤公遺書初集

民國十六年（1927 年）
海寧王氏石印本
商承祚家屬捐贈
中山大學圖書館藏

王國維（1877 ~ 1927 年），字静安、伯隅，晚號觀堂，謚忠慤，浙江海寧人。近現代享有盛譽的著名學者，舉凡古文字、考古學與文史哲領域都貢獻卓著，尤其是提倡歷史文獻與實物資料相互印證的“二重證據法”，極大地推動了 20 世紀中國學術發展。著有《觀堂集林》《殷周制度論》《宋元戲曲考》《人間詞話》等。

38929

觀堂集林卷第七　藝林七

海甯　王　國維

戰國時秦用籀文六國用古文說

余前作史籀篇疏證序疑戰國時秦用籀文六國用古文並以秦時古器遺文證之後反覆漢人書益知此說之不可易也班孟堅言蒼頡爰歷博學三篇文字多取諸史籀篇而字體復頗異所謂秦篆者也許叔重言秦始皇帝初兼天下丞相李斯乃奏同文字罷其不與秦文合者斯作倉頡篇中車府令趙高作爰歷篇太史令胡毋敬作博學篇皆取史籀大篆或頗省改所謂小篆者也是秦之小篆本出大篆而倉頡三篇未出大篆未省改以前所謂秦文即籀文也司馬子長曰秦撥去古文揚子雲曰秦剗滅古文許叔重曰古文由秦絕案秦滅古文史無明文有之惟一文字與焚詩書二事六藝之書行於齊魯爰及趙魏而罕流布於秦（猶史籀篇之不行於東方諸國）其書皆以東方文字書之漢人以其用以書六藝謂之古文而秦人所罷之文與所焚之書皆此種

王忠慤公遺書內編

海甯王忠慤公遺書初集目錄

觀堂集林二十四卷（增訂本）
觀堂別集一卷補遺一卷後編一卷
觀堂外集四卷
爾雅草木蟲魚鳥獸釋例一卷
兩周金石文韻讀一卷
觀堂古金文考釋五種五卷
史籀篇疏證一卷
校松江本急就篇一卷（附校補）
唐韻佚文一卷
唐寫本唐韻校記二卷
都十種四十三卷

初集目錄

予在海東公先歸國英法學者斯坦因沙畹諸博士邀予遊歐洲列邦予請公同往將治任矣而巴爾幹戰事起予告公行期將待戰後公復書言歐洲近歲科學已造其極人欲亦與之競進此次戰事實爲西政爆裂之時意歲月必久長公此行或不果邪後數月予返滬江沈乙庵尚書觴予於海日樓語及歐戰予以公語對尚書曰然此戰後歐洲必且有大變戰勝之國或將益擴大其國家主意意謂德且勝也予曰否此戰將爲國家主意及社會主義激爭之結果戰後恐無勝利國或暴民專制將覆國家主義而代之或且波及中國尚書意不謂然公獨韙之已而俄國果覆亡公以禍將及我與北方某耆宿書言觀中國近狀恐以共和始而以共產終某公漫不審乃至今日而其言竟驗矣惟公有過人之識故其爲學亦理解洞明世人徒震公之學而不知公之達識固未足以知公而重公節行不知公乃知仁兼盡亦知公有未盡也予故揭公佚事以告當世至公學術之鴻博浩瀚世人皆能知之固不待予之喋喋矣丁卯仲冬上虞羅振玉書

38929

丁卯五月王忠慤公效止水之節予上其事於　行朝　天子震悼既已褒揚其大節海內外人士亦莫不惜其學術競爲文字以志哀挽公同學同門諸君子復刱立觀堂遺書刊行會以刊行公之遺書請予總理董之役予以憂患待盡之身恐不克竟其業欲謝不敏而義不可辭乃以數月之力將公遺書已刊未刊者釐定爲四集次弟付梓冬十二月初集告竣乃序其端曰公平生學術之遞遷予既於觀堂集林序及公傳中詳言之矣而於公觀世之識未之及也乃摘其論古今政學疏爲公別傳而尚有未盡今更舉數事方公遊學日本時革命之說大昌予移書致公謂留學諸生多後起之秀其趨向關係於國家前途者甚大儻有以匡救之公答書言諸生鶩於血氣結黨奔走如燎方揚不可遏止料其將來賢者以殞其身不肖者以便其私萬一果發難國是不可問矣時公同學閩中薩生均坡與公同留學東京亦入黨籍公以書見告且謂薩固賢者然性高明而少沈潛彼既入籍見所爲必非之惟背之則危身從之則違心邇見其居恆鬱鬱恐以此夭天年也已而薩生果夭如公言

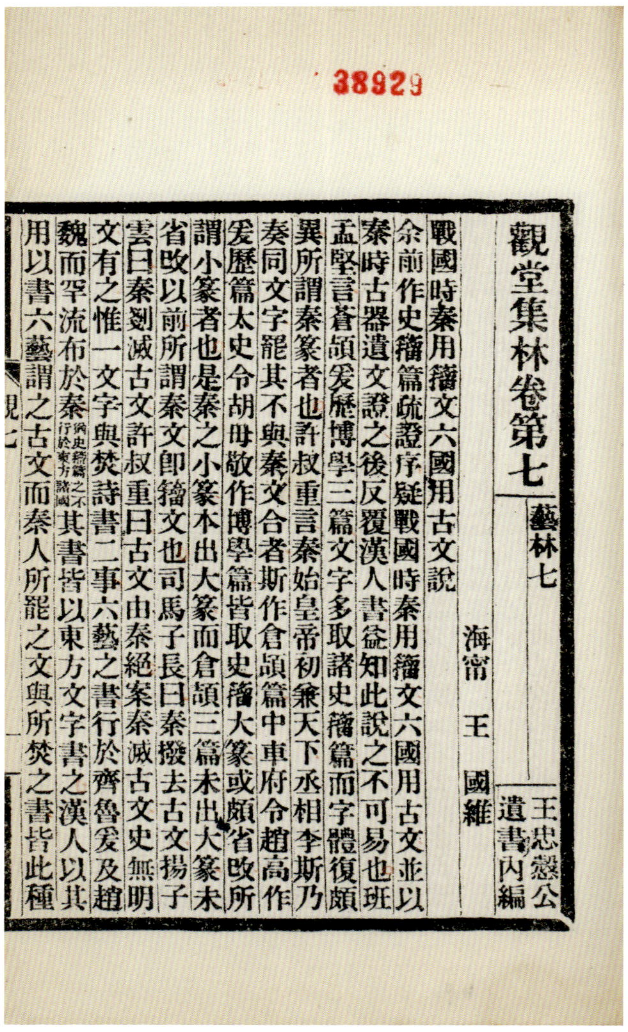

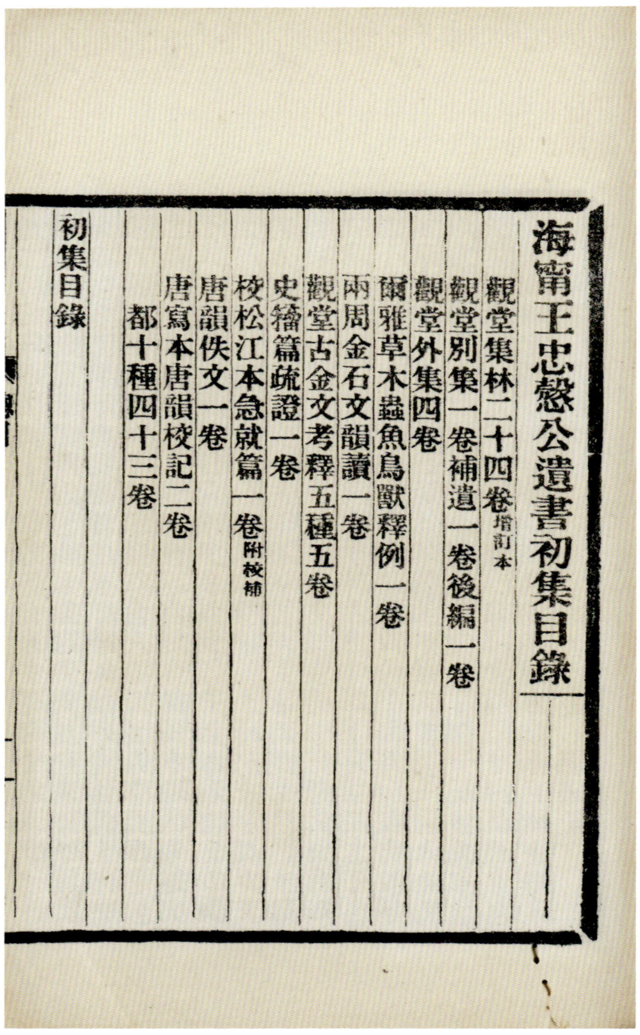

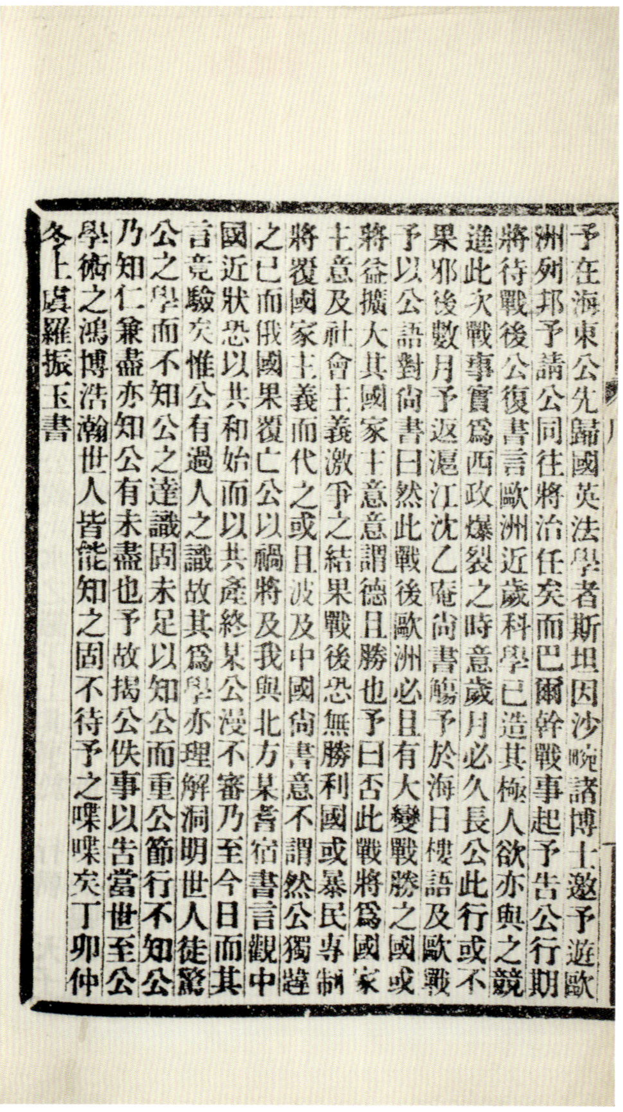

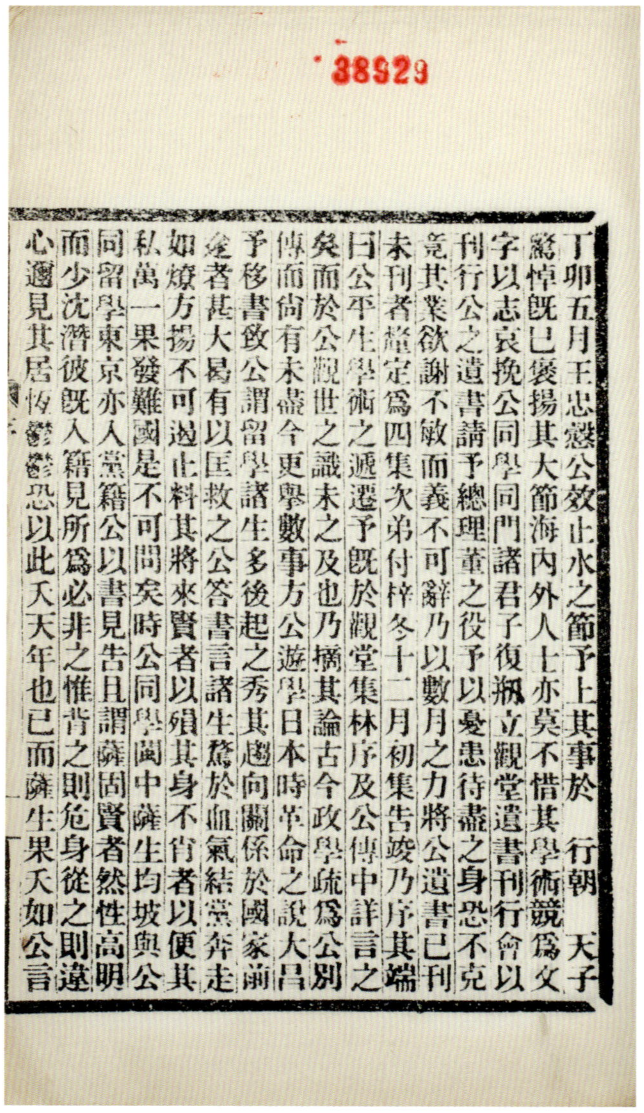

○五八

王國維　觀堂遺墨

民國十九年（1930年）
石印本
商承祚家屬捐贈
中山大學圖書館藏

　　王國維於1927年6月自沉於北京頤和園昆明湖，好友爲紀念其人刊印其遺墨手迹。陳乃乾先生所輯《觀堂遺墨》二卷本，上卷爲金石圖籍題識，下卷爲致蔣汝藻父子等人手札。

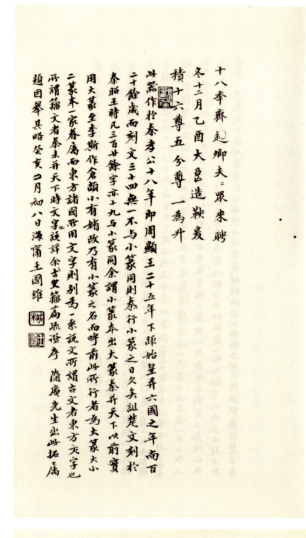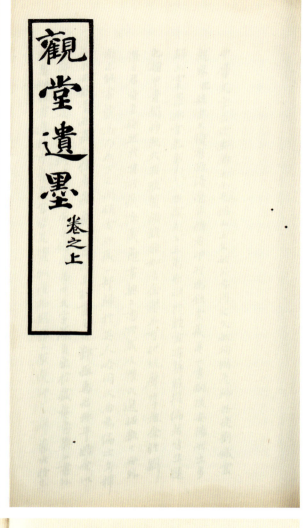

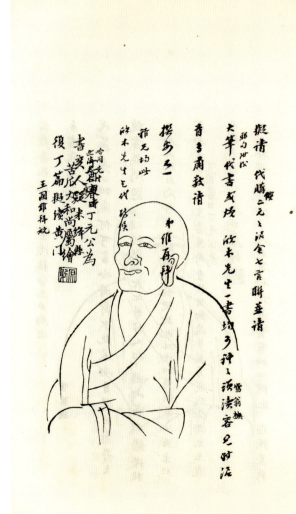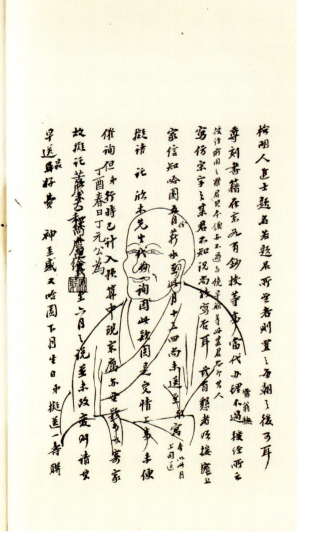

【第二單元】

洊學求藝

Academic and
Artistic Pursuit

商承祚生於傳統書香世家，幼承家學。後師從近代學術奠基人羅振玉，遍觀羅氏藏品，治甲骨、金文之學。此後，輾轉任教於清華大學、金陵大學、中山大學等，致力於金石考古、文物保護與研究，舉凡甲骨、青銅器、石刻、造像、璽印、磚瓦、錢幣、簡牘以及法書碑帖等悉皆涉獵，著述豐富。

　　商承祚將現代學術思想與考古學融入傳統金石研究，引領近代文物保護與考古的學術思潮，是較早爲國内大學博物館進行文物徵集、保護與研究的學者，是近現代考古與藝術研究開風氣之先、貢獻卓著的學者。同時，商承祚的書法創作與其學術研究交相輝映，擅甲骨、金文、篆書、隸書等書體，兼工篆刻，書法力追金石文字的渾厚平正之氣，造詣深厚。

Shang Chengzuo was born into a traditional scholarly family. Under the guidance of Luo Zhenyu, the founder of modern Chinese scholarship, Shang Chengzuo studied oracle bones and inscriptions on ancient bronzes and went through all of Luo's collections.

Thereafter, Shang Chengzuo taught at Tsinghua University, the University of Nanking, and Sun Yat-sen University, devoting himself to the study of epigraphy and the preservation and research of ancient artifacts. His research covered oracle bone inscriptions, bronze ware, statues, seals, bricks and tiles, coins, bamboo and wooden slips, calligraphy, paintings, etc.

Shang Chengzuo incorporated modern academic thought and archaeology into traditional epigraphy research, leading the way in modern Chinese academic thinking on heritage conservation and archaeology. He was one of the early scholars in collecting, conserving, and studying cultural relics for university museums in China, and was a pioneering and distinguished contributor to modern archaeological and artistic research. Meanwhile, Shang Chengzuo's calligraphy works and academic research complement each other. He excelled in such calligraphic styles as oracle bone, bronze script, seal script, and clerical script, and was also an engraver of seal carving. He gained great accomplishments in his pursuit of the profound and balanced spirit of the bronze script.

　　商承祚生於廣州番禺商氏家族，家學瞻富，擁有"一家二代三進士"的輝煌家族史。秉承着深厚的家學傳統，遵循"心有常師淇澳竹，品宜特立華峰蓮"的家訓，商承祚堅持以德爲先，培養了高潔品格。年未弱冠即嗜古文字之學，北上師從羅振玉，摩挲甲骨、銅器，步入了學術的殿堂。

家學淵源

商廷煥（1840 ～ 1887 年）
字蔚田，號明章。商承祚祖父，弃戎從文，拜學海堂學長樊封（字昆吾）爲師，從游嶺南大儒陳澧。番禺商氏自此由八旗之家轉變爲書香門第。商衍瀛曾作詩回憶父親教導："憶昔明德公，課學先辨志。童蒙惟養正，次及文與字"。

從堂兄弟

商廷修（1860 ～ 1911 年）
字少芝，又字梅生，號蒲澗舊樵。商承祚之從祖父。善詩畫，尤喜繪梅竹。光緒二十四年（1898 年）進士，爲番禺商氏第一位進士。曾任戶部主事。

商衍瀛（1871 ～ 1960 年）
字雲汀，號丹石。商承祚之伯父，光緒二十九年（1903 年）進士，授翰林院編修。曾赴日本考察大學學制。任職於京師大學堂（今北京大學），兼任京師高等學堂監督，商衍瀛爲我國現代高等教育體系的建立做出重要貢獻。

商衍鎏（1875 ～ 1963 年）
字藻亭，晚號康樂老人。文史學家、書畫家。著有《商衍鎏詩書畫集》等。商承祚之父，清朝最後一次科舉考試（1904 年）探花。1912 年，商衍鎏受聘至德國漢堡教研中文，於中德文化交流有首創之功；1949 年後曾任中央文史研究館副館長。父親商衍鎏對商承祚的古文和書畫啓蒙有着重要的影響。

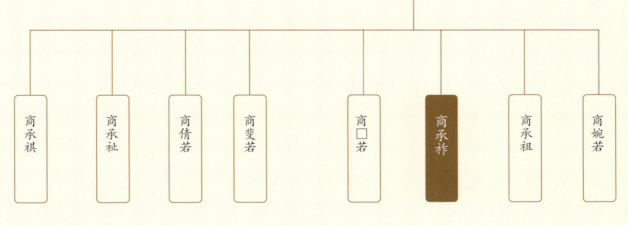

商承祺　商承祉　商倩若　商斐若　商□若　**商承祚**　商承祖　商婉若

★ 以上爲部分族譜

一九〇九年商氏兄弟攝於北京。居中坐者爲商承祚。

一九三〇年攝於廣州，時任教於中山大學。

番禺商氏家族照，商承祚爲前列環抱小孩者。

商廷焕　味靈華館詩

清·宣統二年（1910年）
深圳博物館藏

　　詩集由商衍瀛、商衍鎏手抄後付梓，字體俊雅，行格疏朗。商廷焕帖學功底深厚，時人更稱其詩文古勁直樸。晚清學者陸潤庠於宣統庚戌年（1910年）爲詩集題字。

　　詩集中有《生日有咏示衍瀛、衍鎏兩兒》詩云："心有常師淇澳竹，品宜特立華峰蓮。髫齡努力方成器，轉盼如絲入鬢邊。"教導後輩修身立德，勤勉治學。

宣統庚戌三月
味靈華館詩
陸潤庠題

味靈華館詩
序

姪衍瀛、衍鎏手鈔味靈華館詩將付之梓請海內大人先生爲之序而欲余一言味靈華館者先兄明章哀集所作而名之者也憶歲在丙子明章與章君聘臣張君仲廉及兄曖空鄰家笛聲清澈入耳掩卷而起散步於菩提樹下憑石欄干相與論詩謂詩以道性情風雅頌尚已楚騷漢魏六朝唐宋金元明以及國朝諸大家莫不有真性情在而杜少陵雄渾沈鬱寄託遙深窮天地民物古今之變歷山川兵火治亂興衰之蹟一發於詩如風雨如雷霆如奔濤駭浪澎湃起伏如怪石異獸奇

鬼擾人動心蕩魄不可逼視猶自謂老去漸於詩律細
詩豈易言哉近以禪喻失其真矣既步至風幡下口
占云我心朗如月我心堅於石風幡俱不動禪悦久寂
寂簧外宿鳥聞聲戛戛驚起一笑而罷遂有睡佛藏經
閩羅漢井南漢鐵塔諸作集中不載未存
稿耶抑刪之也又嘗同游越北郭外之白雲山下尋蒲澗
安期生得道處芳草芊綿林木古秀泉水泠泠青石激
響與吟嘯聲相答復越月溪上摩星頓最高頂東瞰我
胸矣指邱壑深處古松蒼蒼白雲翁欝起於其下謂余
脊西眺石門江水一線寫入襟帶間慨然曰天風盪我

日此極佳一尋詩境余對曰謝家展齒齒所不到所得無
乃幽峭語祇自怡悦當不減於瀰橋風雪驢子上也首
肯久之曾幾何時歲月易易近已二十有八年矣明章生
平胸次蘊藉和易近人無疾言遽色人樂親之讀其詩
可以得其性情各體俱備七言律尤多親切平日辯香
浣花故詠古懷人感事諸篇心摹手追欲起而與之角
更憶當日論詩之言乃自道甘苦有得者也余簿書從
事蓬鬢欲愁霜交游漸疏歌詠亦少秋風撼壁夜午燈青
古意今愁根觸未巳執卷元坐覺音容笑語儼然猶是
望靈山坳踽月古寺時惜聘臣桂林仲廉宣武昌安

味靈華館詩
序

俟教授里中相隔各數千里不能與之同論定也
光緒甲辰秋七月弟廷焕敬書於京師寄拙窩

味靈華館詩卷一
潘陽　商廷焕　明章

辛酉
瀹舊集芸館芭蕉漫天生綠聽風翻雨滴之聲對斜月
奉和昆吾師元日試墨之作謹步原韻
一竽椒鶴曉薦辛風景倍愁人桃符那合重重換
笳鼓猶聞處處新但飽暖莪菶菶幾曾甘旨偶娛親
年來化雨欣同沐且向鱣堂日問津
春夜汪海語室遇湯小峰傾倒之下因贈以詩
汝南叔仲信無雙腹有千書百怪降豈僅才華聞上國

○六○

商廷煥　詩音易簡

縱 27 厘米　橫 15 厘米
商承祚家屬捐贈
深圳博物館藏

　　商廷煥檢選《詩經》中音韻與今音不同者，按今音次第編排，便於初學者檢閱，爲古音韻標準讀本。他曾教導後輩"每讀一經，先正音訓"。

　　稿本由商衍瀛手抄、商衍鎏校，附曾孫商志醰所作注釋。

　　商廷煥另著有《詩音匯譜》。

詩音易檢自敘

聲成文謂之音音之諧謂之韻古無韻書韻即
當時之方音所以巷里歌謠婦孺亦能協之後
儒因時之遠近地之南北音之流變輯而成書
遂有古今韻之分爲煥少讀毛詩怪叶韻之參
差不能畫一如家行露二章叶谷三章叶公牙

〔商明章廷煥　撰著〕

一

行露叶卬祈父叶五胡反虞騶虞一章叶牙二
章叶卬葛藟叶壬叶結采葛叶居謁反南凱風叶
鄰焉燕叶憐似此之類不可枚舉繼覽古韻諸
書雖臻大淳初學究苦於檢閱同岑樊鍾彥子
嫩檢詩中之韻與今音異者依今韻次第之而
直音於其下或無同聲之字方用反切凡以爲

初學之易於檢閱也書未成不幸早世燥歎其
書之善而哀其志之湮遂擇諸家之粹精而參
以鄙見以卒其業更輯彙譜合爲四卷曰詩音
存古義也其中纖瑕之處所望海內師儒爲之
是正焉

二

例言

顧氏甯人曰宋徐藏序吳才老韻補曰自補音
之書成然後三百篇始得爲詩從而攷古箋銘
誦歌謠諺之類莫不字順音叶而爾儒之言曰
補音所據多出於詩後殆後人因詩以爲韻不
當以是韻詩也殊不知音韻之正本諸字之諧

三

答當作對○雨無正四章聽言則答韻退遂瘁
訊○按新序漢書皆引作聽言則對對字入
韻

十六葉

楨本音緝○摵摵三章丞徒楨之韻及

十七洽

甲本音捷○芃蘭二章能不我甲韻葉鞸

洽本音合○板二章民之洽矣韻輯

長男衍瀛恭鈔

次男衍鎏恭校

商廷修　居庸叠翠圖卷

紙本　水墨
清·宣統元年（1909年）
縱37.5厘米　橫175厘米
商承祚捐贈
廣東省博物館藏

釋文：居庸叠翠圖。
登八達嶺望居庸關，余既爲文以紀游，更作此圖，聊證鴻爪。題曰"居庸叠翠"，仍
舊名也。宣統元年己酉秋九月上澣，蒲澗舊樵商廷修識。
層巒叠嶂赴居庸，屹屹嚴關鎖四重。形勝自來説天險，雲山無盡蕩蕩心胸。攝衣徑
上石苔閒，秋色蒼然夕照殷。一綫長城走天白，振襟拖吭俯秦關。平生最愛徐霞客，
三到昆侖頂上行。此亦胸中一邱壑，偶忘携筆未題名。漢碣秦碑迹有無，候臺廢堡
夕陽孤。昔時百戰經營苦，付與秋窗作畫圖。新凉風雨夜篝燈，細意評量稿未謄。
却羨縱橫吳道子，揮毫一日寫嘉陵。浮巒聳翠巨然山，記昨相携畫裏看。急起直追
慚未得，愜心自在白雲間。不期同渡大瀛東，此日游踪亦偶同。失笑舊樵餘習在，
戲將爪印寫飛鴻。橫塗竪抹窨拈毫，老鼠搬姜空自勞。不及吾宗集賢叟（元商琦），
詩名畫品秋山高。重陽前一日廷修又題。
鈐印：修印（朱文）、廷修字少芝又字梅生（朱文）、詩畫禪（朱文）、㮱谷道人（朱
文）、蒲澗舊樵（白文）。

　　"居庸叠翠"爲燕京八景之一。此卷爲商廷修在京任職時寫予其侄商衍鎏，
後爲商承祚所藏。其山水畫作筆墨淡雅，具濃鬱文人畫氣息，行書古樸瀟灑。
　　商廷修卒後，其友人陳步墀作詩悼曰："畫裏梅花見性真，分曹風骨更無人。"
可見其平生風度行誼之磊落高潔。

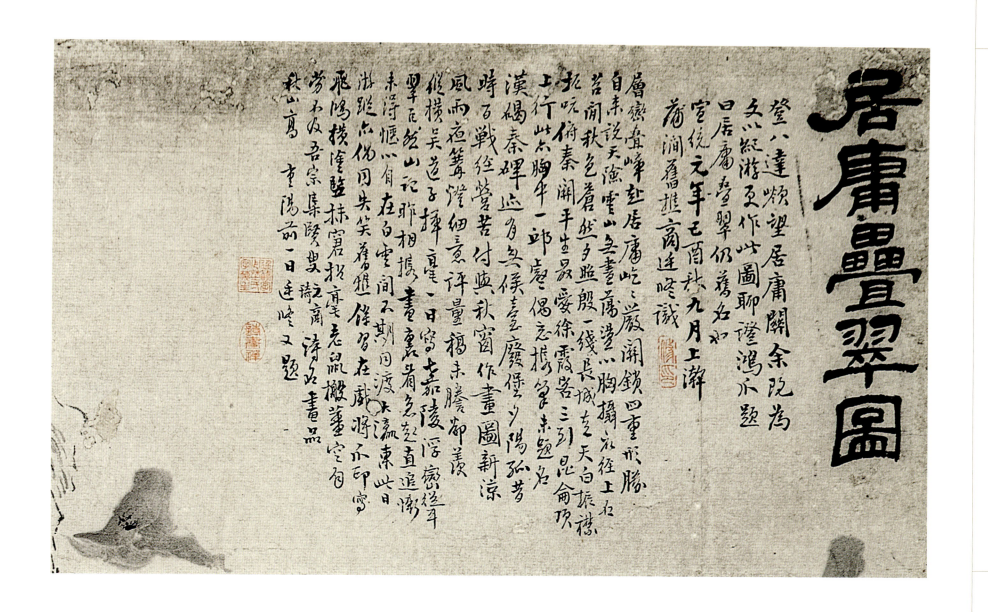

○六二
"甲辰探花／商衍鎏鉨" 朱白文兩面印章

青田石
長 1.6 厘米　寬 1.6 厘米　高 3.2 厘米
商承祚家屬捐贈
中山大學圖書館藏

　　商衍鎏自幼勤學奮讀，六歲就讀家塾玉蓮園。光緒三十年（1904年），商衍鎏於最後一次科舉考試甲辰恩科中探花，賜進士及第，授翰林院編修。1906 年商衍鎏被派往日本東京法政大學留學，回國後主張變法自強，與康有爲、沈鈞儒等交善。

　　此爲其早年自用印。

○六三
"藻亭／商衍鎏" 朱白文兩面印章

昌化石
民國三十八年（1949 年）
長 2.8 厘米　寬 2.8 厘米　高 7.1 厘米
黃文寬治
商承祚家屬捐贈
中山大學圖書館藏

邊款：藻亭世伯大人誨正。文寬敬篆，己丑。

　　黃文寬（1910～1989 年），廣東臺山人，號隝石道人。嶺南著名書法家、篆刻家。博學多才，詩詞、文物考古等均有造詣。曾與商承祚同爲中山大學教授。著有《嶺南小雅集》，商承祚爲題書名。另有《歷代紀事詩選》《鬼谷子本義》《黃文寬印選》《澳門史鈎沉》等。

臨池學畫耽詩句霜鬢還鄉習
未除往事悲歌憐客夢間吟康
樂愛村居胸追鶻落湖州竹宵
慕鷲群逸少書誰道滄江歸臥
晚揮毫猶自惜三餘
一九六一年八月康樂老人題

《商衍鎏詩書畫集》書影（局部）

○六四
"康樂老人九十後作／臨池學畫耽詩句" 白文對章

壽山石
長 2.6 厘米　寬 2.6 厘米　高 6.5 厘米
羅福頤治
商承祚家屬捐贈
中山大學圖書館藏

　　羅福頤（1905～1981年），字子期，七十後自號僂翁。古文字學家、金石學家。羅振玉之子。羅商兩家亦爲姻親，羅福頤與商衍瀛之女商靜宜結爲伉儷，故羅商兩家過從甚密。
　　印文內容出自商衍鎏題詩："臨池學畫耽詩句，霜鬢還鄉習未除。往事悲歌憐客夢，間吟康樂愛村居。胸追鶻落湖州竹，腕慕鵝群逸少書。誰道滄江歸臥晚，揮毫猶自惜三餘。"

壽山石
長 2.6 厘米　寬 2.6 厘米　高 6.5 厘米
羅福頤治
商承祚家屬捐贈
中山大學圖書館藏

商衍瀛　楷書十四言聯

紙本　墨書
民國三十七年（1948 年）
縱 140.5 厘米　橫 25.5 厘米
商承祚家屬捐贈
深圳博物館藏

釋文：鳳幕卷金泥，拚劇飲淋浪，倦途休駕。小閣橫香霧，倚東風嬌嬾，征騎初停。七十八老人雲叟商衍瀛錄訒盦集周清真詞。
鈐印：商衍瀛字丹石辛未生（白文）、癸卯翰林（白文）。

　　此聯書法方正圓融，整潔平齊，爲晚清翰林學士典型的書體風格。周清真即北宋"婉約派"代表詞人周邦彥。此處"訒盦"爲晚清著名詞集大家林葆恒。林氏爲林則徐佫孫，福建侯官人，諳於書史，勤於詞學，曾精選周邦彥、吳文英、姜夔和張炎四大家詩詞聯句，輯錄刊成《集宋四家詞聯》，凡一百八十二聯，傳播頗廣。

　　商承祚年少時曾隨伯父商衍瀛游歷各地，尋訪漢碑刻石，研學書法，受其影響頗深。後又經其引薦拜羅振玉爲師，開啓學術研究之路。

小閣橫香霧倚東風嬌嬾征騎初停

夜遊宮　垂絲釣　點絳唇

七十八老人雲叟商衍瀛錄訒盦集周清真詞

鳳幕卷金泥拚劇飲淋浪倦途休駕

風流子　意難忘　慶春宮

夫其心以納天下之物則兼容並色無人不在涵蓋之中更
能清明以養吾之神湛一以養吾之慮沈警以養吾之識剛
大以養吾之氣果斷以養吾之才凝重以養吾之學寬裕以
養吾之量嚴謹以養吾之操以此而觀天下之理論天下之事應
天下之變則何入而不自得乎 商衍鎏七十有六

○六六

商衍鎏　行書五行軸

紙本　墨書
1951 年
縱 93 厘米　橫 27.8 厘米
商承祚家屬捐贈
深圳博物館藏

釋文：大其心以納天下之物，則兼容并包，無人不在涵蓋之
中。更能清明以養吾之神，湛一以養吾之慮，沉警以養吾之
識，剛大以養吾之氣，果斷以養吾之才，凝重以養吾之學，
寬裕以養吾之量，嚴謹以養吾之操，以此而觀天下之理，論
天下之事，應天下之變，則何入而不自得乎。商衍鎏七十有
六。

鈐印：商衍鎏印（白文）、甲辰探花（朱文）。

　　此作內容出自清人金纓所輯錄格言集成《格言聯璧》。
　　商衍鎏多臨碑帖，重唐人風範。葉恭綽評曰："丈書
得力於褚顏，故天骨開張，而姿態穎秀"。稱其兼有褚遂
良書法的秀勁超逸和顏真卿的肆意自如。商承祚年幼時常
常翻閱父親所藏各家書帖，幼年書法得其父親親授。

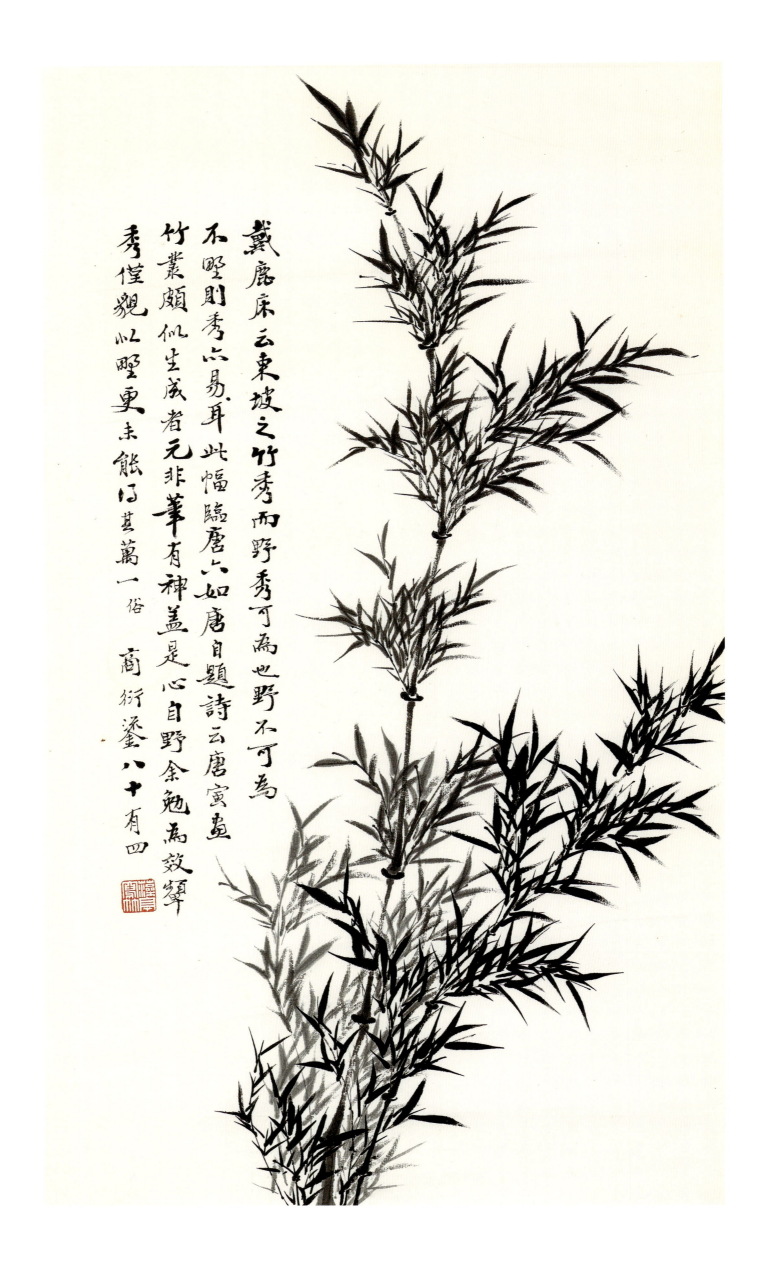

戴鹿床云東坡之竹秀而野秀可為也野不可為

不野則秀亦易耳此幅臨唐六如唐自題詩云唐寅畫

竹叢頗似生成者元非筆有神蓋是心自野余勉為效顰

秀僅貌似野更未能得萬一俗 商衍鎏八十有四

○六七

商衍鎏　墨竹圖

紙本　水墨
1960 年
縱 67.5 厘米　橫 30.5 厘米
商承祚家屬捐贈
深圳博物館藏

釋文：戴鹿床云："東坡之竹秀而野。秀，可為也；野，不可
為。不野，則秀亦易（俗）耳。"此幅臨唐六如。唐自題詩
云："唐寅畫竹叢，頗似生成者。元非筆有神，蓋是心自野。"
余勉為效顰，秀僅貌似，野更未能得萬一。商衍鎏八十有四。
鈐印：藻亭寫竹（白文）。

商衍鎏善畫竹，此作臨唐寅之墨竹。商衍鎏以竹之品
格自勵，曾題詩咏竹"經霜不改色，凌雪自有姿"。

○六八
商衍鎏　畫竹一得淺説

稿本
1960年
長32.5厘米　寬20.6厘米
商承祚家屬捐贈
深圳博物館藏

鈐印：商衍鎏鉨（白文）、甲辰探花（朱文）。

此書爲商衍鎏編撰自書，總結了前人畫竹的實踐經驗。從書中可知，原包含商衍鎏自畫竹二十幅，後附徐宗浩臨柯九思竹譜。

徐宗浩（1880～1957年），號石雪。近現代著名書畫家，善畫竹。徐宗浩爲商衍鎏好友，因欣賞商衍鎏畫竹，故以自己所臨竹譜相贈。

柯九思（1290～1343年），字敬仲，號丹丘生，元代著名畫家，善畫墨竹。

畫竹一得淺説
自畫竹二十幅
附徐宗浩臨柯九思竹譜

畫竹一得淺説
商衍鎏選輯手書

學有師承

　　1921 年秋，十九歲的商承祚負笈天津，拜羅振玉爲師，學習甲骨文和金文，與容庚、唐蘭、柯昌濟并稱爲羅門四大弟子。羅振玉收藏甚富，古器繁多，所藏大量青銅器、甲骨、拓片、碑帖古籍等都提供給商承祚學習。商承祚潛心治學，研讀羅振玉等金石學者論著，日夜拓銅器銘文，雙鈎舊銘文拓本，爲之後的治學、鑒藏奠定基礎。

羅振玉舊藏甲骨
王賓中丁·王往逐兕塗朱卜骨刻辭
商（約公元前 16 ～前 11 世紀）
長 32.2 厘米　寬 19.8 厘米
中國國家博物館藏

　　羅振玉舊藏著名甲骨大版之一，著録於《殷虛書契菁華》，爲殷商甲骨遺存中不可多得的珍品。此骨版碩大而完整，祇有局部殘損。其性質屬於卜旬，即卜問旬日（十日）之内的凶吉。卜骨的内容頗爲豐富，涉及祭祀、田獵、天象等諸多方面。刻辭書風雄健，氣韵恢宏，筆畫遒勁，章法有致。字内塗飾朱色，彰顯其珍貴。

○六九

羅振玉舊照

縱 60.8 厘米　橫 44.7 厘米
羅繼祖捐贈
深圳博物館藏

　　羅振玉（1866～1940年），字叔蘊，號雪堂，又號貞松老人。浙江上虞人。近代學術開創者之一。羅振玉精於金石考據之學，是近代甲骨學、考古學的奠基者，著有《殷虛書契菁華》《殷虛書契考釋》《三代吉金文存》等。羅振玉與王國維、郭沫若、董作賓并稱爲"甲骨四堂"。

貞翌乙未易日等字卜辭

商（約公元前 16～前 11 世紀）
長 11.4 厘米　寬 2.2 厘米
故宮博物院藏

　　卜辭是甲骨刻辭的主體，此外還有記事刻辭、表譜刻辭等。
完整的卜辭由叙辭、命辭、占辭及驗辭四部分組成，包括占卜
時間、貞人、占卜内容、吉凶判斷及占驗結果等。

　　此件甲骨爲羅振玉舊藏。商承祚入羅振玉門下，始知"甲
骨之出土者大半在師家"。商承祚不僅得見大量甲骨，更得以
研習羅振玉與王國維批注的《殷虛書契考釋》及《殷虛書契待
問編》等重要甲骨文研究著作。

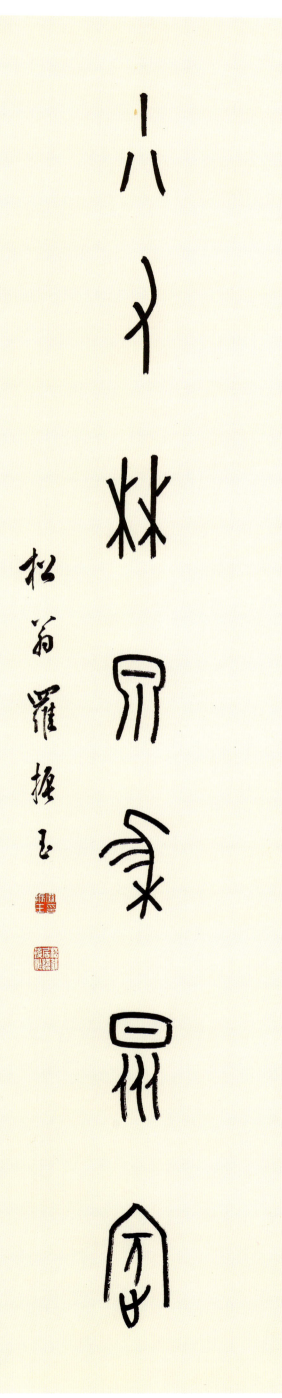

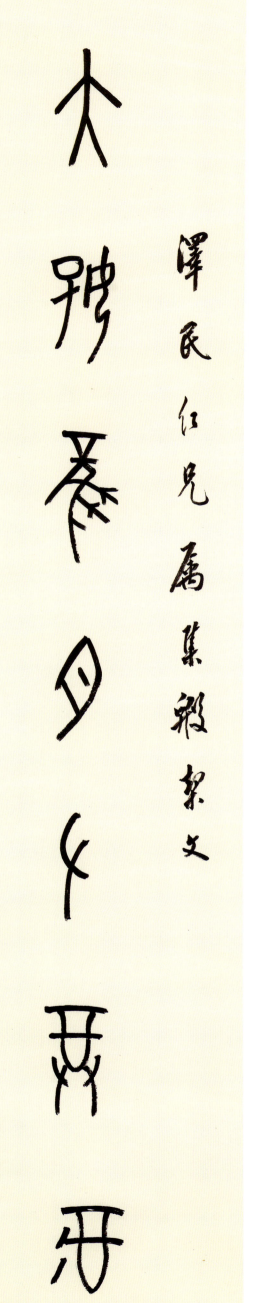

○七一

羅振玉　甲骨文七言聯

紙本　墨書
晚清民國（1840～1949 年）
縱 130 厘米　橫 30 厘米
商承祚家屬捐贈
深圳博物館藏

釋文：大好風月對樽酒，小有林
泉集眾賓。澤民仁兄屬殷契文。
松翁羅振玉。
鈐印：羅振玉印（白文）、松翁
居遯後作（白文）。

　　商衍瀛曾讚羅振玉"學破
殷墟契，經傳魯壁詩。"甲骨
卜辭，文法古奧，摹寫原文，
每每不易了解，羅振玉把已識
之字集爲楹聯，有《集殷虛文
字楹帖》之作。

○七二

羅振玉　甲骨文橫幅

紙本　墨書
民國（1912～1949年）
縱 32.3 厘米　橫 128.5 厘米
商承祚家屬捐贈
深圳博物館藏

釋文（一）：壬申卜，□貞：五羌卯五牛。丁丑卜，爭貞：（御）于且（祖）辛十（牢）。辛酉卜，貞：今日不雨。妹雨。不其祉（獲）羌。貞貞：乎（呼）伲𡚠（逐）馬祉（獲）。

釋文（二）：近代爲殷契之學者，瑞安孫氏仲容、上虞羅氏叔言兩家而已。然孫氏能讀其文而不習其書，兼之者又惟羅氏而已。自同光以來，憲齋、濠叟喜治古器刻，承學之士動習古籀以相矜。羅氏更等而上之，遂開古法中未發之秘蘊。惜乎繼之者無人。蓋其事甚勤，不容淺者之襲取爾。嗟乎！虞夏之書不可得見，最古莫如殷契商器刻，或有傳拓而非手蹟，殷契者又最古之手蹟也。斯冰而後，獲得而習之，誠後來之福。稼軒詞云：“不恨古人吾不見，恨古人不見吾狂耳。”余於此紙亦同斯嘆。惜乎厝鼎散盤學者益紛，不聞一從羅氏之後也。甲子七月姚華。

鈐印：羅振玉（白文）。
鑒藏印：姚華（白文）。

　　羅振玉精研商周古文字，不僅能讀其文，更以甲骨書法見長。此作規摹契刻綫條，又參以中鋒篆法，其甲骨文書風圓勁雋秀，緊密工穩，端莊嚴整。

　　姚華（1876～1930年），字重光，號茫父，別署蓮花盦主。貴州貴築人。近代著名書畫家、篆刻家，精通古器考據。題跋可見姚氏對羅振玉的甲骨書法推崇備至。

近世為殷契之學者瑞安孫氏仲容上虞

羅氏叔言兩家為之於殷氏既讀其文而不

習其書蓋之者又惟一經羅氏而之自因忠以

栗窓齋讀此喜法古器刻羅氏文學而出之逐

習習古福以相移 硏學之士

闢宣發中畏發之祕蘊惜守絕之後無

人蓋甚盍甚勤不覺漫者之龍耒

爾嘗孚宝夏之書不可得晁最古莫

此服殳前然到攷有傳拓而張字蹟殷

契若文求古之夢蹟也斷淅而偽權乃

名不見恨古人不連絡可余於此

西习之龍得耒之福獨輕詞之不恨古人

俄心徊野誰惜時唐凡散然學安益

絃不同一道羅氏之後也甲子七月挑

華

○七三

婦觶

商（約公元前 16～前 11 世紀）

高 14.9 厘米　寬 8.7 厘米

故宮博物院藏

　　觶爲飲酒之杯。《禮記·禮器》："尊者舉觶。"青銅觶盛行於商、周，春秋戰國時期逐漸消失。此器爲羅振玉舊藏。

○七四

昶中鬲

西周（約公元前 11 世紀～前 771 年）
高 11.6 厘米　寬 16.5 厘米
故宮博物院藏

　　鬲爲烹煮之器，用途與鼎類似。故《說文》
言鬲爲"鼎"屬也。青銅鬲器型從新石器時代
陶鬲基礎上發展而來。此器爲羅振玉、榮厚舊藏。

羅振玉　臨矢令方彝銘軸

紙本　墨書
晚清民國（1840～1949 年）
縱 140 厘米　橫 34.5 厘米
商承祚家屬捐贈
深圳博物館藏

釋文：唯八月，辰在甲申，王令（命）周公子明保，尹三事四方，受（授）卿事寮，丁亥，令矢告于周公宮，公令徝同卿事寮。矢方彝近出洛陽，文字近世出土諸器之冠。羅振玉。
鈐印：振玉印信（朱文）。

　　羅振玉考釋金文以字形爲主要途徑，參輔各種方法與材料，既有文字的考釋，亦涉及辭意的詮釋，結合傳世文獻對歷史制度進行考察。

　　作爲近代學術的奠基者，其金文研究不僅限於文字，更遍及器物研究、史學研究等多個方面，如訂正器名、證經補史等。這在商承祚的學術研究中也多有體現。

　　矢令方彝於民國時期出土於洛陽北郊馬坡村，鑄有 187 字長段銘文，記録了明保依父親周公之命赴東都成周城，奉王命召集百官舉行祭祀之事。近代中外學者青銅著作中多有著録研究，羅振玉、唐蘭、馬叙倫、郭沫若、陳夢家等古文學家不斷釋讀，亦見於容庚《商周彝器通考》。此器後流失海外，爲美國華盛頓弗利爾美術館藏，今改美國國立亞洲藝術博物館。

西周　矢令方彝　美國國立亞洲藝術博物館藏

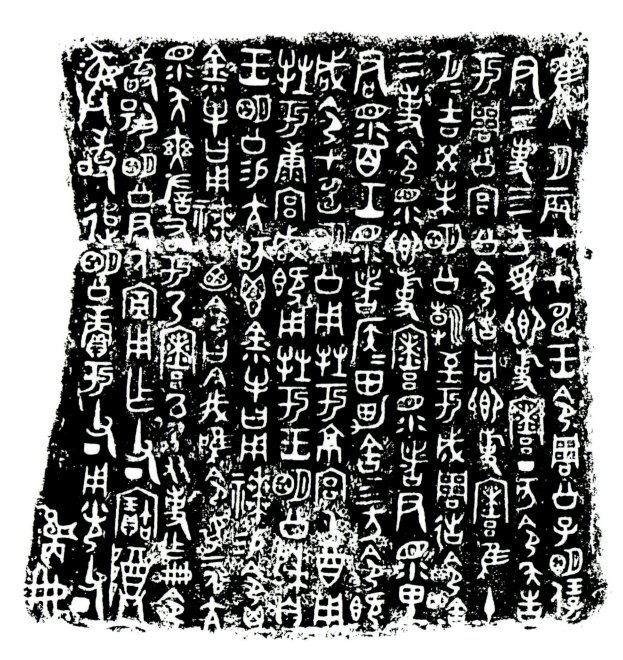

矢令方彝銘文拓片

天方舞近出隴闊文字近出北出隴甘一冠羅振玉

散氏盤全形及銘文拓片軸

紙本
民國（1912～1949年）
縱 119 厘米　橫 65 厘米
商承祚家屬捐贈
深圳博物館藏

鈐印：養心殿精鑒璽（朱文）、希丁手拓散盤（朱文）、金谿周康元所拓吉金文字印（朱文）。

散氏盤銘文內容爲一篇土地轉讓契約，是研究西周土地制度的重要史料。散氏盤書體開 "草篆" 風格金文之先，在碑學體系中占重要地位。1924 年，羅振玉應溥儀之約赴故宮鑒定散氏盤，商承祚隨同前往。羅振玉不僅教其鑒定真僞，更親授墨拓散氏盤全器技法。

周希丁（1891～1961年），名康元。江西金溪縣人。精於篆刻及青銅器傳拓，最善全形拓，曾手拓故宮博物院寶蘊樓藏器及羅振玉、柯昌泗等公私藏器。

王國維曾跋清內府散氏盤精拓本，該拓本題簽："散氏盤原器，內府精品拓本，王國維題釋，順德鄧又同珍藏。" 王國維在釋文後題識："宣統甲子季秋廿二日，海寧王國維釋於京師履道坊北之寓廬。" 又補充跋文曰："散氏盤，乾隆時出土，歸於揚州徐氏，後入洪氏。嘉慶中，兩江總督阿林保進入內府。當此器在維揚時，阮相國曾仿制二器，藏諸家廟。其後，一入京師，歸宗室崇恩，今聞在都統景賢家；其一歸長沙易氏，今已售諸日本。其內府所藏原器，世人或謂已毀於咸豐庚申圓明園之火。宣統甲子春，內務府奉命查養心殿陳設，始得之庫中。上命精拓五十本以賜廷臣，國維與毅夫侍御同直內廷，得蒙此賞。侍御因屬維釋其文字。因記始末於後，至銘中所紀事實至及其時代地理，維別有考釋。兹不贅云。"（廣州藝術品公司 2011 年春拍品）

"宣統甲子春" 即 1924 年春。周散氏盤精拓現存僅兩種：其一即 "宣統甲子春月" 賞賜廷臣之本，爲周希丁精拓本，上鈐 "養心殿精鑒璽" "希丁手拓散盤" "金谿周康元所拓吉金文字印" 三朱文印。其二即民國成立故宮博物院後周希丁精拓本，鈐 "故宮博物院古物館傳拓金石文字之記" 朱文印。羅振玉所藏爲賜本，而商承祚所得或即羅振玉之賜本，足見此本之珍貴。

西周　散氏盤　臺北故宮博物院藏

羅振玉　臨毛公鼎銘四條屏

紙本　墨書
晚清民國（1840～1949年）
每屏縱147.5厘米　橫39厘米
商承祚家屬捐贈
深圳博物館藏

釋文：王若曰：父厝，不（丕）顯文、武，皇天引猒（厭）厥
德，配我有周，膺受大命，衝裏（懷）不廷方，亡不閈于文、
武耿光。唯天牆（將）集厥命，亦唯先正尃辥（燮）厥辟，辥
（勳）董（勤）大命，肆（肆）皇天亡旲（斁），臨保我有周，不
（丕）巩（鞏）先王配命，戙（旻）天疾畏（威），司余小子弗
彶（及），邦牆（將）害（曷）吉？嗣嗣四方，大從（縱）不静
（靖）。烏虖（乎），趯余小子圂湛于囏，永巩（鞏）先王。王曰：
父厝，余唯肇巠（經）先王命，命女（汝）辥（燮）我邦、我家
内外，憃（惷）于小大政，尃（屏）朕立（位），儥許上下若否
雪（于）四方，死（尸）毋童（動）余一人在立（位），引唯乃
智，余非埔（庸）又聞（昏），女（汝）毋敢妄（荒）寧，虔夙
夕重（惠）我一人，擁（雍）我邦小大猷，毋折緘，告余先王若
德。謵笙仁兄大人雅屬。商遺羅振玉臨古。
鈐印：振玉印信（朱文）、恨不得填漫了普天饑債（白文）。

　　毛公鼎於清道光末年出土於陝西岐山，鼎内鑄銘文32行
499字，是我國迄今出土的青銅器中銘文最長的一件。銘文記
載了周宣王對大臣毛公的告誡及賞賜。

　　商承祚稱毛公鼎文字渾圓，"有如楷書中之小楷，而茂美
嘆觀止矣。"商承祚在《古器物銘釋》中收集了各家對毛公鼎
銘文的考據。

西周　毛公鼎　臺北故宫博物院藏

毛公鼎銘文拓片

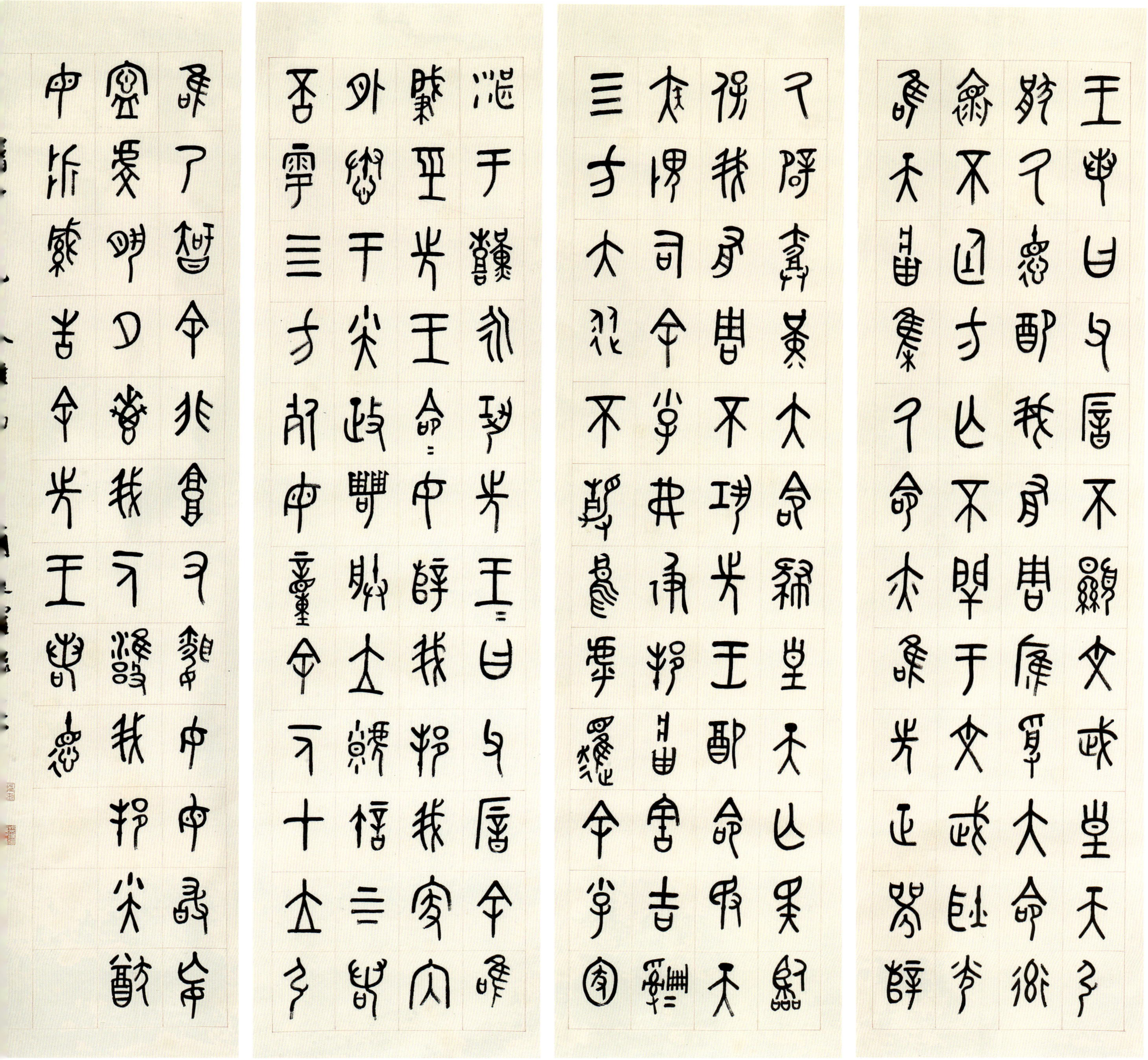

○七八

羅振玉　集石鼓文八言聯

紙本　墨書
民國十六年（1927年）
縱 168 厘米　橫 39.5 厘米
商承祚家屬捐贈
深圳博物館藏

釋文：執簡寫心寓之同好，安車載
帛求彼异人。蘭亭仁兄屬集石鼓文
爲楹帖。石鼓文字寬博端重，與他
彝器款識不同，實爲相形書法之祖。
近秦州出土秦公敦與鼓文書勢正同，
蓋亦在周宗中興之後也。丁卯四月
既生魄，貞松羅振玉記于津沽。
鈐印：羅振玉印（白文）、六十後字
含章（白文）。

　　石鼓在唐初時被發現於陝西，
學界普遍認定爲秦國遺物。石鼓文
是我國現存最早的一組石刻文字，
歷代金石學家研究、著錄甚多。羅
振玉對石鼓文十分重視，遍尋各家
拓本，著有《石鼓文考釋》。羅振
玉釋字主要從字形入手，這與清代
學者大多由字音求字義有所區別。
商承祚對古文字的釋讀方式也受
到羅振玉的影響。
　　王毓芝（1875～1933年），
字蘭亭，山東濟寧人。清光緒舉
人。1923年任曹錕總統府秘書長。
1924年去職後於天津生活。

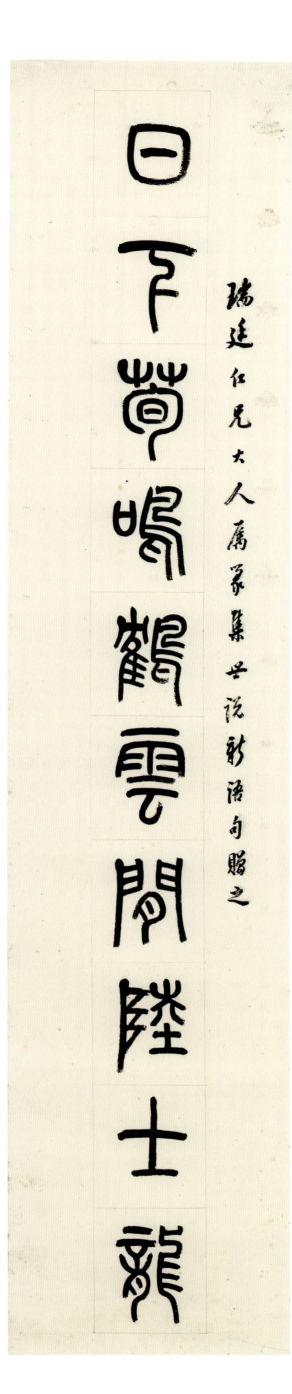

○七九

羅振玉　篆書十言聯

紙本　墨書
晚清民國（1840～1949年）
縱185厘米　橫39厘米
商承祚家屬捐贈
深圳博物館藏

釋文：日下荀鳴鶴，雲間陸士龍；四海習
鑿齒，彌天釋道安。瑞廷仁兄大人屬篆，
集《世說新語》句贈之。雪堂羅振玉書于
津門寓居。
鈐印：羅振玉（白文）、恨不得填漫了普天
饑債（白文）。

　　此聯文字出自《晉書·習鑿齒傳》
和《世說新語·排調》。羅振玉以篆書
寫就并贈予民國軍閥劉震寰。劉震寰
（1890～1972年），原名劉瑞廷，字顯
臣，廣西柳江人。辛亥革命重要成員。

羅振玉　篆書四字橫幅

紙本　墨書
民國十六年（1927 年）
縱 31.5 厘米　橫 134 厘米
商承祚家屬捐贈
深圳博物館藏

釋文：根道核藝。丁卯暮春，羅振玉書于津沽。
鈐印：振玉印信（朱文）、老于憂患（白文）。

　　"根道核藝，抱淑守真"語出東漢《景君碑》。清人梁章
鉅《楹聯叢話》中收錄此句，稱"漢碑句皆質重，蔚然古香"。
羅振玉藏石刻拓本衆多，僅《景君碑》就有拓本六種。丁卯年
（1927 年）夏，羅振玉輯成《雪堂所藏金石文字簿錄》，對
其所藏石刻拓本異同進行考辨。
　　羅振玉居日本期間曾爲細川家族永青文庫題寫隸書匾額
"根道核藝"，足見羅氏對此語的重視。

木如臨于
其慄君踐其險若涉淵水嘆曰詩所謂如集于
息不得駐數有顛覆霣隧之害過者創楚惴惴
下有不測之谿阺筈促迫財容車騎進不能濟

谷斯其殆哉

上虞羅振玉臨西狹頌

○八一

羅振玉　臨西狹頌軸

紙本　墨書
晚清民國（1840～1949年）
縱131厘米　橫32厘米
商承祚家屬捐贈
深圳博物館藏

釋文：下有不測之谿，阺筈促迫，財容車騎，進不能濟，息不得駐，數有顛覆霣隧之害，過者創楚，惴惴其慄。君踐其險，若涉淵水。嘆曰：《詩》所謂"如集于木""如臨于谷"，斯其殆哉！上虞羅振玉臨《西狹頌》。
鈐印：上虞羅氏（白文）、振玉印信（白文）。

　　《西狹頌》爲東漢建寧四年（171年）刻於甘肅成縣的摩崖石刻。與《郙閣頌》《石門頌》合稱漢代摩崖三頌。碑文主要記述了東漢武都太守李翕修建棧道爲民造福的事迹。《西狹頌》爲漢隸巔峰之作，方整雄偉，梁啓超曾稱其"雄邁而靜穆，漢隸正則也"。此作結字高古，用筆樸厚，方圓兼備，筆力遒勁。

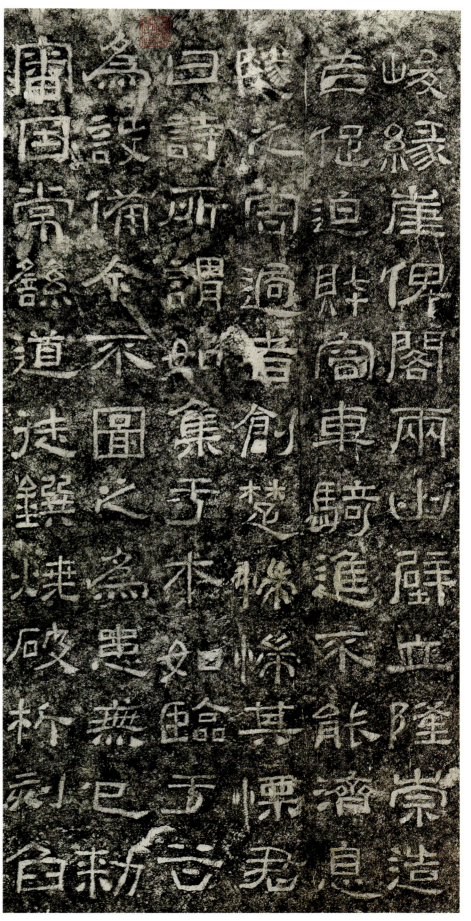

《西狹頌》拓片（局部）

　　商承祚致力於古文字的整理與考釋，以及傳統金石學的研究，成就卓然，於歷史考古方面也取得了諸多成果。其精於鑒定、墨拓、銘文摹寫，號稱"三絕"。商承祚治學嚴謹，著述不輟，有力地助推了古文字學、近代考古學的發展。

　　爲保護中華優秀傳統文化，商承祚以文物的搶救和保護爲己任，以傳統金石學之方法，結合科學考古之手段，爲文物保護作出巨大貢獻，探索中國現代學術研究之路。

古文字研究

　　商承祚早年致力於甲骨文研究。在羅振玉的指導下，商承祚二十一歲便編成甲骨文字典《殷虛文字類編》，奠定了早年的學術地位。王國維對商承祚頗爲賞識，稱其爲繼"甲骨四堂"之後的四位青年才俊之一，贊其釋字"精密矜慎，不作穿鑿附會之説"。此後，商承祚又發表《殷契佚存》等諸多甲骨論著，對甲骨學發展起到重要推進作用。

宰豐骨匕記事刻辭
商（約公元前 16～前 11 世紀）
長 27.3 厘米　寬 3.9 厘米
中國國家博物館藏

　　此骨匕相傳出土於河南安陽，舊録於商承祚所輯《殷契佚存》，記載了商王帝乙或帝辛六年五月壬午日，王在麥麓田獵，捕獲了犀牛。宰豐因有功而受到賞賜，由寢官小穑轉賜。骨匕的文字内容是單純的記事刻辭，極爲罕見，對於研究商代歷史及周祭祀譜具有重大價值。
　　骨匕爲犀牛肋骨，正面隨形雕刻精美的紋飾，并鑲嵌緑松石，是异常珍貴的藝術品。就書法而言，宰豐骨匕與同時期的甲骨刻辭迥异，存有濃厚的毛筆書法意藴而無鑴刻感，堪稱殷末書法的魁楚之作。

〇八二

商承祚　殷虚文字類編

收録於《甲骨文資料匯編》第 13 冊
北京圖書館出版社
深圳博物館藏

本書依《説文解字》體例編排，收甲骨文單字 790 字。凡羅振玉有解説者照録之，商承祚另有見解之字或新釋者則以"祚案"别之。在嚴謹考釋的基礎上大膽創新，勇立新説。王國維親自校對增補并作序，稱贊"錫永此書可以傳世矣"。

呼如錫永此書可以傳世矣雖然書契文字之學自孫比部而羅參事而余所得發明者不過十之二三而文字之外若人名若地理若禮制有待於攻究者尤多故此新出之史料在在與舊史料相需故古文字古器物之學與經史之學實相表裏惟能達觀二者之際不屈舊以就新亦不紬新以從舊然後能得古人之眞而其言乃可信於後世若以錫永之條理剤以立庵純卿之博綜他日所得必將有進於是編者余雖不敏猶將濡筆而序之夏至後十日海甯王國維序於京師黄華門北之寓廬

殷虚文字類編　序　一二　決定不移軒

11

殷虚文字類編

从林與从艸同

卷二第十九葉

卷二第十七葉　同上　同上　龜甲

獸骨卷一第二十二葉

祚案王徵君説此即弟子職云櫛之遠近乃承厥火又云右手執燭左手正櫛之爀字廣韻作爀

卷五第十三葉　卷四第五十三葉

説文解字耒兩刃臿也从木丫象形宋魏曰耒也或作釫與卜辭所載不知同誼否

卷一第三十六葉　第四十三葉　卷五

二

188

殷虚文字類編第一

上虞羅振玉叔藴考釋

受業商承祚類次

文三十一　重一百六十

一　卷三第一葉

古金文一二三字均與此同説文解字一二三之古文作弌弍弎乃晚周字錢先生大昕汗簡跋云作字必先簡而後繁有一二三然後有从弋之弌弍而叔重注古文于弌弍弎之下以是知許所言古文之别字非弌古于一也

殷虚文字類編　第一　一　決定不移軒

13

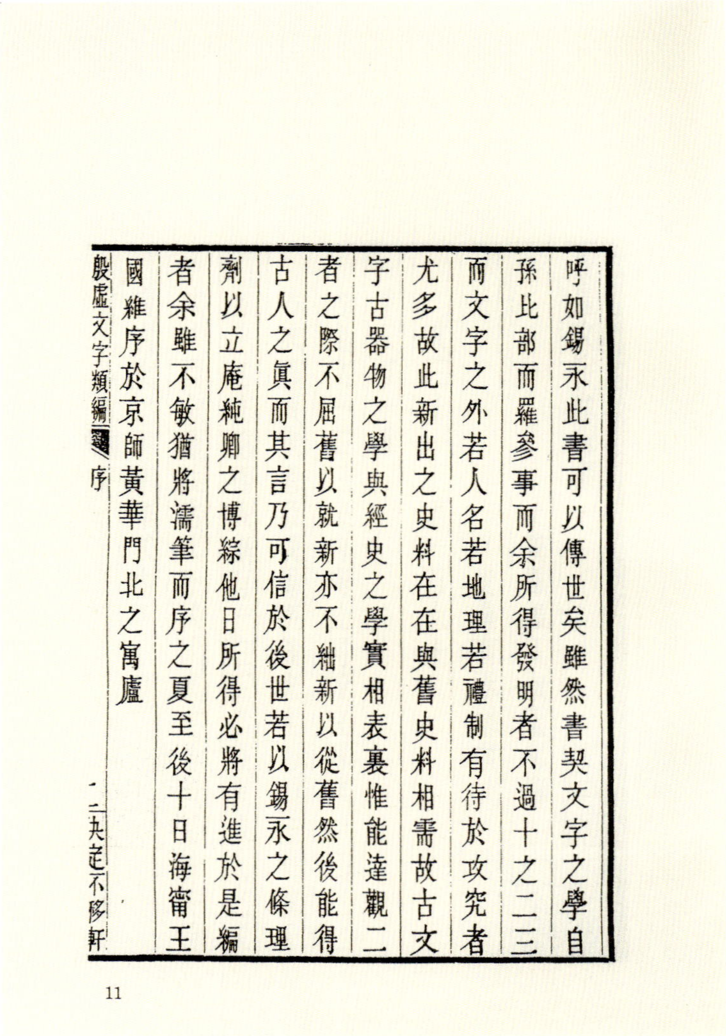

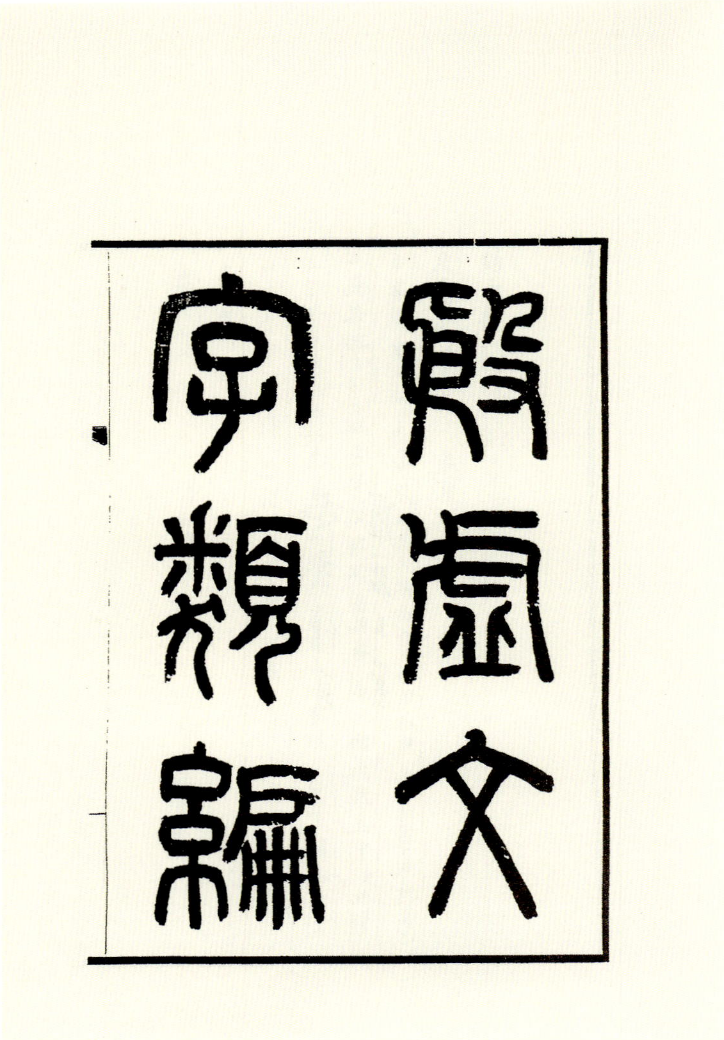

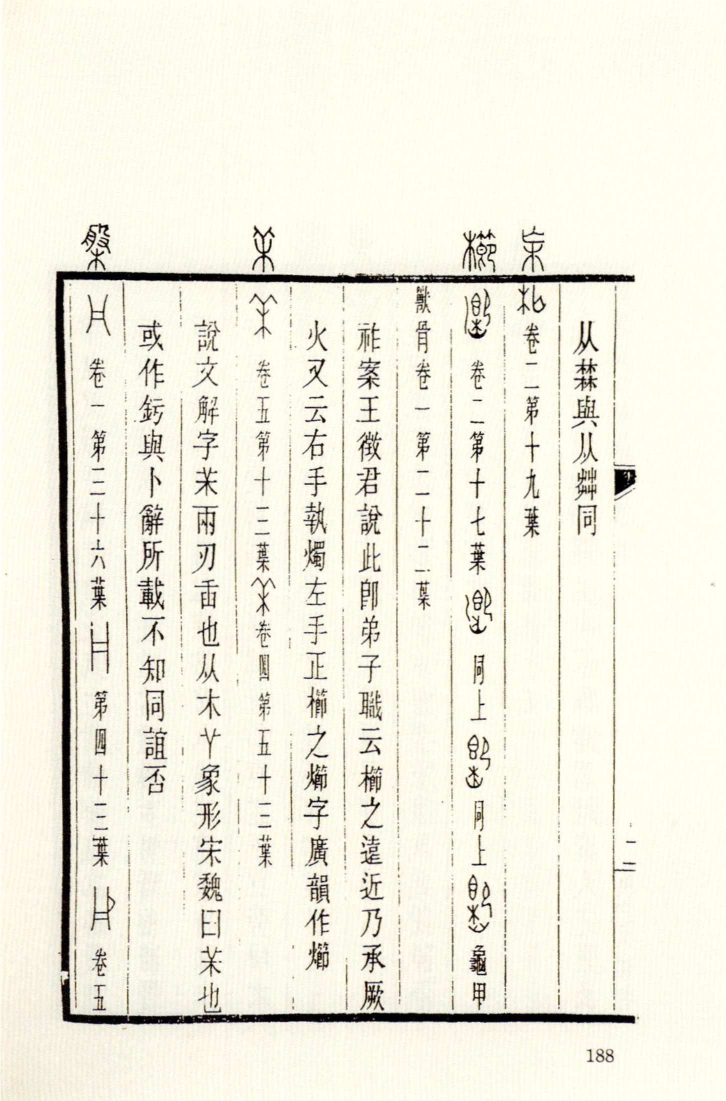

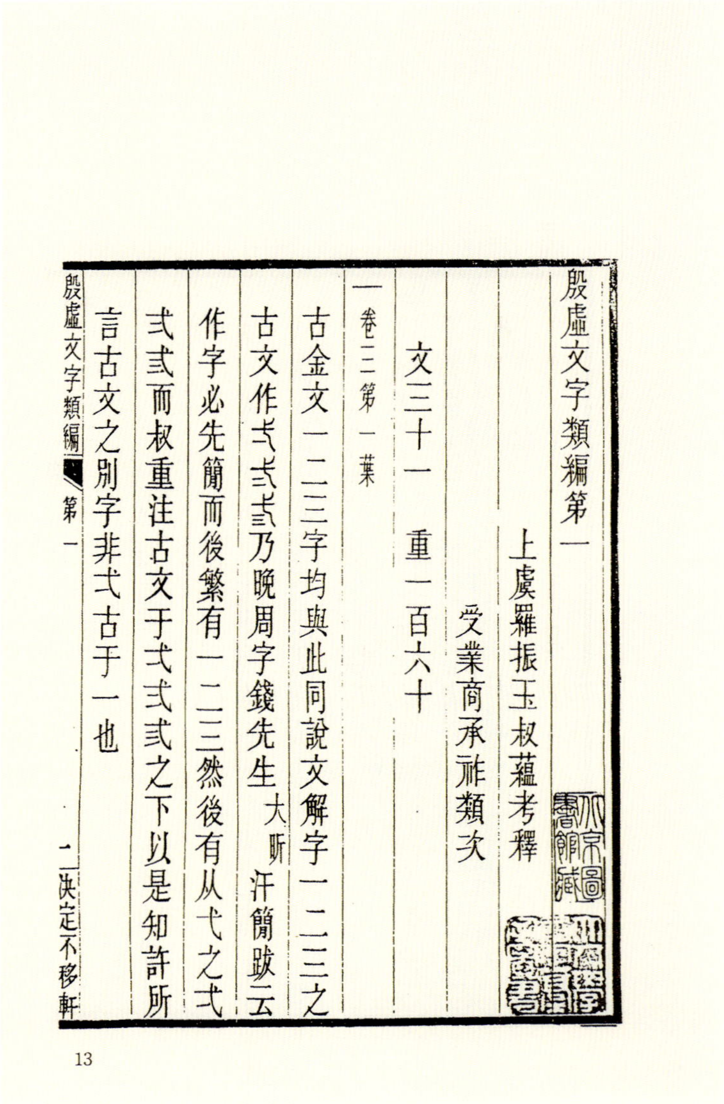

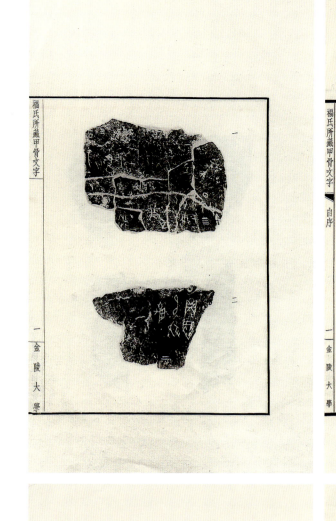

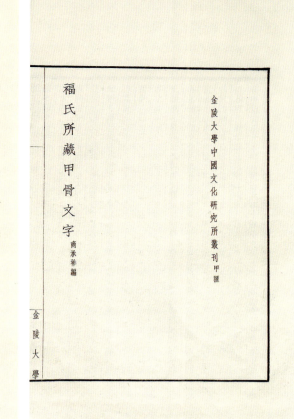

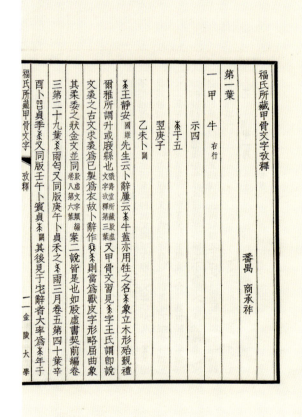

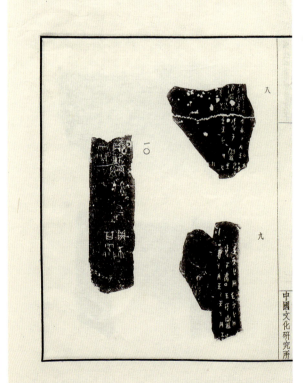

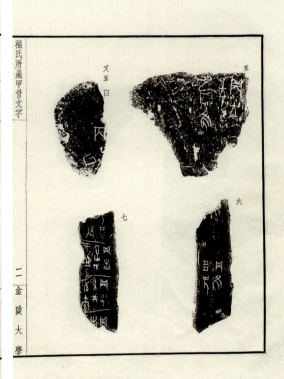

〇八三

商承祚　福氏所藏甲骨文字

民國二十二年（1933年）
金陵大學中國文化研究所
深圳博物館藏

商承祚選拓美籍漢學家福開森（John Calvin Ferguson）所藏甲骨37片并作考釋。福開森爲金陵大學前身匯文書院的創辦人，旅華40多年，收集了甲骨、青銅器等各類文物，後將所藏文物捐給金陵大學。董作賓撰文作跋，對書中所録甲骨進行分期。

此書是商承祚任職金陵大學中國文化研究所期間的重要著作之一。1930年，著名圖書館學家、目録學家李小緣在金陵大學創建中國文化研究所，商承祚受聘爲該所研究員。該所先後出版研究叢書，分爲甲、乙兩種共17部著作27冊，其中甲種有13種22冊，乙種計4種5冊。"甲種"以"傳統學問"爲主，如商承祚《殷契佚存》《十二家吉金圖録》《福氏所藏甲骨文字》、陳登原《範氏天一閣藏書考》、黃雲眉《邵二雲先生年譜》等；"乙種"有李小緣《雲南書目》、王伊同《五朝門第》、貝德士（Miner Searle Bates）《西文東方學報論文舉要》等。

商承祚　甲骨文字研究

收録於《甲骨文資料匯編》第 6 冊
北京圖書館出版社
深圳博物館藏

本書於 1932 年首次付梓。上篇記叙了甲骨文的定名與發現，整理了中外學者考證論著，并收録了商承祚的甲骨文相關研究。下篇中，商承祚對所見甲骨文逐字釋讀。商承祚重釋字，指出“凡研究甲骨文字者，必先識其字，次明其例”。

甲骨文字研究上篇

商承祚述

（一）總論

文字始于何時此難以荅復者也：三皇之世或曰有文或曰無文典籍紀載亦紛紜而莫同蓋皆出于傳聞異辭也：茲畧舉一二以說之。

孝經緯援神契：

三皇無文。

周禮：

掌三皇五帝之書。注『所謂三墳五典』疏『三皇雖無文以有文字之後仰錄三皇時事故云三皇之書也』

莊子胠篋篇：

昔者容成氏大庭氏中央氏栗陸氏驪畜氏軒轅氏赫胥氏尊盧氏祝融氏伏羲氏神農氏當是時也民結繩而用之。

此謂三皇無文也。

韋續字源：

包犧氏獲景龍之瑞作龍書少昊金天氏以烏紀官作鸞書神農因上黨生嘉禾八穗作穗書黄帝因卿雲見作雲書高陽作科斗書高辛氏作仙人書堯因靈龜負圖作龜書夏后作鐘鼎書。

孔安國尚書叙：

伏羲氏之王天下始畫八卦以代結繩之政由是文籍生焉伏羲神農黄帝之書謂之三墳。

史記封禪書：

封泰山禪梁父者七十二家而夷吾所記者十有二焉。

桓譚新論：

泰山之上有刻石凡千八百餘處而可識者七十有二。

許慎說文解字叙：

倉頡之初作書蓋依類象形……以迄五帝三王之世改易殊體封于泰山者七十有二代靡有同焉。

衛恒四體書：

自黄帝至三代其文不改。

荀子解蔽篇：

好書衆矣而倉頡獨傳者一也。

此謂三皇有文也。

今文字雖不能確定其產生時期而始于甚早則可信：譬之雲鸞之書必為一種象形紀瑞字藏在明府未播民間代各一體而無統率及至黄帝乃命倉頡等整齊畫一著于竹帛有條不紊後世宗之言文字者遂始于是殆是故也。

文字非一代所能備非一人所能整齊世愈下其文字之孳乳衍變亦至緐且一字之成必經過若干時始不至于更改黄帝之前文字未備至倉頡整齊增益之而大全試觀商周鼎彝其文彪炳若非徑有遠源者能如是乎？

三皇之文無徵不信古籀文之見于典籍中最早者厥為說文所録入之七百零一字其後彙古文字以成專書亦僅郭忠恕之汗簡夏竦之古文四聲韵而已。許說所集莫之所本郭夏目列石刻又多不傳仍令後人無所憑藉也。

近二十餘年來爲文字放一異采古史據爲重證鐘鼎彝器之文尚不足以方之者其爲甲骨文乎？其中史料訂證古籍不可僂數汲冢竹簡不足專美于前也今將

甲骨文字發現之始卒及考據所得略而言之以備觀覽。

（二）定名

殷虛文字之名世人通稱者有四：

一『殷虛文字』因出土之地乃殷之故虛（虛為墟之初字）故曰『殷虛』此以地名者也。

二『龜甲獸骨文字』（簡稱甲骨文）因其文字刻于龜之甲獸之骨故曰『龜甲獸骨』此以物質而名者也。

三『殷虛卜辭』（亦曰貞卜文）卜辭者以物在當時用之問吉凶而後刻其所詢事于表故曰『卜辭』此以其用而名者也。

四『殷虛書契』契者刻也其文字乃刀筆書故曰『書契』此以其字迹而名者也。

殷虛圖

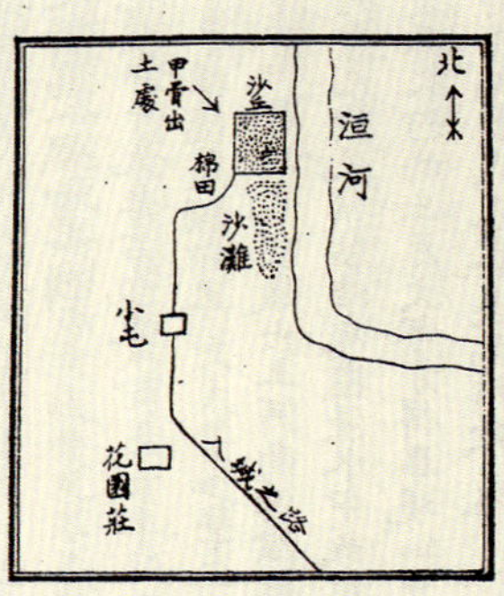

之下層未掘之地猶甚廣可知十餘年來猶未能盡其蔵也。

十八年春中央研究院歷史語言研究所復委李濟（濟之）先生至安陽用科學方法作大規模之發掘故所得尤夥：石器彫刻之用器其花文與銅質者同物雖不完整亦足矜貴其餘以蚌貝所作種種之飾品皆為向所未見者。

甲骨沈薶三千餘年在地中即飽受寒暖燥濕之氣出土又經人事之播遷其質朽脆因之尤易殘毀是發見即其澌滅之期保之不易則不能不思其次以存其文

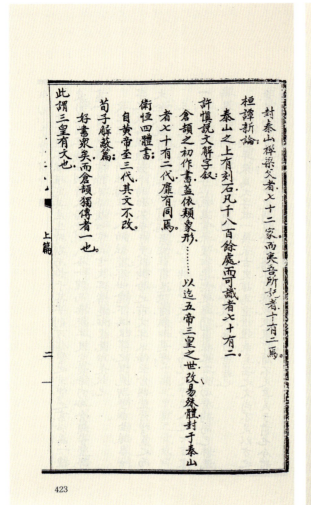

○八五

商承祚　殷契佚存

收錄於《甲骨文資料彙編》第 14 冊
北京圖書館出版社
深圳博物館藏

　　此書著於 1933 年，收錄了 6 家所藏甲骨實物、3 家拓本共 1000 片，包括何遂、美國人施密士、王富晉、陳邦懷、于省吾、孫壯、黃濬，以及商承祚的收藏。商承祚從歷年所見甲骨中，選擇文字少見或有變異者搜集拓印，并加考釋，使其中許多尚未發表的資料得以流傳，造福學林。

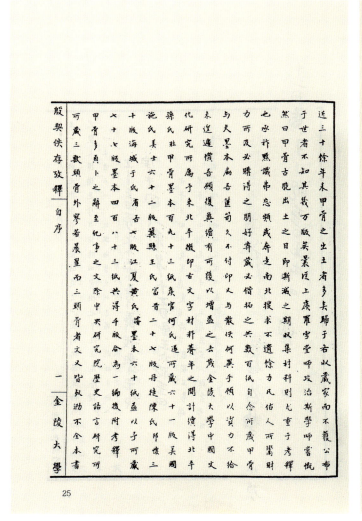

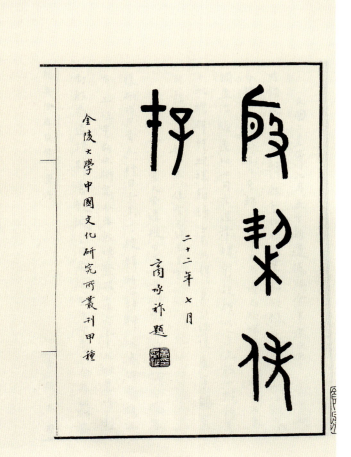

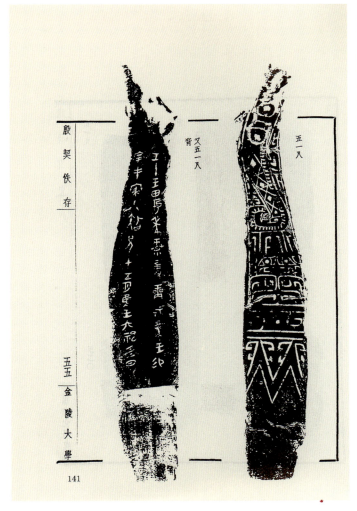

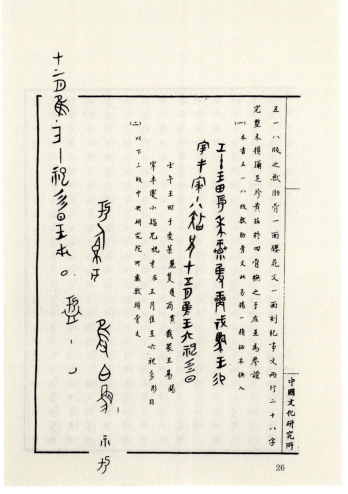

○八六

刻字甲骨殘片一組

商（約公元前 16～前 11 世紀）
①長 2.5 厘米，寬 2 厘米
②長 5.8 厘米，寬 3.3 厘米
③長 7.2 厘米，寬 5.4 厘米
④長 10 厘米，寬 5.2 厘米
⑤長 5.8 厘米，寬 3.3 厘米
⑥長 8 厘米，寬 1.5 厘米
⑦長 8.3 厘米，寬 4.6 厘米
⑧長 3.7 厘米，寬 3.1 厘米
商承祚家屬捐贈
深圳博物館藏

　　商承祚從羅振玉治甲骨之學，受其影響，十分重視對甲骨的收集。"頻歲奔走南北，搜求不遺餘力"，商承祚收集到大量的甲骨材料。據《殷契佚存》自序，商承祚所藏甲骨達七十七版，拓本四百八十三紙。這些收藏與商承祚的學術研究相輔相成。1994 年，商承祚家屬將一批其舊藏甲骨殘片捐贈至深圳博物館。

○八七

商承祚　說文中之古文考

1983 年
上海古籍出版社
深圳博物館藏

此書以甲骨文、金文、三體石經等材料對東漢許慎的《說文解字》所載古文作詮釋辨正。《說文解字》是中國最早的系統分析漢字字形和考究字源的辭書，在中國語言文字史上有重要的地位。商承祚1934 年着手作《說文中之古文考》，1940 年完成。

商承祚序云：“《說文中之古文考》始作于金陵大學中國文化研究所，及抗日戰爭爆發，隨研究所避寇安徽屯溪，轉徙成都，于一九四○年乃為之寫定。連載于《金陵學報》第四卷第二期，第五卷第二期，第六卷第二期，第十卷第一、二期。茲匯集成冊，以便觀覽。考釋內容一仍其舊，不事更張，以就正于讀者。胡光煒小石先生亦有《說文古文考》，早于我着十三年，但最近始問世，內多精義，不可不讀。一九八一年秋八月商承祚記。”

序

說文中之古文考始作于金陵大學中國文化研究所。及抗日戰爭爆發，隨研究所避寇安徽屯溪，轉徙成都。于一九四○年乃為之寫定。連載于金陵學報第四卷第二期。第五卷第二期。第六卷第二期。第十卷第一、二期。茲匯集成冊，以便觀覽。考釋內容一仍其舊，不事更張，以就正于讀者。胡光煒小石先生亦有說文古文考，早于我著十三年，但最近始問世，內多精義，不可不讀。

一九八一年秋八月商承祚記

· 1 ·

其博許氏愰文字之不章古籀之遂獵乃箸說文字其體固別出小篆非冈小篆不錄乃不同小篆而附者所以知其然于部首翩則曰示古文商非古文籀字與古文同其它則于部首則以古文而後篆籀非古文籀或仍之或有改之或古亦古文籀或仍故不更者十之八九有改者十之一二而已則小篆非小篆也故出非古籀省改則古籀非小篆也故其許氏意且不知文字之變遷也及甲骨文金文觀之相合者不過十之二三不合者十之七八古籀文何能異例于許氏從其詳故以古籀為詳于古文小篆文字由進化而推行愈後愈繁故既省或篆文不統于部首古文統于部首古文詳於籀文於部首則無古文而後篆籀籀書籀若如古文而後篆籀蓋時偽為古文余先之類籀茲將篇中注籀為古文之字或未注而推知之者皆為錄出引而申之就志當世

· 2 ·

說文中之古文攷

許慎以小篆為質而纂錄古文籀文者皆取宗于商人于小篆箋注攷證不下數十百家其倜錄籀文而致之者僅王國維之史籀篇疏證標籀文其功蓋不至三倉之古文者也自書也許氏所據甲骨金文為之倜商得其真異經傳抄之近世魏正始三字石經古文大都與郭夏疑之近年籀古文之學尚威行石經古文同如漢唐及宋古文之學尚威行石經古文學定本既改之詳自非隨意改錄寧尔徠觥者叵也廣集古文以成粵斯之定本本故改之詳自非隨意改錄寧等制作小篆插于民間異形異制科以大劉而古文式微矣漢興以儌求古籀古文字捄乎隸之復出好奇之士異說紛起文之字或

· 1 ·

金石研究

商承祚於 1923 年進入北京大學研究所國學門，開啓其金石研究新篇章。1933 年，商承祚至金陵大學（今南京大學）任教授，兼中國文化研究所專任研究員。抗戰期間，商承祚游歷於安徽、湖南、貴州、四川等地，多次參與田野考古調查，或筆錄，或手摹椎拓，在古代彝器、先秦貨幣、碑碣石刻、湘楚文化等方面均有建樹。

商承祚集各家對毛公鼎等古器銘文的考據，集成《古器物銘釋》。

50 年代初，陳夢家（左）、商承祚（中）、于省吾（右）在中國科學院考古研究所。于省吾爲《十二家吉金圖錄》作序云："余與錫永（商承祚）相識數載，其鋭力甲骨、金文之學至勤且篤，而搜羅之不遺餘力，嗜好尤與余同……以錫永之俊才偉抱，如與衆人爭於取捨之途，雖膺青紫躋顯庸，豈有所不逮。乃屏百路，甘落莫，擇古尋幽，日從事於鐘鼎彝器之學，其耽此而弃彼，孰得孰失，後之人必有能辨之者。"

○八八

"金陵大學中國文化研究所印" 朱文獅鈕印章

壽山石
長 2.8 厘米　寬 2.8 厘米　高 5.9 厘米
商承祚治
商承祚家屬捐贈
中山大學圖書館藏

　　金陵大學中國文化研究所成立於 1930 年，由哈佛燕京學社爭取到美國工業家霍爾（C. M. Hall）基金資助建立，主要研究方向是中國文化史（包括歷史、考古、藝術）、民族學、目錄學、語文學，聘請中外研究人員十餘人。該研究所初由徐養秋負責，1939 年後由李小緣主持，是民國時期中國文化研究的重要學術機構。商承祚與胡小石、黃侃、汪辟疆等人均曾受聘於此。

　　1933 年秋，商承祚曾受聘於金陵大學中國文化研究所爲專任研究員，該印當是商承祚親自刻治。從 1933 年至 1936 年間，商承祚先後編著出版了《福氏所藏甲骨文字》《殷契佚存》《十二家吉金圖錄》《渾源彝器圖》等多種，集中體現了商承祚早期金石學研究的成果。

○八九

"番禺商氏契齋手拓金石文字記" 白文雙魚鈕印

壽山石
1951 年
長 3.3 厘米　寬 1.5 厘米　高 4.6 厘米
黃文寬治
商承祚家屬捐贈
中山大學圖書館藏

邊款：三代秦漢，或質或文；宋元皖浙，各有所因。法先法後，見智見仁。一爐共治，萬品咸陳。嗟予小子，豈敢後人？雖不能至，銘心書紳。錫永先生兩正。辛卯夏，文寬。

　　黃文寬（1910 ~ 1989 年），廣東臺山人，號隈石道人。嶺南著名書法家、篆刻家。與商承祚同爲中山大學教授。

　　商承祚自研究甲骨文以來便親自手拓各類金石器物，尤其是甲骨文、青銅器、銅印等，這爲其金石學研究奠定了堅實的基礎。

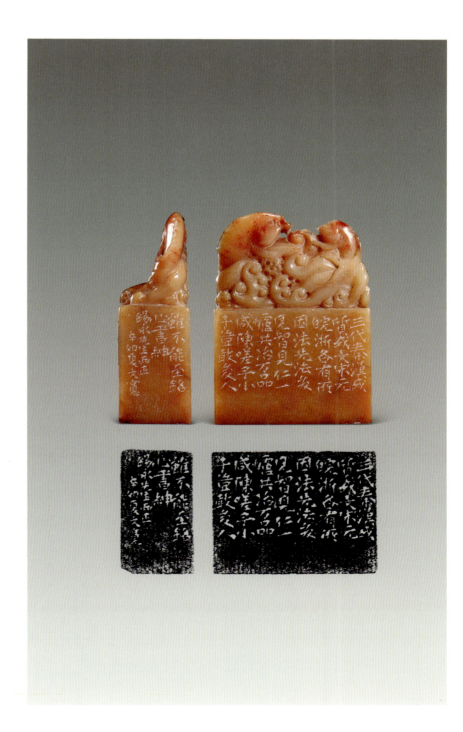

商承祚　十二家吉金圖錄

1973 年
中新書局
深圳博物館藏

　　此書爲金陵大學中國文化研究所叢刊甲種之一，1935 年 5 月出版，綫裝二册。書中集海城于思泊雙劍誃、定遠方伯常寶楚齋、定海方藥雨舊雨樓、北平王鐵庵貯盦、至德周季木居貞草堂、北平孫伯恒雪園、衡水孫秋帆式古齋、固始張傚彬鏡菡榭、山陰張致和補蘿盦、江夏黄伯川尊古齋、番禺商錫永契齋、番禺葉玉甫遐盦，計南北 12 家所藏青銅器凡 168 器編著而成。器物時代由商至晋，每器有圖版，圖後附銘文及花紋，次附銘文釋文及考釋，并着其色澤，詳其尺寸。其收入奇器異文相當豐富，特別是其中有 21 件楚器，爲研究楚文化的重要資料。

　　商承祚自序謂："此錄雖未盡諸家之藏，然其精英備著，于是念我友朋，慨然假借，既許鑒別以摩挲，復獲傳摹而著錄，敦夙好而結古歡，其視善刀而藏者，風義不倜乎遠哉？"

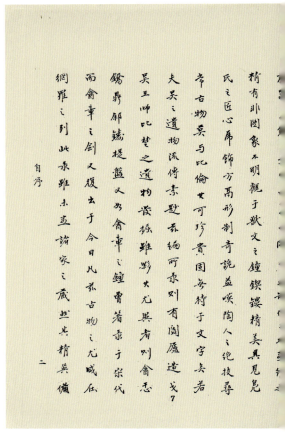

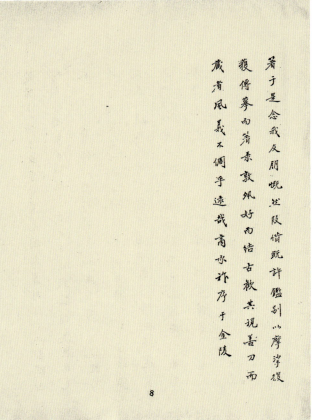

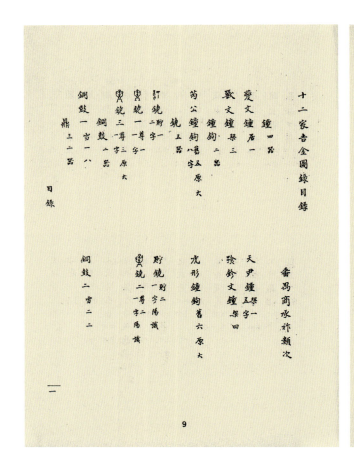

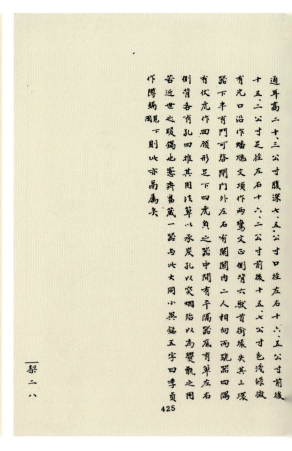

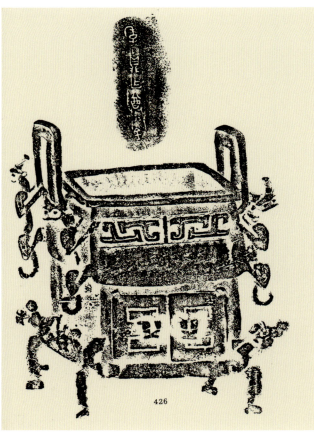

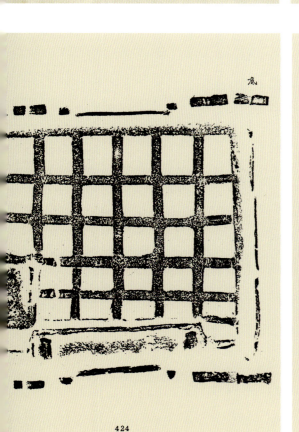

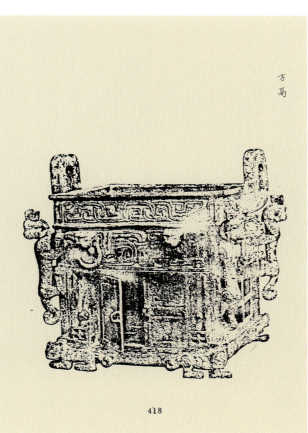

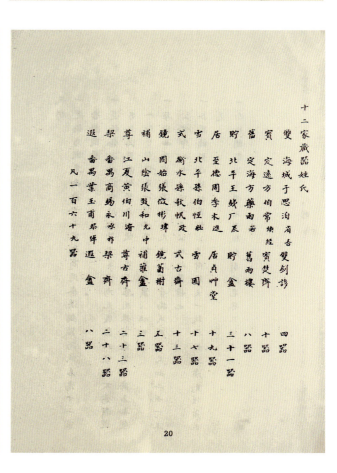

十二家吉金圖錄

商承祚題

父乙簋

商（約公元前 16～前 11 世紀）
口徑長 19.6 厘米　寬 28 厘米　高 14.1 厘米
故宮博物院藏

　　商周時期，以青銅鑄造的飪食器、酒器和樂器等都屬於禮器。青銅器的數量多寡體現了森嚴的貴族等級制度。簋爲食器，商周時期重要禮器之一。此爲葉恭綽（字玉甫）舊藏。

　　商承祚認爲青銅彝器鑒定可從文字、銅質及色澤三個方面入手。"文字能摹其形而不能得古樸之韵""銅質輕浮""雖青綠斑爛浮於器面"等是青銅器作僞的表現。

父乙簋

父乙

通耳高十四公分　腹深十一·五公寸口徑十九·五公寸　足徑十五·五公寸　色淺綠而有光　焦紅綠斑口沿及足繞頸鈴文一道屈歊以爲兩耳　銘三字在底

《十二家吉金圖録》内文節選

季右父鬲

西周（約公元前 11 世紀~前 771 年）
高 12.4 厘米　寬 17.3 厘米
故宮博物院藏

　　鬲爲烹煮的炊器。青銅鬲由陶鬲演變而來。早期青銅鬲以
日常烹飪工具存在。從西周開始，青銅鬲逐漸用作禮器，成爲
身份和地位的象徵。此鬲爲孫壯（字伯恒）舊藏。

　　商承祚也是孫壯的金石好友之一，曾輯孫氏藏青銅器成書
《北平孫氏雪園藏器》印行。

季右父鬲

字色淺綠口沿繞回文下垂直線有三棱銘六

通高十二·二公寸腹深七·七公寸口徑十七公

季右父匕作隣尊鬲

《十二家吉金圖錄》內文節選

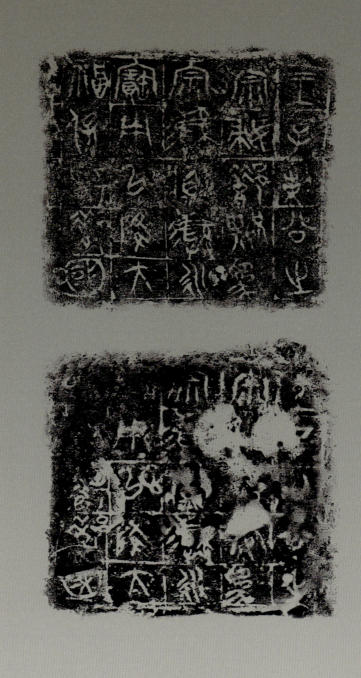

○九三

宗婦簠

春秋（公元前 770～前 476 年）
通高 20.3 厘米　口徑 17.4 厘米
上海博物館藏

　　簠爲盛放飯食的器皿，屬禮器。宗婦簠傳爲清光緒年間陝西户縣出土。蓋緣和上腹部飾竊曲紋，其餘均飾瓦棱紋。器蓋同銘，銘文大意爲王子剌公之宗婦鄁嬰作放置於宗廟的禮器，祈求上天賜福，永保苦國。此簠爲周進（字季木）舊藏。

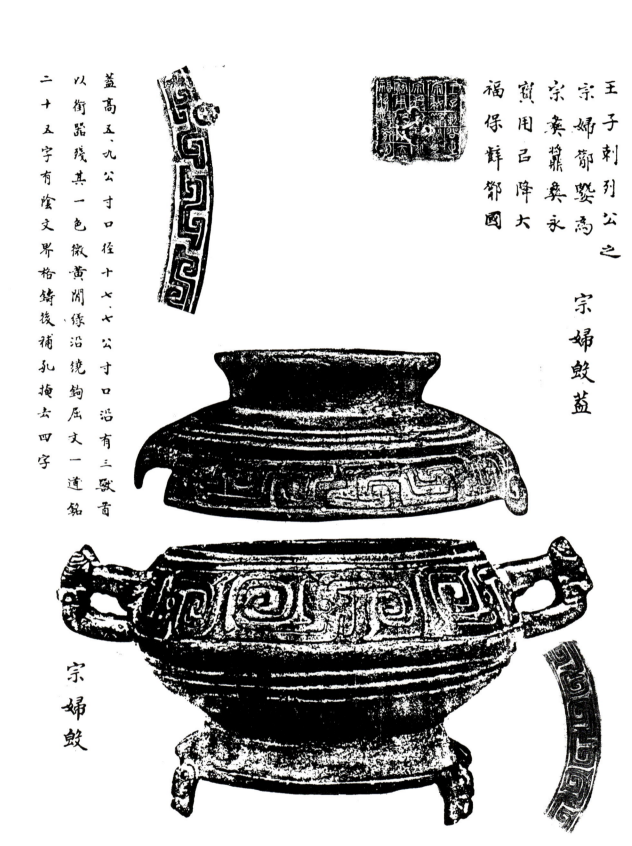

王子剌列公之
宗婦鄁嬰爲
宗彝鼎奐永
寶用吕降大
福保辥鄁國

宗婦敦蓋

蓋高五、九公寸口徑十七、七公寸口沿有三啟音
以衡器殘其一色微黄閒綠沿绕鈎屈文一道銘
二十五字有陰文界格鑄後補孔掩去四字

通耳左高十五公寸右
增一公分復深十八公
寸口徑十六、九公寸足
徑十六、八公寸圜足下
附三獸足色紅綠口綠
簽文一道屈獸以爲兩
耳銘二十五字陰文界
格失蓋宗婦作器傳世
計十二鼎四敦五右失一蓋
婀壺二敦盤一

宗婦敦

王子剌列公之
宗婦鄁嬰爲
宗彝鼎奐永
寶用吕降大
福保辥父鄁國

○九四

攻吳王光戈

春秋（公元前 770～前 476 年）

長 22 厘米　寬 9.7 厘米

故宮博物院藏

　　春秋時期諸侯爭霸，兵器數量劇增，吳越工匠制作的兵器尤以精良著稱。戈爲兵器，此爲戈頭。銘文以鳥篆書盤旋曲折，極具藝術性。此爲于省吾（字思泊）舊藏。

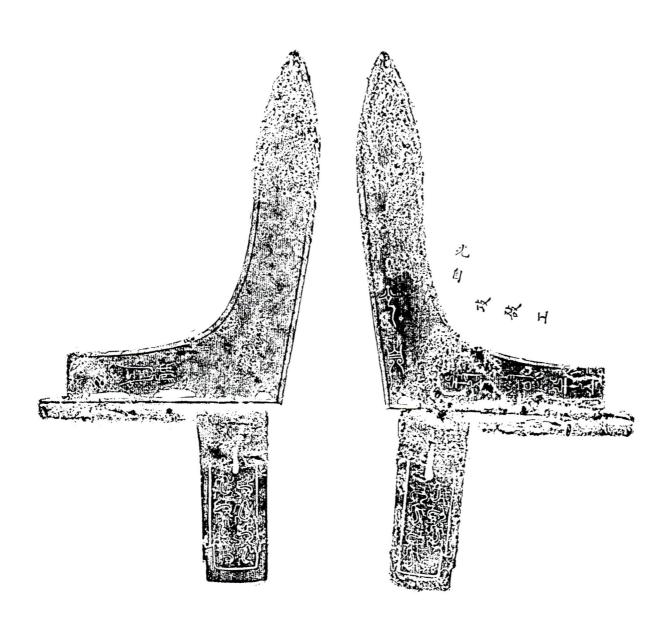

《十二家吉金圖錄》內文節選

喬瀓金石 —— 紀念商承祚先生誕辰一百二十周年

○九五

鳩杖首

戰國（公元前 476～前 221 年）
長 13.4 厘米　高 7.7 厘米
故宮博物院藏

此爲鳩杖飾件。鳩身以銀嵌飾羽紋和雲紋。
此爲于省吾（字思泊）舊藏。

三年杖首

首載銘僅此一見
所即鳥之畧見甲骨文X不知是否五字求一字下半爲鏑掭杖
別樽宜与龠市鍾之寳爲一字鈢文鄭之偏旁或从省此其甬也
羽毛其形如鳳凰即孔雀也銘十二字在尾刺欵甫字題才在之
喙尾長十五公寸背甬高五公寸鑿深四一公寸色綠錯銀以爲

三年□
寳丞肖
□司
昌□

《十二家吉金圖錄》内文節選

○九六

鑄客豆

戰國（公元前 476 ～前 221 年）
高 30 厘米　口徑 14.2 厘米
故宮博物院藏

　　豆是盛放腌菜、肉醬和調味品等的器皿，屬禮器，常以偶
數組合使用。青銅豆出現在商代晚期，盛行於春秋戰國。
　　此豆 1933 年出土於安徽壽縣朱家集。器口沿刻劃銘文 9
字："盅（鑄）客爲王后六室爲之"。可知此豆乃冶鑄匠人爲
王后六室所制。此爲方焕經（字伯常）舊藏。

鑄客豆

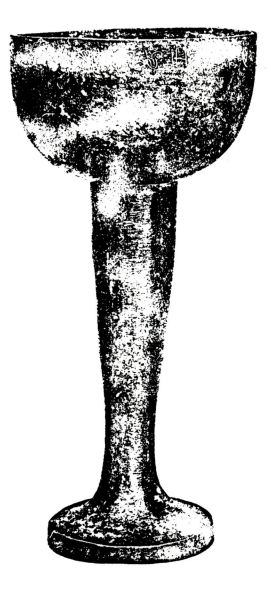

通高三十二公寸腹深八、三公寸口径十四、三公寸足径九、八公
寸色欸銘九字在口外沿刻款

鑒鑄客爲王勺六室爲之

《十二家吉金圖録》内文節選

鑄客缶

戰國（公元前 476 ~ 前 221 年）

通高 46.9 厘米　寬 45 厘米

故宮博物院藏

　　缶是一種盛酒的器物。《說文》："缶，瓦器。所以盛酒漿。"
缶流行於戰國時期，多於楚、蔡、曾國墓中出土。鑄客缶出土
於戰國時期楚幽王之墓。

　　此器 1933 年出土於安徽壽縣朱家集。器口外有刻劃銘文，
與鑄客豆相同。記外方冶鑄匠人（鑄客）爲王后六室作此缶。
此爲黃濬（字伯川）舊藏。

鑄客盥

耳失蓋銘九字在項刻款

足徑二十二公寸色敗微紅腹有四環

腹深四十二公寸口徑十八二公寸

通高四十五五公寸

監鑄客爲王句六室爲之

《十二家吉金圖錄》內文節選

○九八

楚王酓肯簠

戰國（公元前 476 ～前 221 年）
口徑長 32.5 厘米　寬 21.8 厘米　高 12.1 厘米
故宮博物院藏

　　簠爲盛放煮熟的黍、稷、稻、粱等飯食的器具，呈長方形斗狀，器蓋同形。

　　此器 1933 年於安徽壽縣朱家集出土。腹飾蟠虺紋，器口及器外底刻銘文。銘文大意爲楚王酓肯鑄此金簠，以供每年歲嘗祭祀之用。"辛"即以干支標識此器的編次。此爲黃濬（字伯川）舊藏。

楚王酓肯簠

辛

通高十二公寸腹深七·三公寸口徑
左右三十二·三公寸前後二十一·五
公寸足徑橫二十五·七公寸縱十六
公寸色紅黤腹作鳥文足作驚文銘
十二字直刻器口腹外底有一辛字
刻款三簠中以此器字爲最精

楚王酓肯是作盞鑄金匡盞己共歲嘗

《十二家吉金圖録》內文節選

○九九

楚王酓璋（章）劍

戰國（公元前476～前221年）
長50.7厘米　寬4.8厘米
故宮博物院藏

　　劍爲隨身佩戴的短兵器。《說文》："劍，人所帶兵也，從刃、僉聲。"此劍爲1933年安徽壽縣朱家集出土。劍身刻銘文15字，記楚王酓璋爲從征將士鑄劍，作征伐之用。
　　此爲黃濬（字伯川）舊藏。

楚王酓章劍

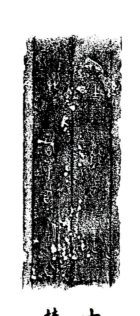

士鍳鑄用□□用征
楚王酓章爲趎從

通劍長五十八公寸身長四十一·五公寸色淡綠而有光銘十三
字到刌右讀它器皆到敚佳此鑄字酓章即惠王熊章也宋時曾
出楚王酓車鐘嘯堂集古錄薛氏鐘鼎款識法帖王復羣鐘鼎款
識皆箸錄之此劍文字慧摩減拓本多不見筆畫於原器細宋復
辨數字第一行章下乃爲趎二字趎與從同第二行士下爲鍳用
末二字爲用征由趎士二字文義推之此殆酓章爲衛士所鑄劍
也

《十二家吉金圖錄》内文節選

一〇〇

商承祚　渾源彝器圖

民國二十五年（1936年）
金陵大學中國文化研究所
深圳博物館藏

渾源彝器是指 1923 年在山西渾源出土的春秋時期晉國青銅器，爲晉北地區銅器的研究以及中原與北方銅器的交流提供了重要物證。適逢戰亂，部分渾源彝器散佚海外。商承祚感慨："此皆宇宙間奇詭可喜僅存之物也，隨珠彈雀，寶鼎駐車，天下事之痛心者，孰有過於此耶！"

此書爲早期研究渾源彝器的重要著作，著錄 27 器，其中包括法國古董商王涅克（Léon Wonnieck）收購的 18 件以及日本考古學家梅原末治所著《日本搜儲支那古銅精華》中的 9 件。

如後世之盂盧下承以坐鐏金劍綫劍爲二狀拾一
長寸許金絲劍爲一大以裹衆有技景
全丸金絲等不可勝數也其拓毀可知有小儀箅
二中盛物爲碧粉閱口平底器一徑約二十五寸通
體純以雲雷螭龍華爲之文精活無倫此長方器爲
匣中有綠粉取諸宗化爲水涼气砥肌骨等今此守
宇宙間奇詭可喜僅存之物也隨珠彈雀寶鼎駐車
天下事之痛心者有過于此耶其歸公爲有董事會
渾源中學健廉懸以府上開于有政府爲教育生
之組織訂立售價屬置大綱得致以備提偶教育生
產與振興裝村經濟之用于是育人閱廛震集而價

日高皆未有成法有某頸以五萬元易之未果北
平舊董商記儥與德商爭購界九千元諾而
復止二十一年春盧豐年者集資二十九萬元購得
窺遲北平以謀出國事刊古物保管委員會津海
關嚴加防範年間請中華文化基金董事會撥致
九印佛人可私售者今卿附人心售一徑如渾源品
本堂佛以供讀者之觀覽主貿奇珍毀經撙折爲它
其瑰覩猶長在故土也殘存之影固不以咸陽景之
人何有僅留此殘存之影原不以咸陽城之箑戾
念綠筆陶紙數情尚有之二十五年六月商承祚序
于南京之已齋

獨尺量皆以山西通行省記之今求賈編天用美人
梅原分十量用英磅二年則一爲之折合如二十九磅三
三石則日人梅原末治所著支那古銅精華戴渾源品
九印佛人可私售者今卿附人心售一徑如渾源品
間嚴加防範年間請中華文化基金董事會撥致
存事隔數年遽有此器恐國人日久淡忘忘失不保
七叢或在北千見三寸照撫影術不前以遺製
可見強留不可中心歉之夏由于君元前之介得
識時峋齋先生知藏有此品二寸照片十八幀且可
士人麻紀事文异載有器爲之熟忱至壙或備之狂喜敬
謀殷印帆茲紀諾其傅古之熱忱至壙或備之狂喜敬
片爲之擴大故覽莫如胡華文之無從拓附不無遺憾原
序

高一七英寸口徑六‧四英寸足徑七‧五英寸重二九‧
三三磅包鏽壺紅藍斑通體作蟠虺文足純綯文項
與腹純小歙三道凡二器攝其一

饕文壺

頭高一三‧二英寸脊高一二‧五英寸長二一‧二英
寸重二九‧三三磅色深綠器作牛形鼻育環項背腎
三穿失蓋如直莆的背中立石兩環如用之
提挈前後孔以注水其剽匜爲剽兕右兩
是古人亦温酒矣透體作鱗蟠虺文
兑小歙一道禮徑于用牲名者檐蟠虺文
所得鑄之文體經于有董色紀日犧不限牛沿
祇牛于羊形無角背有尊如壺盧而
其二作羔羊稱羊特甫田與我綠粉二貯綠
犧牲土中映如泥沙逸尔緩緩紫今泰興紗二
綠水在土中映如泥沙逸尔緩緩紫今泰興紗二
謂温酒之器曰鈍牛有自來矣

一九

渾源彝器圖

金陵大學中國文化研究所叢刊甲種

民國廿五年六月以治

佛燕京學社經費印行

山西于春秋為晉地多古帝王陵寢蘊藏古器物甚富田夫野老往往掘得不知愛護遂至致壞官趙而無問者多矣余有此渾源一役之尤可歎惜者也初民國十二年二月縣城西南十五里之李峪村有高鳳章者于村南之廟坡掘土偶見鼎彝斝豆銳尊壺盤曾釧犧車器之屬凡數十事高無知仕人取玩振而偶碎猶不知裝許事閒于官署而歸諸公者計鼎三斚一敦二尊二壺二觚二二斝形罍足二車器二凡十器米碧斑闖刳多奇說雖無文考其華文貼金者計黃白金胄為一徑七八寸嵌附源辛之鼎三高八九

犧尊

通蓋高七．四英寸體圓附耳三足蓋中間有環外繞三兔三犧相間要腹綯綯文一道遍體作蟠愛文下來葉文蟲首衡足巴黎凡尼克Wannieck氏藏見日本梅原末治所箸支那古銅精華三冊一六四頁

愛文鼎二

蟠虺紋鼎

春秋（公元前 770 ～前 476 年）
高 19.8 厘米　口徑 17.5 厘米
上海博物館藏

　　斂口設蓋，蓋頂設環鈕，蓋面分置三只匍匐狀的小虎，具有晉
國青銅器的特色。整器裝飾有細密的蟠虺紋，在晉國侯馬鑄銅遺址出
土的陶範上比較常見。

一〇二

鑲嵌卷龍紋鼎

春秋（公元前 770 ～前 476 年）
高 17.5 厘米　口長 15.3 厘米　口寬 13 厘米
上海博物館藏

　　直口設平蓋，蓋面分置三個鹿首。細長的獸首蹄足。蓋面和腹部裝飾有紅銅鑲嵌的雲紋和卷龍紋，龍目鑲嵌綠松石。整件器物紋飾精美，顯示了當時高超的鑄造技術。

一〇三

雙龍絡紋罍

春秋（公元前 770 ～前 476 年）

高 28.3 厘米　口徑 19.2 厘米

上海博物館藏

　　罍爲盛酒器。此器整體以絢紋組成方格，成三橫列、二十四格欄的絡帶紋。每方格欄內飾雙龍紋，以小圓點作爲地紋，這種裝飾在晉國和燕國的青銅器上比較多見。

一〇三

雙龍絡紋罍

春秋（公元前 770 ～前 476 年）

高 28.3 厘米　口徑 19.2 厘米

上海博物館藏

一〇四

四虎蟠龍紋豆

春秋（公元前 770 ～前 476 年）

高 26.4 厘米　口徑 18.6 厘米

上海博物館藏

　　此豆腹部外壁分置有四頭作攀爬狀的猛虎，形象十分生動。蓋面和腹部裝飾蟠龍紋，龍體內填有幾何紋，紋飾精致。

商承祚等　先秦貨幣文編

1983 年
書目文獻出版社
深圳博物館藏

　　《先秦貨幣文編》是第一部先秦貨幣文字專集，由商承祚、
王貴忱、譚棣華合編，商承祚爲書名題字。

　　本書首次以字典形式總結了百餘年間先秦貨幣文字的研究
成果，史料豐富，刊布公私拓片材料，給研究者帶來極大便利，
推進了先秦貨幣的研究。

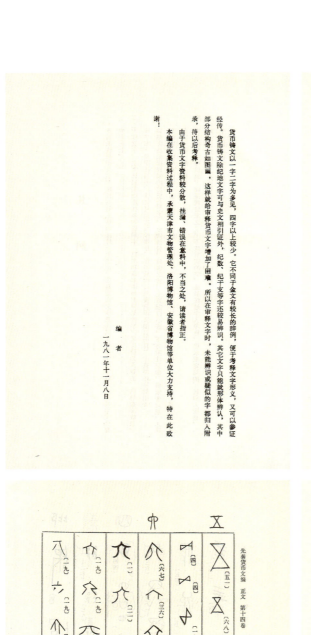

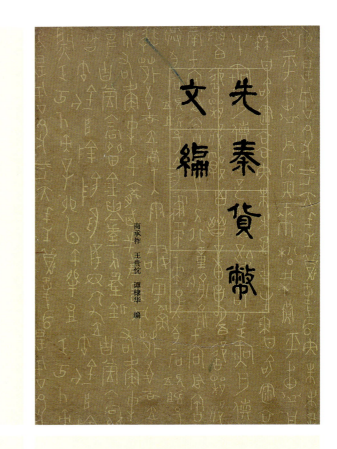

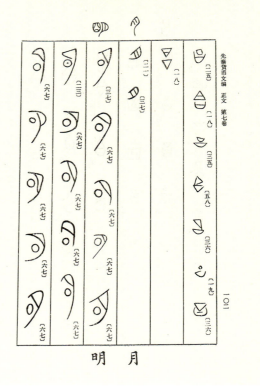

一〇六、一〇七、一〇八

"明"銅刀幣

戰國·燕(公元前1044～前222年)

一〇六:長13.5厘米　寬1.5厘米

一〇七:長14厘米　寬1.7厘米

一〇八:長13.7厘米　寬1.9厘米

商承祚家屬捐贈

深圳博物館藏

　　"明"刀幣是燕國最爲重要的貨幣，鑄造和使用於春秋晚期到秦始皇統一六國時期。銘文是否爲明字尚有争議，有學者釋爲"晏"，通匽，即燕國舊稱。

　　《先秦貨幣文編》中指出，貨幣鑄文以一、二字爲多見，不同於金文有較長的辭例，便於考釋文字形義，又可参證經傳。

一〇六　　　　　　　　一〇七　　　　　　　　一〇八

一〇九

"半兩" 泥錢

西漢（公元前 206 ～公元 8 年）

直徑 2.6 厘米

商承祚家屬捐贈

深圳博物館藏

一〇九

一一〇

"五銖" 銅錢一組

隋（581 ～ 618 年）

直徑 2.2 厘米

商承祚家屬捐贈

深圳博物館藏

　　秦始皇在全國範圍内推行統一貨幣的政策和半兩錢。半兩錢在中國貨幣史上具有劃時代的意義，由其確立的方孔圓形錢制貫穿了 2000 年的中國歷史，由其倡導的紀重錢制也直接影響了 800 餘年的社會經濟運行。西漢元狩五年（公元前 118 年），漢武帝廢半兩錢，令各郡國鑄造五銖錢，後又改由朝廷鑄五銖錢。至唐武德四年（621 年）被通寶錢制取代爲止，五銖錢制長達 700 餘年之久，在貨幣史上有着極爲重要的地位和影響。

　　隋文帝開皇元年另鑄五銖，新錢"文曰五銖、而重如其文"，史稱"開皇五銖"或"置樣五銖"。《隋書·食貨志》載："（開皇）三年四月，詔四面諸關，各付百錢爲樣。"商承祚重視以古泉實物研究文字，此即商承祚舊藏。

商承祚拓五銖錢泥範

　　1935 年冬，南京一鐵路修建工地現大量五銖錢泥範，商承祚與友人一同實地考察。經過對收集到的泥範進行分類，詳細記述尺寸、文字，商承祚將泥範上的文字與歷史文獻對應，斷爲梁武帝時期之物。

一一〇

四川崖墓考察

1938 年初，商承祚隨金陵大學西遷，途中聽聞長沙出土文物，立即轉道前往收集，獲 66 件并編寫《長沙古物見聞記》。又 1940 年，商承祚在日軍圍攻長沙，硝煙彌漫之際，再度入湘，先後搶救文物 155 件。

抗戰期間，商承祚避居四川，又與劉銘恕等人遍訪新繁、新津、灌縣、樂至、眉山、重慶等蜀地山水，實地考察石刻、碑刻、崖墓、漢闕、漢磚花紋等拍照、拓片，并進行初步研究，先後共計有兩千餘幀。這些被搶救的長沙古物與四川崖墓石刻拓片今悉藏南京大學博物館。

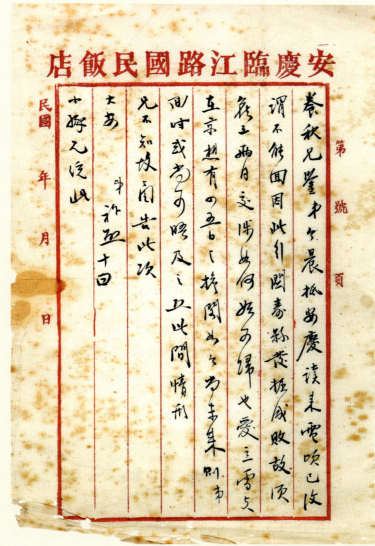

（左圖）商承祚　致徐養秋信函　南京大學圖書館藏

徐養秋（1896～1972 年），字則陵，江蘇金壇人。美國芝加哥大學和哥倫比亞大學教育學碩士，著名教育家、歷史學家。先後任金陵大學中國文化研究所所長、中央大學教育系主任、師範學院院長等職。商承祚受聘於金陵大學中國文化研究所專任研究員正是受徐養秋所邀請。

（下圖）商承祚　致李小緣信函　南京大學圖書館藏

李小緣（1897～1959 年），江蘇南京人，任金陵大學圖書館館長、圖書館學系主任、中國文化研究所所長兼《金陵學報》主編。此信寫於 1946 年 2 月。

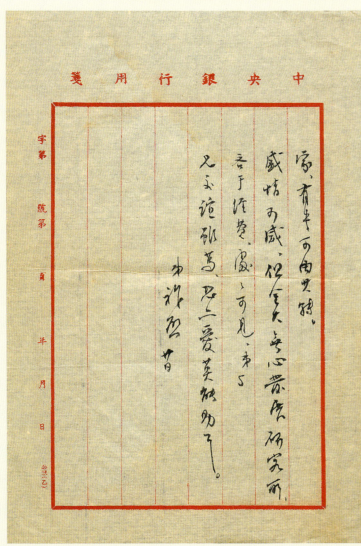

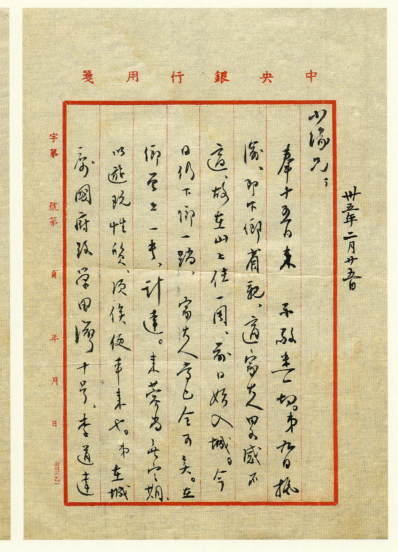

商承祚　石刻篆文編

1976 年
中華書局
深圳博物館藏

　　有感於"歷代石刻文字多受風雨侵蝕和人爲破壞"，商承祚長期致力於石刻文字孤本及舊拓本的搜集，將其中的篆文鈎摹并整理。經過 32 年内增補與删改，數易其稿方才成書《石刻篆文編》。此書收録 93 種石刻中的篆文，共 2921 字，是研究中國文字形體演變的重要參考資料。

　　商承祚隨金陵大學西遷躲避戰亂期間曾作詩記："厄運嗟陽九，幽栖此地偏。明窗含遠岫，流水送寒烟。俗慮雖云滌，離愁祇自煎。此心何所寄，聊寫篆文編。"

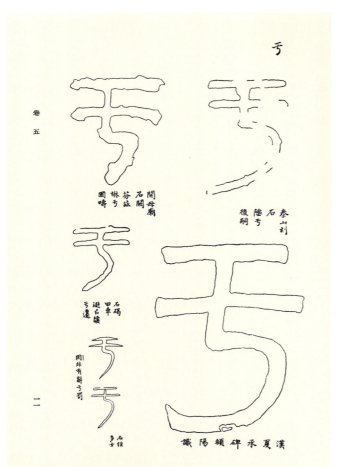

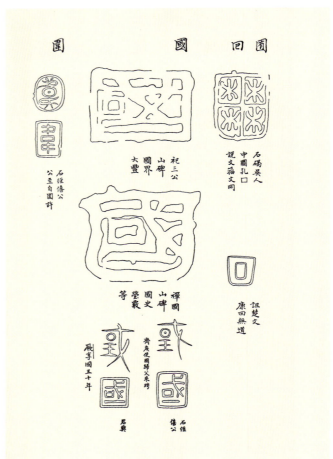

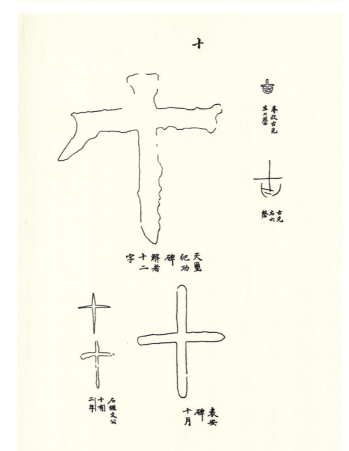

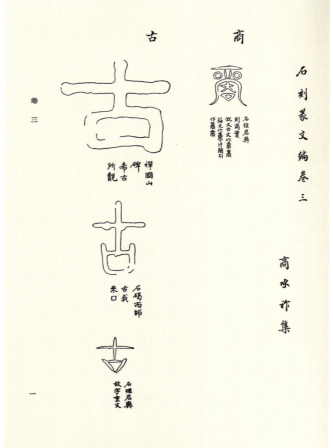

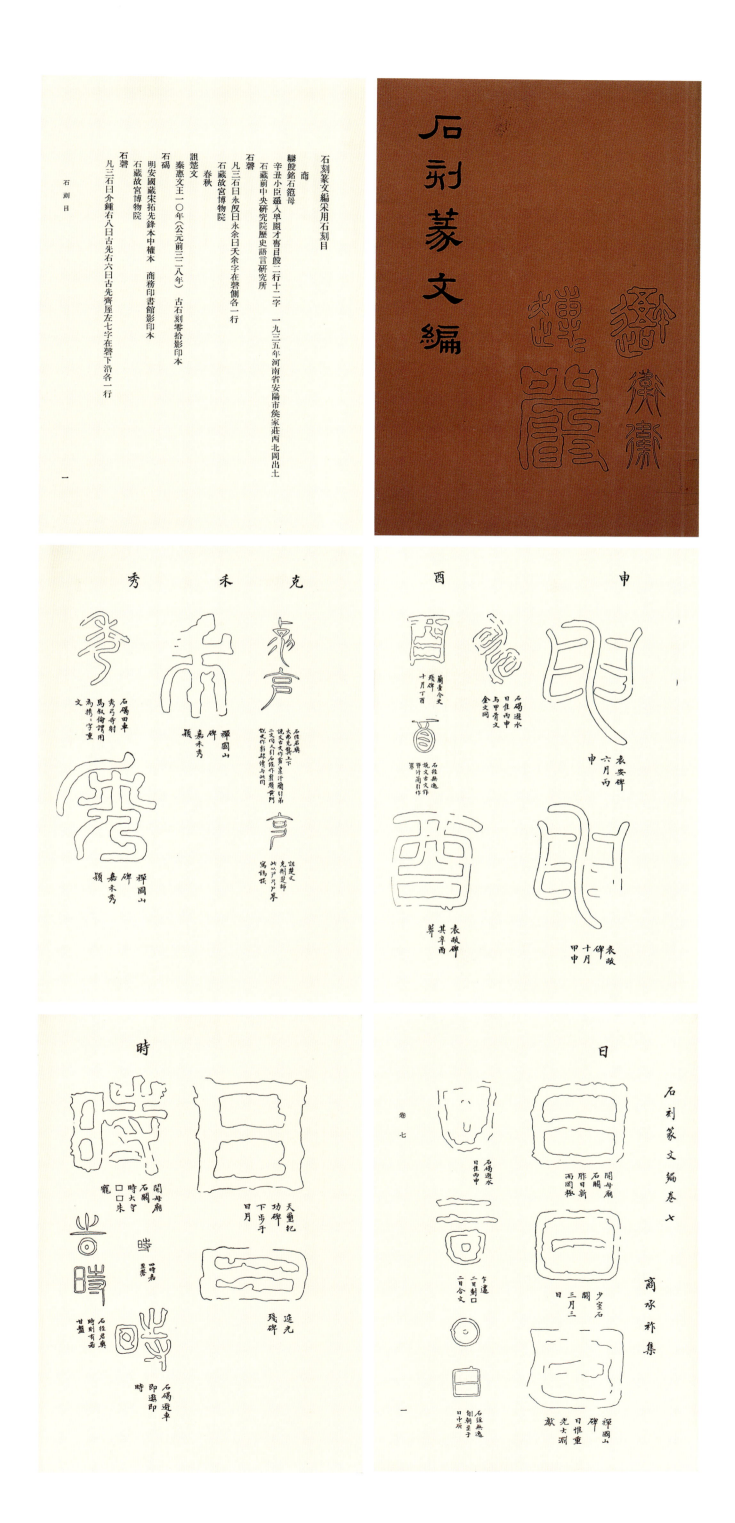

陶撫琴俑

東漢（25 ～ 220 年）
高 38 厘米　底長 32.5 厘米　底寬 13.3 厘米
南京大學博物館藏

　　此件陶俑 1940 年代於四川崖墓出土，爲商承祚考察所得。此爲紅陶模制，身着圓領右衽、寬袍大袖衣，神態生動。四川崖墓出土大量反映社會生活與風俗信仰的各類陶俑，爲研究漢代歷史與文化提供了生動的物證。

　　琴於戰國時期便已有之，秦漢後逐漸成爲代表文人雅士身份的高雅樂器。漢代儒家又將"琴"與"德"相連，確立了琴在儒家文化中的地位。東漢桓譚《論新·琴道》謂"八音廣博，琴德最優"。

東漢（25 ～ 220 年）
高 38 厘米　底長 32.5 厘米　底寬 13.3 厘米
南京大學博物館藏

一一三

漢畫像磚拓片

紙本　墨拓
民國（1912～1949 年）
縱 98 厘米　橫 32 厘米
重慶中國三峽博物館藏

釋文：漢日圖畫象（像）專（磚），已顧。漢月圖畫
象（像）專（磚），承祚。
鈐印：商（白文）、祐生手搨（朱文）、已顧（朱文）、
曾祐生所得金石文字（白文）。

　　此件漢日圖及月圖畫像磚拓片出於四川新津，
商承祚題書。日神羽人內爲三足烏，月神羽人內爲
蟾蜍與桂樹。《淮南子·精神訓》載："日中有踆烏，
而月中有蟾蜍。"又東漢王充《論衡·說日篇》云
"儒者曰：'日中有三足烏，月中有兔、蟾蜍。'"
　　曾祐生（1892～1977 年），名敏，四川廣漢人。
民國時期四川地區碑帖拓片研究者及收藏家，兼擅
椎拓，蜀中漢磚拓片多出其手，輯有《萃珍閣蜀磚
集》。所藏常鈐"萃珍閣""祐生手拓""祐生眼
福""祐生所得金石文字"諸印。

一一四

漢石棺拓片

紙本　墨拓
1940 年代
縱 78 厘米　橫 220 厘米
南京大學博物館藏

商承祚訪四川新津崖墓所得漢石棺
拓片，圖像分別爲伏羲女媧、鳳鳥以及
生活場景。

其中一個畫面展現了激烈的狩獵場
景，三人持矛與弓矢圍獵飛禽走獸。一
畫面展現了歡快融洽的宴樂場景。宴飲
助樂習俗，先秦已有。《周禮·天官·膳
夫》有"以樂侑食"的記載。漢代的宴
飲助樂之風更濃，人們席地而坐、面前
擺放低矮食案，分餐飲食，觀樂舞、雜
技以助興。

商承祚不僅關注四川地區漢畫像，
同時校訂了孫文清編纂的《南陽漢畫像
匯存》一書，爲其篆題書名并作跋文。
此書與商承祚《渾源彝器圖》同屬金陵
大學中國文化研究所叢刊甲種書類之
一，哈佛燕京學社資助印行，1937 年出
版發行。

一一五

商承祚　訪漢崖墓畫像題記拓片

紙本　墨拓
民國二十九年（1940 年）
縱 75 厘米　橫 66.5 厘米
南京大學博物館藏

釋文：此漢厓墓畫象，外內小大三十五幅，精好爲南安各墓之
冠。民國廿九年一月，宕渠楊枝高發見，語番禺商承祚。十月，
爲金陵大學中國文化研究所自成都來拓墨。事既刻石，邵示後
昆，永保勿壞。
鈐印：南京大學圖書館藏（朱文）。

　　1940 年拓畢四川樂山麻浩一號崖墓畫像，商承祚親自撰
文并書此題記。後訪烏尤寺主持遍能法師，請其代爲介紹刻工
楊執中。楊枝高爲當時居住在樂山的一位醫師，其多次調查樂
山崖墓，發現了麻浩崖墓。

吳天發神讖碑拓片冊頁

紙本
民國（1912～1949年）
縱22厘米　橫29.5厘米
重慶中國三峽博物館藏

題簽：吳天發神讖碑。甲申孟夏。商承祚題。
鈐印：錫永（朱文）。
釋文（一）：孫家四世霸江東，法政居然與帝通。神讖發余天亦笑，人皮剝盡氣如虹。鳳凰甘露真兒戲，辛癸雄風苦醉翁。剩有太平文字在，炳烺萬古泣雕蟲。三十三年五四紀念日在陪都坊間購得此印本，以贈退盦，乃復裝貼成冊，題此詩以誌墨彌。五月五日。郭沫若。
鈐印：鼎堂（白文）。
釋文（二）：此碑于篆書另闢蹊徑，用筆渾厚，非後人夢想所能及。予曾臨摹，未添紙即擲筆者累矣。石舊藏江寧尊經閣，乃燬于火，後所見新拓本皆爲覆刻。此明拓爲鄉先賢吳伯榮藏，字口明晰，何必企宋代氈蠟邪。甲申四月，承祚。
鈐印：錫永（朱文）。
釋文（三）：沫若先生贈予并題詩於首頁。商錫永先生題簽，傳碑之經過跋於後，極可寶貴耳。錄舊作吳江紀念。"人間開濟自天承，林岫雄風石結精。今日江東誰對證，將軍戎馬待收京。"建國卅三年農曆八月十五日晨。隴上退盦居士誌於巴山。
鈐印：郭漢（白文）、隴上郭漢（朱文）、退盦珍藏（朱文）。

　　《天發神讖碑》於吳天璽元年（276年）所立，原石已毀。此碑字形棱角分明，以隸書筆法寫篆，威嚴厚重，爲歷代書家所稱道。
　　郭沫若於重慶購得此拓片印本。1944年商承祚爲其題跋，盛贊此碑篆書，并對此拓版本表示認可。

一一五

商承祚　訪漢崖墓畫像題記拓片

紙本　墨拓
民國二十九年（1940 年）
縱 75 厘米　橫 66.5 厘米
南京大學博物館藏

釋文：此漢崖墓畫象，外內小大三十五幅，精好爲南安各墓之
冠。民國廿九年一月，宕渠楊枝高發見，語番禺商承祚。十月，
爲金陵大學中國文化研究所自成都來拓墨。事既刻石，邵示後
昆，永保勿壞。
鈐印：南京大學圖書館藏（朱文）。

　　1940 年拓畢四川樂山麻浩一號崖墓畫像，商承祚親自撰
文并書此題記，後訪烏尤寺主持遍能法師，請其代爲介紹刻工
楊執中。楊枝高爲當時居住在樂山的一位醫師，其多次調查樂
山崖墓，發現了麻浩崖墓。

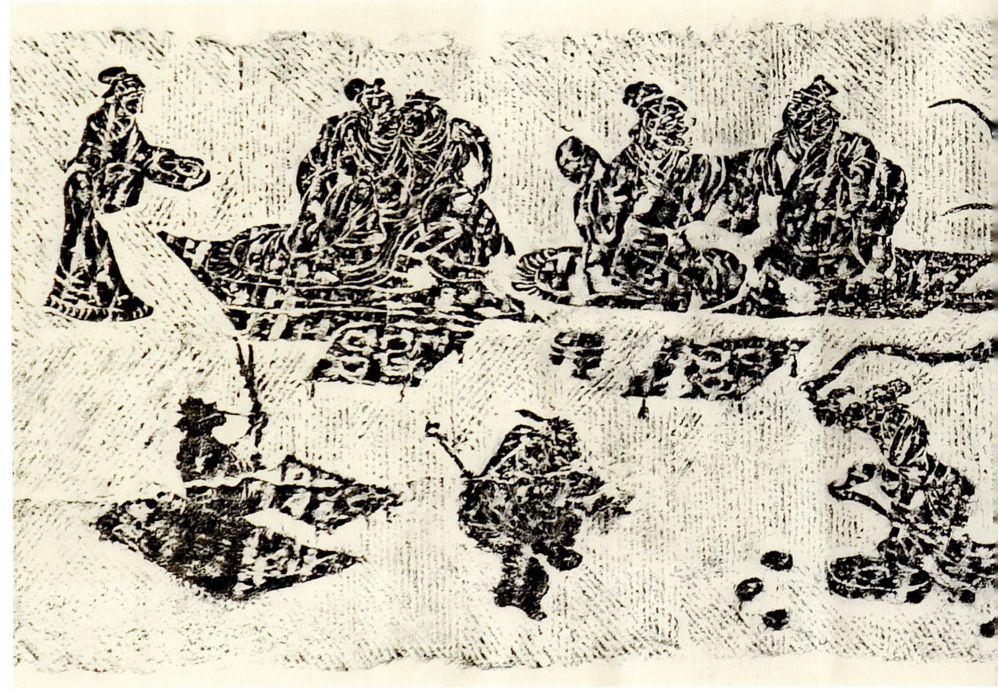

吳天發神讖碑拓片冊頁

紙本
民國（1912～1949年）
縱 22 厘米　橫 29.5 厘米
重慶中國三峽博物館藏

題簽：吳天發神讖碑。甲申孟夏。商承祚題。
鈐印：錫永（朱文）。
釋文（一）：孫家四世霸江東，法政居然與帝通。神讖發余天亦笑，人皮剝盡氣如虹。鳳凰甘露真兒戲，辛癸雄風苦醉翁。剩有太平文字在，炳烺萬古泣雕蟲。三十三年五四紀念日在陪都坊間購得此印本，以贈退盦，乃復裝貼成册，題此詩以誌墨彌。五月五日。郭沫若。
鈐印：鼎堂（白文）。
釋文（二）：此碑于篆書另關蹊徑，用筆渾厚，非後人夢想所能及。予曾臨摹，未添紙即擲筆者累矣。石舊藏江寧尊經閣，乃燬于火，後所見新拓本皆爲覆刻。此明拓爲鄉先賢吳伯榮藏，字口明晰，何必企宋代氈蠟邪。甲申四月，承祚。
鈐印：錫永（朱文）。
釋文（三）：沫若先生贈予并題詩於首頁。商錫永先生題簽，傳碑之經過跋於後，極可寶貴耳。録舊作吳江紀念。"人間開濟自天承，林峙雄風石結精。今日江東誰對證，將軍戎馬待收京。"建國卅三年農曆八月十五日晨。隴上退盦居士誌於巴山。
鈐印：郭漢（白文）、隴上郭漢（朱文）、退盦珍藏（朱文）。

　　《天發神讖碑》於吳天璽元年（276年）所立，原石已毀。此碑字形棱角分明，以隸書筆法寫篆，威嚴厚重，爲歷代書家所稱道。
　　郭沫若於重慶購得此拓片印本。1944年商承祚爲其題跋，盛贊此碑篆書，并對此拓版本表示認可。

細宋四古霸江東法

政居然含意帝進神讖

友皆不六以人皮剖書

筆如蛇風雷甘霽殉先生

誠幸夢梅風若稀省

敢乃大平文字生炳朗

篆古泣雕龍

三十三年壬午日出陰老

坊向歸山即本以贈

退盦乃以紫貼年冊題

千詩以洗承孫

壬午 高存翥

此碑于篆書易關蹊徑用

筆渾厚非夢想人所能及予

曾臨摹未僑紙印搨筆

者累真石舊藏江寧予

經閣乃燼于火小可見新

搨幸皆為震剝此明拓

而鄉先賢吳伯榮藏字

口明晰何必合宋代甄

螭鄘 甲申肖月小孫

沫若先生贈予蓋頴濤吾頁喬

錫永先生題意碑二經建跋搨授經

可寶貴年錄舊作墨几紀念

人間瞰濤自天承林峙雄風后結精

今日江東誰對聲將箪戈馬待收棄

建國三年葉曆八月十五日晨

隴上退盦隱士題於邕山

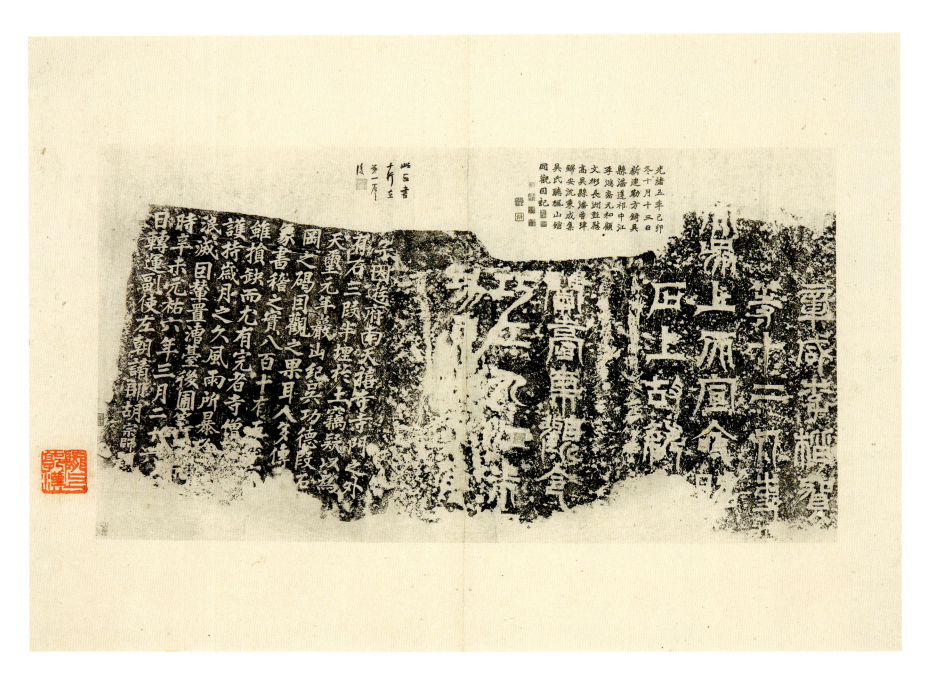

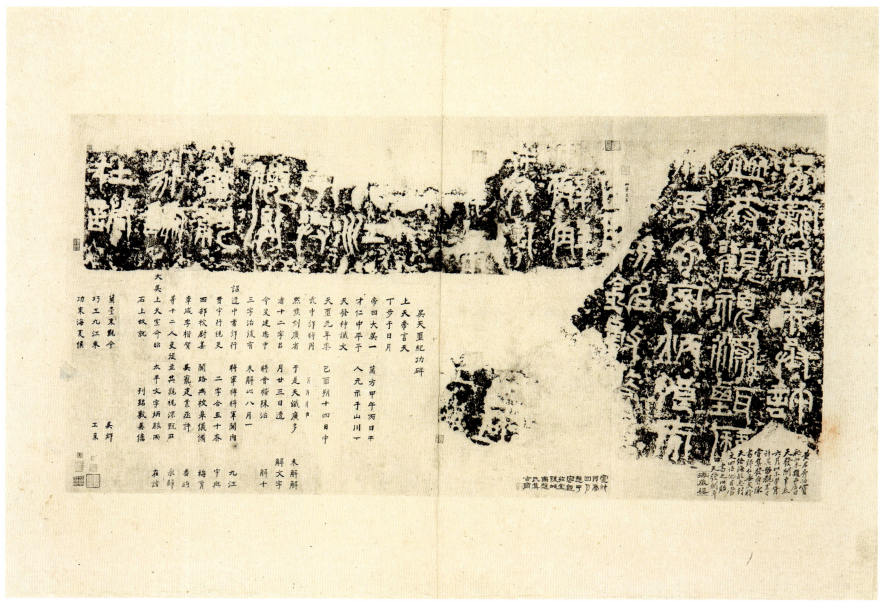

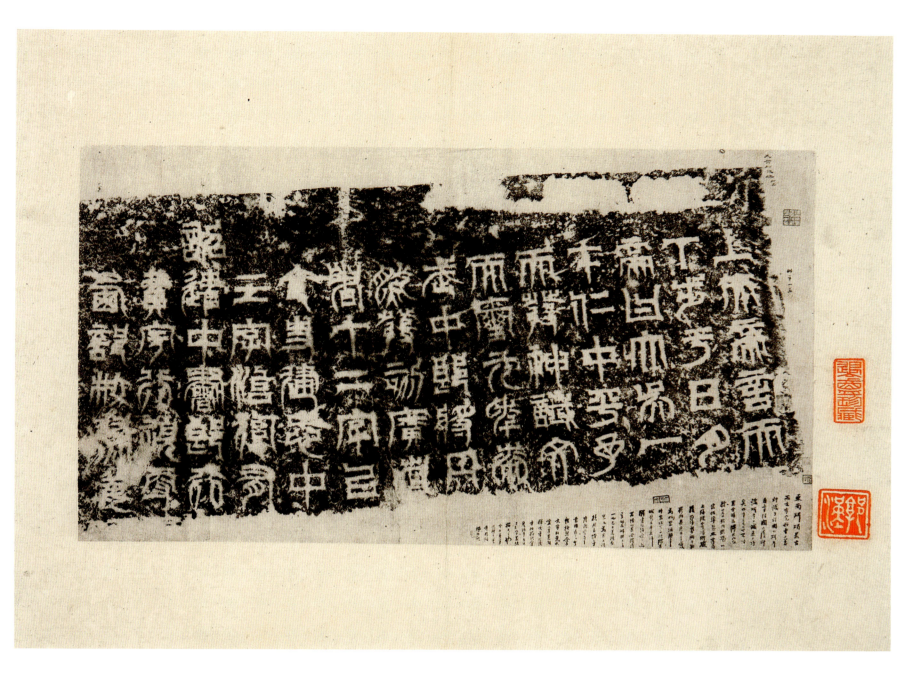

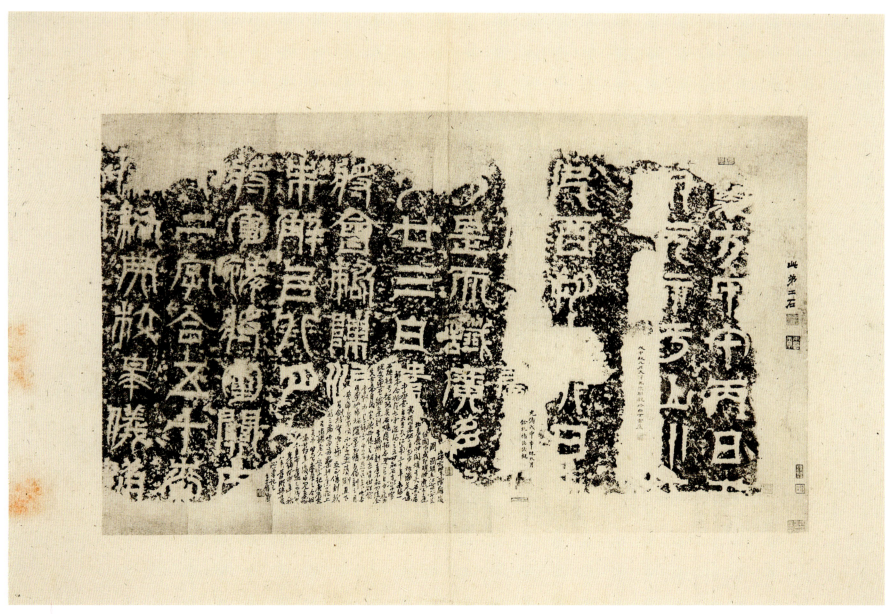

楚文化研究

　　商承祚是近代楚文化研究的重要開拓者，曾於 1938 年至 1952 年間三次赴長沙文物出土地實地踏勘，從事調查訪問和"搶救"文物史料的工作，爲後來的發掘、保護和研究留存了寶貴資料，也大大豐富了民國以來中華文明的考古成果，推動了近代考古學的發展。

　　1942 年，金陵大學中國文化研究所在成都華西壩舉辦長沙古器物展覽，展出商承祚在長沙兩次考察所得之文物，其中漆木、絲革、玉石、銅鐵等古器物共計 225 件。這種較系統地介紹長沙楚文化的展覽在抗戰時期實屬罕見，影響極大，不僅推動了楚文化的研究，更在國難當頭之際倡導民族精神，振奮了民族志氣。

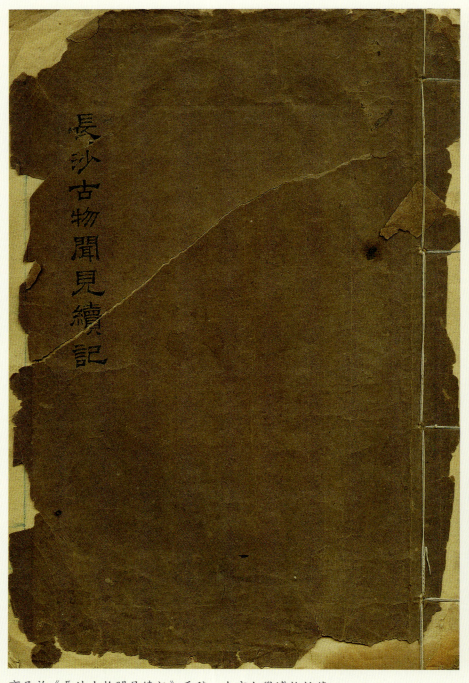

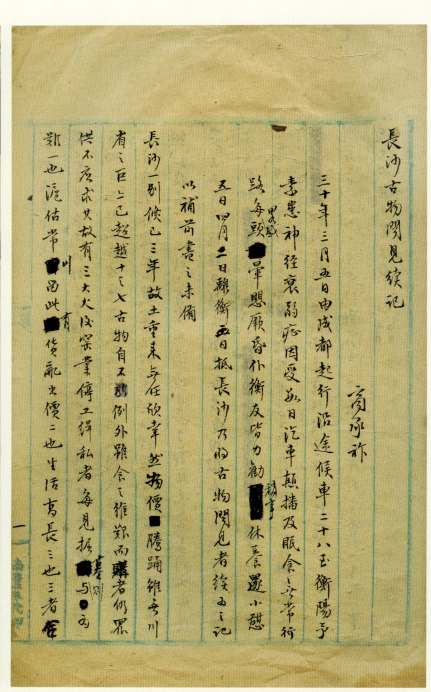

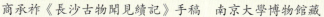

商承祚《長沙古物聞見續記》手稿　南京大學博物館藏

一一七
商承祚　長沙古物聞見記

1971 年
文海出版社
深圳博物館藏

　　《長沙古物聞見記》《長沙古物聞見續記》《長沙發掘小記》
爲商承祚在長沙的見聞及研究成果，有力推動了楚文化的研究。書中
詳細記録商承祚收集長沙古物始末，幷以現代考古學方法對古物進行
系統分類、介紹。該書也是金陵大學中國文化研究所研究成果之一，
首次正式出版在1940年。李小緣所長曾廣贈學界好友，如聞一多先生。
　　商承祚提到，當時長沙盜掘成風，更逢戰亂，文物多散佚損毀。
"傷舊物之既逝、嘆新器已劫灰。東望於邑，爲之腹痛。"可見商承
祚對文物保護的重視，這也爲其日後將所藏古物捐給國家埋下伏筆。
　　陳夢家盛贊書中考釋之精且詳："其間若考邊鋪之制，考羽觴
之原始於匜，考戈戟縛秘之制，考楚瑟之爲二十五弦，考楚屜之有薦
與珠飾，考瓏璲之制，考全劍之形制，或正舊說，或創新義，或因目
驗以定制度，或援經籍以名實物，其有功於考古論史，豈淺鮮哉！"

（書影　28）

戰起日人侵膠島避地青州，轉徒曲阜謁聖廟瞻漢碑
及祝其卿墰壇刻字等愛好甚始習篆隸從勞篤文健
治印日盡十餘石于冷攤見漢鑱通銅印傾一月糕點
錢易歸示篤文言箸録于繆篆分均殆桂馥故物喜而
縣諸要開闢東門外隴畝多瓦豆急馳觀斷校累果無
完者拾數枚歸陳几案兄姊皆匿笑之于廢垣壁階
石見刻人物鬼神鳥獸象詞爲漢畫象石祇覺可貴不
甚了解及之析津苦于國學乃習物理算數英德日語
殊少會心五年侍家大人赴白門從朱竹君逢胡儀

（書影　27）

長沙古物聞見記
自敍
一

予幼羸弱四齡不良于行隨宦燕京八九歲家大人延
少林師授以拳術購小駒使習馳騁然後氣體稍健性
畏讀日課佳不如程某好書法以象文詰詘奇深者
之案旁縣孫星衍篆書楹聯時時仰視或畫肚揣摩其
文或臨摹以肖其形范親朋家見篆書雖不辨優劣識
體勢必徘徊其下好古之性殆根于天矣民國元年家
大人漫遊海外予侍母見背伯父挈往膠島時
十二齡日附讀鄰家夜取阮氏積古齋鐘鼎彝器
款識段注說文反復檢閱因無師承三年不得門徑歐

（書影　1　長沙古物聞見記〔篆書題署〕）

（書影　204）

予以守衞鈴與銅片以代鐘磬皆明器也前人目小鈴
爲牛馬鈴銅片爲橋梁幣者實明器之鐘磬耳
漢銅鐙一則
予得漢銅坐鐙于唐佑茲鐙足如瓠柱頂鐙一柱中有扁
銅節二節左右有直孔銅枝貫中低昂上曲于端各
載一鐙左右盤左右向下鐙前後出各據一方鐙盤
有曲柄三短足盤中有丁底有銅管可以卸置柱上行
坐兩用異制也惜質已腐多殘泐柱屈曲上節斷折下
鐙失其一計通高五十一公分上節距頂鐙盤底十九

（書影　205）

長沙古物聞見記
卷下　銅
二二

公分五公釐節高二公分七公釐寬三公分四公釐兩
節距離九公分七公釐下節高三公分四公釐距足
凸起處七公分二公釐坐徑十四公分六公釐上銅
枝之一由柱外張十七公分七公分五公釐足
鐙盤高二公分一公釐盤管高一公分五公釐足
高一公分八公釐丁高八公釐深二公分五公釐坐
柄長短不一由五公分至六公分六公釐西京襍記三
高祖初入咸陽宮周行庫府…有青玉五枝鐙高七尺
五寸或同此制又卷十二飛燕爲皇后其女弟昭儀貢

（書影　206）

觀如圖

上襚三十五條內有七枝鐙則當爲三層矣茲復其舊

一一八

"楚簹居" 朱文印章

青田石

1952 年

長 3.4 厘米　寬 3.4 厘米　高 3.6 厘米

劉文鑄治

商承祚家屬捐贈

中山大學圖書館藏

邊款：萃車馬鉢，于然是則。楚簹之居，優優自得。契齋造意，本原古迹。壬辰嘉平，鑄厂篆刻。

頂款：海漁胡元交篆，時年六十有二。

　　劉文鑄，字鐵庵，生卒年不詳，晚清進士，遼寧海城人。活躍於晚清民國藝壇，善書法篆刻，著有《鐵庵詩存》。

　　商承祚致力於楚文化研究，獲得長沙楚墓"竹簹"，故以此名齋室。

一一九

"楚簹是寶" 白文印章

壽山石

1952 年

長 2.1 厘米　寬 2.2 厘米　高 3.8 厘米

劉文鑄治

商承祚家屬捐贈

中山大學圖書館藏

邊款：四年前契齋得長沙楚墓棺中竹簹，色澤如新，信天壤之奇品。楚簹是寶，宜也。壬辰嘉平，鑄厂並識。

一二○

銅鋪首銜環

西漢（公元前 206～公元 8 年）
通長 14 厘米　寬 8.5 厘米　環徑 8 厘米
商承祚家屬捐贈
深圳博物館藏

　　鋪首銜環爲一種附件，有實用意義也可單純作爲裝飾，商周時期已經出現，延續時間很長。多用於門扉，也裝飾於陶器、銅器、漆器及墓葬棺椁等，有一定的辟邪含義。

　　鋪首紋飾呈三層，底紋爲連珠紋，主體獸面呈淺浮雕狀突出，其上飾以勾雲紋。商承祚於長沙見此類器物，背面爲長方形銅枘。

一二一

閔翁主銅鏊

西漢（公元前 206～公元 8 年）
高 14 厘米　口徑 11.6 厘米　腹徑 16.5 厘米
南京大學博物館藏

　　鏊爲炊食器。此器肩部刻銘文"閔翁主銅鏊容斗"。翁主爲西漢諸侯王之女。此器應爲某王嫁女的媵器，商承祚得於長沙。《長沙古物聞見續記》記錄"閔翁主墓在東南門外三裏牌柳家大山……墓甚大，銅器甚夥，且有鎏金器"。

"天福五年" 端硯

後晉·天福五年（940 年）
長 10.2 厘米　寬 7.7 厘米　高 1.9 厘米
商承祚家屬捐贈
深圳博物館藏

銘文：天福伍年伍月一日，買此端州彥（硯）瓦，計價錢伍拾阡文，買叁（三）拾阡文。釋侶鶯聲。

端硯因產於古端州（今廣東肇慶市）而得名，其色紫質潤，爲中國四大名硯之一。

此硯爲抄手硯，有明確紀年。銘文記錄了此硯售價，對於五代幣制、經濟研究有重要史料價值。商承祚於《長沙古物聞見記》中記錄此硯的出土、尺寸等基本信息并進行研究，追溯相關歷史。商承祚又作《契齋藏天福端硯考》（《書法》1980 年第 1 期）詳細考證。

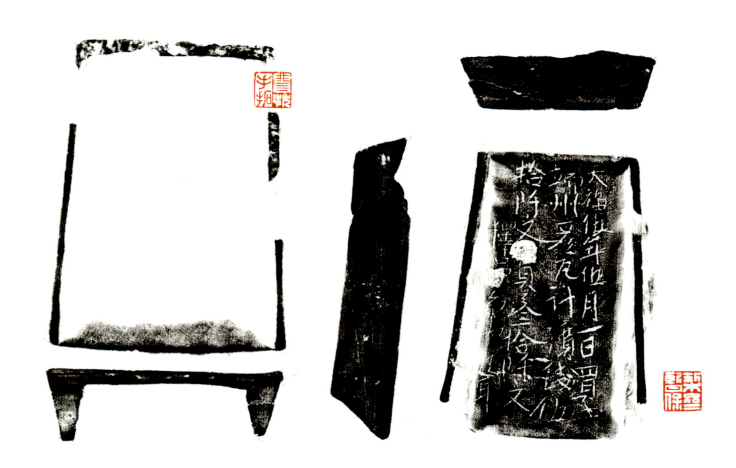

王貴忱手拓 "天福五年" 端硯拓片　可居室舊藏

唐石硯二則

予得天福石扆硯出小吳門外右上下角微闕長十一
公分七公釐上寬七公分下寬七公分九公釐　計未殘
上高一公分二公釐下連足高一公分七公釐于硯背　尺度
到刻十六字曰天福五年七月十七日買屯硯瓦親書
記凡三行中行下刻二字作㲋　署名不可識石作紫
醬色天福爲後晉高祖紀元
季襄亦藏天福硯首略殘足兩梗達于首長十公分六
公釐上寬六公分六公釐下寬七公分七公釐上高一

234

小錢揀得不少皆是江南綱商挾帶而來詔令京城諸
道于坊市行使錢內點檢㦬鉛錫錢竝宜禁斷沿江
州縣每有舟到岸嚴加覺察不許將㦬鉛錫惡錢往來
換好錢如有私載竝行收納又天成元年八月中書門
下士奏訪聞近日諸道州府所賣器價多是銷鎔見錢
以邀厚利乃下詔令遍行曉告如原載係銅器及碎銅
即許鑄造仍令生銅器物每斤價定二百文熟銅器物
每斤四百文如達省價買賣之人依盜鑄錢律文科斷
舊五代史食貨志　殆至天福錢制夏壞一石硯之值且至三十

236

公分九公釐下連足高二公分字四行曰天福伍年伍
月一日買屯端州彥瓦計價錢伍拾阡文買叁拾阡伍
釋侶紀㠯論耳硯誤彥五从人千从阜與馬希範銅柱
記同乃當時習用紀數字侶下爲署名耳上當是記字
硯索價購此僧雖多事而爲效五代幣制者所
願聞也五代時銅價日貴姦究銷運銅錢而鉛錫私鑄
充斥民間幣制紊亂後唐同光二年二月詔工人不得
銷鑄爲銅器兼沿邊州鎮設法鈴轄勿令商人般載出
境三月知唐州晏駢安奏市肆開點檢錢帛內有錫蠟

長沙古物聞見記　卷下　石　三八

235

千文矣

宋石硯一則

宋端石扆硯中長十四公分六公釐上寬八公分八公
釐下寬九公分六公釐上高二公分三公釐下連足高
一公分六公釐頂微圜石質甚佳色略紫背刻德美二
字上到刻人象口有須遷冠展脚幞頭圍帶趺坐隨意
戲作刻畫不精藏寒齋

漢石印一則

見石印六七于蔡氏皆出漢墓官印一作長沙祁長·長

長沙古物聞見記　卷下　石　三九

237

《長沙古物聞見記》書影

滑石器

　　漢承楚制，漢王朝建立後，其工藝美學和造型傳統很大程度上繼承了楚國文化。

　　滑石器多爲湖南地區漢代墓葬中的明器，皆仿自各類生活用品，包括廚房用具、飲食器皿、室内陳設等，反映了時人事死如生的喪葬習俗，也是研究漢代文化的重要物證。

一二三

一二四

一二三

石盂

漢（公元前 206 年～公元 220 年）

高 6 厘米　口徑 10.9 厘米

南京博物院藏

一二四

石杯

漢（公元前 206 年～公元 220 年）

高 9.3 厘米　口徑 4–4.4 厘米　底徑 2.8–3.4 厘米

南京博物院藏

一二五

雙鋪首石扁瓶

漢（公元前 206 年～公元 220 年）

高 11.5 厘米　身厚 3.2 厘米　身寬 9 厘米　口徑 2.5 厘米

南京博物院藏

一二六

雙鋪首石方壺

漢（公元前 206 年～公元 220 年）

高 19.2 厘米　口徑 6×5.5 厘米　底徑 9.2×8.2 厘米

南京博物院藏

一二七

雙鋪首石方壺

西漢（公元前 206 ～公元 8 年）

高 22.8 厘米　口徑 7.4×7.2 厘米　底 9.7×8.3 厘米

南京大學博物館藏

一二五

一二六

一二七

子彈庫帛書

　　子彈庫帛書，也稱"楚帛書"，既是目前已知年代最早的帛書，也是唯一的戰國帛書，同時是中國最早具有典籍意義的古書。自1942年於長沙子彈庫被盜掘出土，除個別殘片外，其他均已流失海外。子彈庫帛書《四時令》為僅存的完帛。

　　楚帛書內容屬陰陽術數，包涵宗教思想、天體意識、文學風格、語法詞匯、繪畫技巧、文字形體、書法藝術等方面的研究價值。

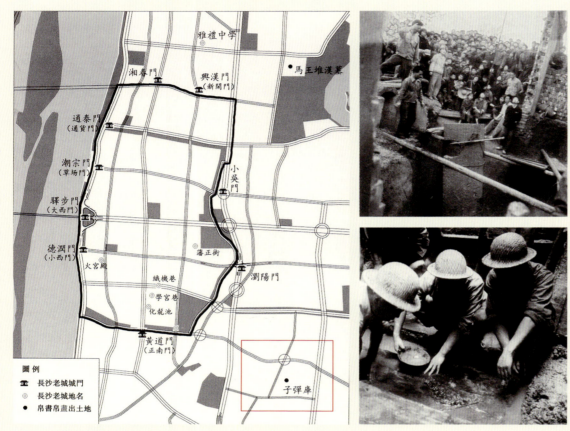
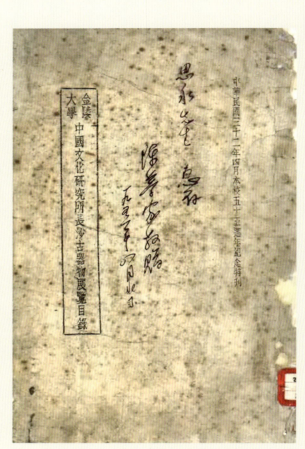

子彈庫帛書發掘地點及舊照　　　　　　　　　　　　　　　　　　　《金陵大學中國文化研究所長沙古器物展覽目錄》

子彈庫帛書《四時令》 美國史密森尼學會國立亞洲藝術博物館藏　　　商承祚摹本

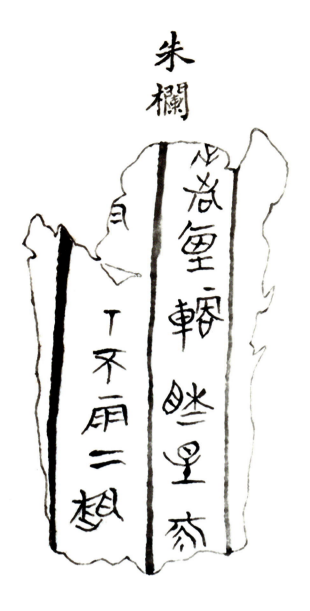

一二八

子彈庫帛書殘片

戰國（公元前 476 ～前 221 年）

長 4.6 厘米　寬 2.7 厘米

商承祚家屬捐贈

湖南博物院藏

　　此殘片爲國内現存唯一的子彈庫帛書，可辨認出文字"相星光"。商承祚判斷殘片上的文字爲"占辭術語"。

　　楚帛書出土時即十分殘破，商承祚秉承着嚴謹治學的精神，細致摹寫并釋讀。其《戰國楚帛書述略》專文在楚帛書研究史上起着承先啓後的作用，不僅首次在國内發表楚帛書原大照片，還考釋了不少難字、難詞，進一步揭示了楚帛書的内涵。

　　如今，經過數十年的努力，以李零先生爲代表的學者對此已有詳細深入的研究。

楚漆器研究

　　商承祚指出，楚漆器形制精巧，色彩諧美自然，圖案筆勢沉
實清勁，大膽揮灑而不滯澀。圖案主要有三種：模仿銅器玉器怪
獸形象而加以變化；雲雷等自然現象；對日常生活的寫實描繪。

銀釦盤　中國國家博物館藏

商承祚摹繪銀釦盤盤心及外沿圖案

彩繪人物黑漆奩　南京博物院藏

商承祚《長沙出土楚漆器圖錄》書影

商承祚摹繪漆奩外壁圖案

一二九

商承祚　長沙出土楚漆器圖錄

1957 年
中國古典藝術出版社
深圳博物館藏

　　全書收錄漆器 28 件，商承祚以玻璃紙細致摹繪漆器圖案。
這批漆器或已不知去向、或已失却原型，故所載照片及彩繪摹
本至爲珍貴。此書於 1955 年首次出版。

　　書中商承祚對楚漆器的歷史考古學價值及其造型、圖案的
藝術價值作了深入中肯的分析。

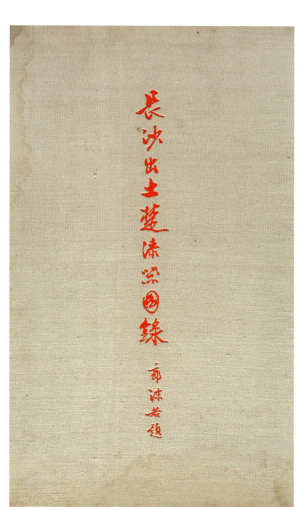

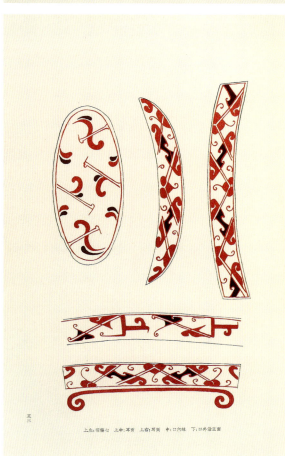

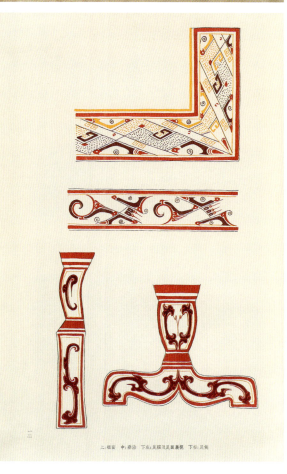

彩繪狩獵紋漆樽

戰國（公元前 475 ～前 221 年）

高 12.5 厘米　口徑 11.2 厘米　底徑 11.4 厘米

湖南博物院藏

　　此件於 1952 年湖南長沙顏家嶺乙 35 號墓出土。這類筒狀
造型、一側置鋬的三足器，過去學界一般稱之爲"奩"或"卮"。
樽爲古代盛酒器，漆樽在楚墓中尤爲多見。

　　此樽在褐漆地上朱繪三道變形鳳鳥紋，將紋飾分成上下部
分。上部反映獵人勇鬥野牛情景。下部繪有老者牽狗、獵犬追鹿、
鳳鳥飛奔和兩鶴啄食等圖案。其構圖情節緊張，給人以驚心動
魄的視覺衝擊。

商承祚摹繪狩獵紋漆樽圖案

"楚漆俎几室" 朱文印章

青田石
民國三十五年（1946年）
長 2.2 厘米　寬 2.2 厘米　高 4 厘米
黃世銘治
商承祚家屬捐贈
中山大學圖書館藏

邊款：契齋訪楚墓于長沙，得木製髹漆俎几，精妙殊絶，因以名室，用志珍獲。丙戌仲冬，蜀人黃銘並記。

此爲商承祚自用印。商承祚於長沙楚墓中得一漆俎，尤爲珍愛，以此作室名。商承祚認爲，此漆俎既非切肉的工具，也非放置犧牲的禮器，而是放置食物的日常用具。

黃世銘（1916~？），字笑芸，號抱璞室主人，室名後脂硯齋。重慶江北人。善書法，工篆刻。謝無量爲黃世銘《抱璞室印存》作序云："笑芸深得秦漢逸韵，故有游龍天矯之勢，殆并世印人之甲也。"

《長沙出土楚漆器圖録》中所收録漆俎

商承祚　戰國楚竹簡匯編

1995 年
齊魯書社
深圳博物館藏

　　20 世紀五六十年代，湖南長沙、河南信陽、湖北江陵三地先後出土了七批戰國楚竹簡。商承祚多次親往考察，目驗原簡，校改摹本。

　　後中山大學古文字學研究室成立楚簡整理小組，由商承祚主持。800 餘枚竹簡綴合爲 530 餘枚，《戰國楚竹簡匯編》由此成書。

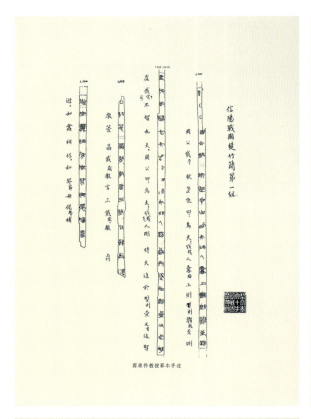

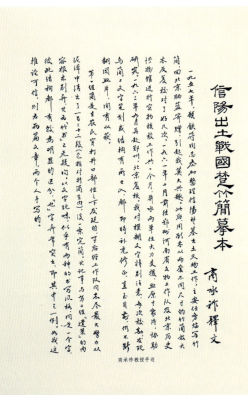

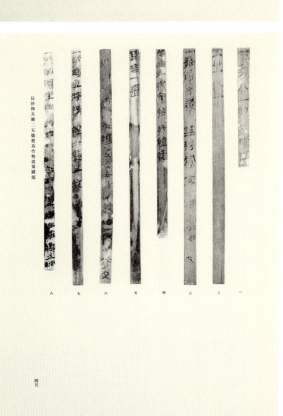

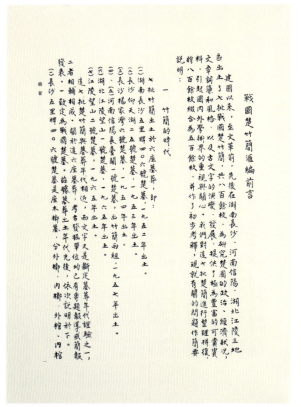

一三三

"絜齋六十歲手摹戰國楚竹簡" 白文獅鈕印章

壽山石
1961 年
長 3.3 厘米　寬 3.3 厘米　高 7.4 厘米
謝梅奴治
商承祚家屬捐贈
中山大學圖書館藏

邊款：辛丑嘉平，梅奴刻充絜齋方家文房。

　　建國後，隨着戰國楚竹簡的大量出土，商承祚將學術研究方向由殷商甲骨文、金文轉向戰國竹簡，不僅親赴長沙參加春秋戰國楚墓的發掘，而且親自摹寫竹簡文書并附釋文，爲先秦簡帛研究做出了重要貢獻。由此因緣，謝梅奴遂爲商承祚刻此閑章。

　　謝梅奴（1913～1991 年），原名翰華，別署興蘭堂。湖南長沙人。其篆刻初從秦璽漢印入，旁涉瓦當錢幣等，進而浸淫明清諸流派，於浙派得切刀之清趣，於皖派得細朱文之遒麗，具有渾穆凝重、勁健爽麗的風格。郭沫若曾評價其"六藝通四海，一刻值千金"。

度量衡器

　　古之度量衡出於律，用於測量物體長度、容量和重量，關乎古代數學、天文、地理、律學、建築、冶煉等科學的發展。度量衡器主要包括尺、方升、權、衡等計數、計量工具。"權衡""尺度"寓意自此而來。

一三四

菱形紋銅尺

東漢（25 ～ 220 年）
殘長 20.5 厘米　寬 2.1 厘米
商承祚家屬捐贈
深圳博物館藏

　　從出土及傳世器物來看，漢代一尺約爲 23 厘米，一寸約爲 2.31 厘米。此菱形紋銅尺表面有 8 個米字形方格，每格約爲漢代一寸的長度。銅尺常見鳥獸紋、龍紋與幾何紋等，多出土於湖南、安徽等地。

　　古尺屬度量衡器用，一般包括銅、鐵、玉石、漆木、竹、骨等多種質地，同樣受到晚清以來金石學者、考古學者的關注。商承祚在《長沙古物聞見記》中載此類銅尺多於女子墓中與刀一同出土，判斷其爲女性用品。1941 年羅福頤輯《傳世古尺錄》刊行，1957 年進一步整理爲《傳世歷代古尺圖錄》。根據大量考古材料，漢墓中尺子多爲女性隨葬品，也側面反映了漢樂府《孔雀東南飛》中描述婦女"左手持刀尺，右手執綾羅"的社會生活圖景。

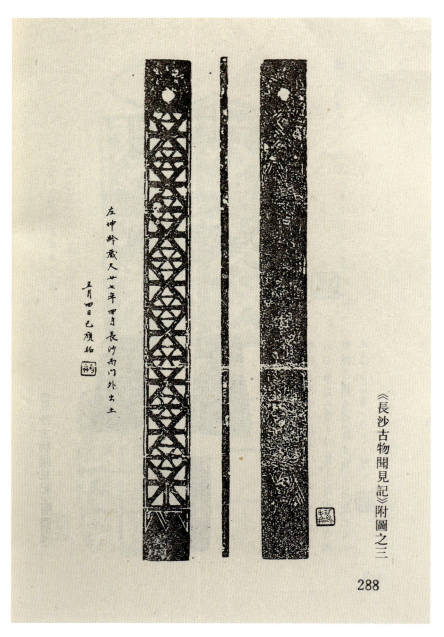

288

商承祚手拓長沙左坤齡藏尺

一三五

鳥獸紋銅尺

東漢（25 ～ 220 年）
殘長 23 厘米　寬 1.9 厘米
商承祚家屬捐贈
深圳博物館藏

　　神人、瑞獸、鳥禽等仙道題材是漢尺裝飾的重要內容。湖南地區出土了不少鳥獸紋銅尺，紋樣沉雄古樸，與漢畫像、銅鏡、磚瓦等圖像風格相類。江蘇連雲港曾出土西漢漆繪木尺，正方面裝飾周穆王西巡崑崙山與西王母會面的故事（現藏連雲港市博物館），說明這類圖像或具有升仙寓意。

一三六

銅環權

戰國（公元前 475 ～前 221 年）
重量（克）：5.1、6.95、10.9、14.05、29.4、54.6、115.3
外徑（厘米）：1.4、1.6、1.8、2.4、3、3.7、4.6
商承祚家屬捐贈
深圳博物館藏

　　衡器，猶今之砝碼，供天平上使用。一套共七枚。扁平環狀，斷面橢圓形，素面無紋，大小相次。
　　1954 年湖南長沙左家公山 15 號楚墓出土一套完整的權衡器，包括 9 枚銅環權和 1 件木衡杆、銅盤、絲綫。木衡杆正中鑽有一孔，孔內穿絲綫作爲提紐。杆兩端穿絲綫以系銅盤，成提紐天平。9 枚銅環權大小依次遞減，可擺成寶塔形組合使用。

一三七

新莽權衡拓片軸

紙本
民國（1912～1949年）
縱163.5厘米　橫67厘米
商承祚家屬捐贈
深圳博物館藏

釋文（一）：新莽權衡。錫永先生囑題。郭沫若。
鈐印：鼎堂（白文）。

釋文（二）：新莽權衡於民國十餘年在甘肅天水出土。當時因紛爭涉訟，一部分爲省政府所有。凡銅權四、銅柱銅鈎各一，置之蘭州教育館中。尚有權衡各一，爲北平估客所得，秘不示人。廿一年秋，教育館藏物忽以被竊聞。余時主持古物保管委員會北平分會事，乃秘密在平津一帶調查，至廿二年冬始悉教育館失物發見於天津某肆中，因將人臟一併追獲。次年又於北平某肆中發見估客之物，由故宮博物院給以相當代價收歸國有，教育館失物五件則歸中央博物院保存。聞蘭州教育館中尚藏一最大之權，或以體質太重未被竊去也。錫永吾兄以拓本屬題，爲述其經過如此。叔平馬衡。
鈐印：馬衡（白文）。

釋文（三）：自昔以民爲水，王室興廢如波，億年空傳文字，萬古不改江河。銘末有"亨傳億年"語。甲申五月廿一日。郭沫若題。
鈐印：沫若長年（朱文）。

釋文（四）：秦皇欲傳萬世，新莽更希億年。均祇曇花一現，人間空剩衡權。三百篇後又離騷，底事楊雄作解嘲。辜負劇秦美新意，新朝畢竟亦秦朝。甲申五月。郭沫若題。
鈐印：郭沫若（白文）。

釋文（五）：此本乃古物保管委員會北平分會所拓，有衡一、柱一、鈎一及權四。衡與柱皆有八十一字之銘（柱之下截已折，闕銘十字），與故宮所藏新嘉量同文，其四權各紀重量及制作年月。估客所得者文最清晰，曰律九斤，始建國元年正月癸酉朔日制。其餘三四權，一爲律三斤，一爲律六斤，一爲律一鈎，其未被竊者或爲律一石也。

新莽權衡於1925年秋被發現於甘肅省定西縣，其中銅衡銘文與新莽嘉量相同。銅權銘文中"正月癸酉"即統一度量衡制度的制定頒行之時日。

郭沫若在題跋中抒發對政權更替的喟嘆。馬衡跋文中記叙了這批新莽權衡的流傳過程與具體情況，其中被稱爲銅衡支柱者，實爲新莽標準丈，屬度器。

新莽權衡於民國十餘年在甘肅天水出土當時因紛爭涉訟一部分爲省府所有凡銅權四銅柱銅鈎各一置之蘭州教育館中尚有權衡各一爲北平估客所得秘不示人廿一年秋教育館藏物忽以被竊聞余時主持古物保管委員會北平分會事乃秘密在平津一帶調查至廿二年冬始悉教育館失物發見於天津某肆中因將人臟一併追獲次年又於北平某肆中發見估客之物由故宮博物院給以相當代價收歸國有教育館失物五件則歸中央博物院保存聞蘭州教育館中尚藏一最大之權或以體質太重未被竊去也錫永吾兄以拓本屬題爲述其經過如此叔平馬衡

自昔以民爲水王室興廢如波億年空傳文字萬古不改江河　銘末有亨傳億年語　甲申五月廿一日蜀人郭沫若題

秦皇欲傳萬世新莽更希億年均祇曇花一現人間空剩衡權三百篇後又離騷底事楊雄作解嘲辜負劇秦美新意新朝畢竟亦秦朝　甲申五月郭沫若題

此本乃古物保管委員會北平分會所拓有衡一柱一鈎一及權四衡與柱皆有八十一字之銘柱之下截已折闕銘十字與故宮所藏新嘉量同文其四權各紀重量及制作年月估客所得者文最清晰曰律九斤始建國元年正月癸酉朔日制其餘四權一爲律三斤一爲律六斤一爲律一鈎其未被竊者或爲律一石也

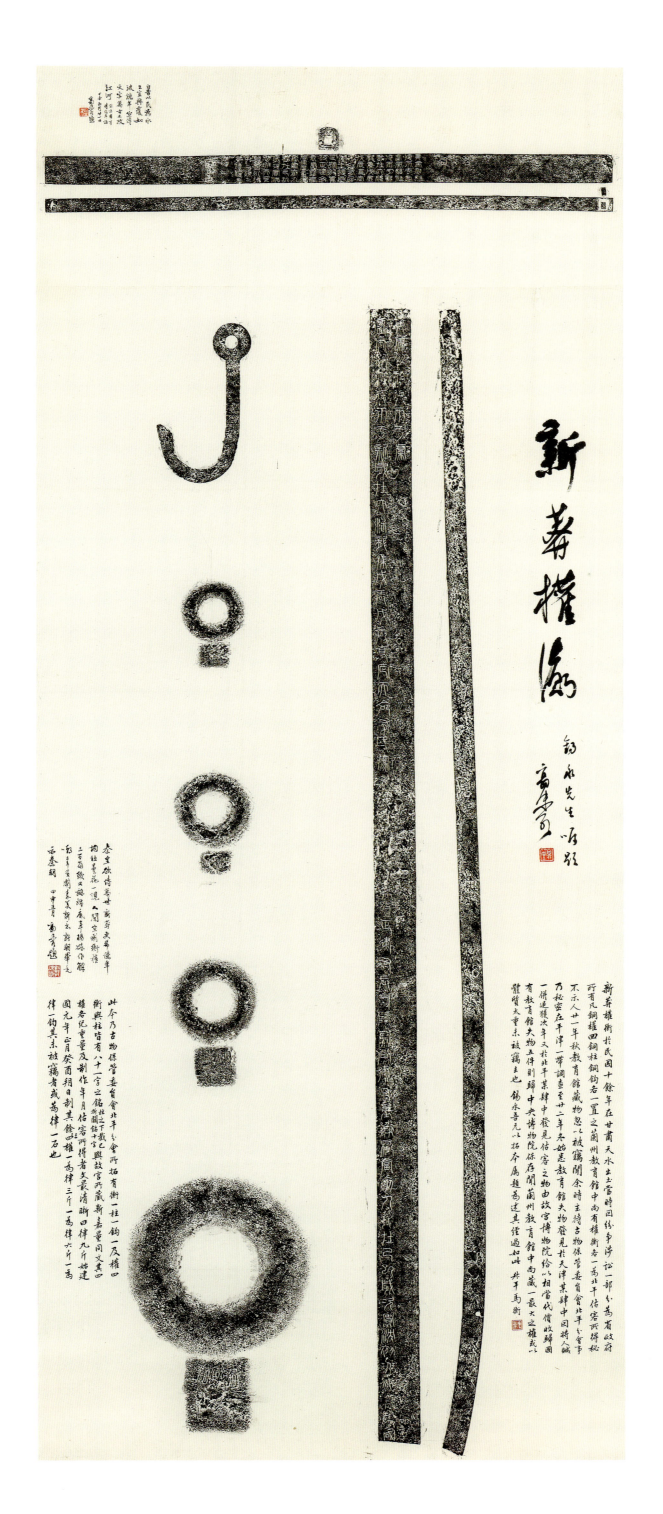

新莽權衡

鈞和先生雅玩　蕭亭寫　[印]

新莽權衡拓於民國十餘年在廿肅天水出當時因從事浮沉一部分為有政府所有凡銅權四銅柱銅鈎各一置之蘭州教育館中尚有權衡各一為北平估宮西得秘不示人又廿一年秋教育館藏物怒以被竊開余時主持古物保管委員會曾北平估宮西得秘乃秘密在平津一帶調查至廿二年各處被竊開余時主持古物保管委員會曾北平估宮西發見仿之物由故宮博院院給以相當代價收歸圖一併追蹤次又於北平某肆中發見仿之物由故宮博院給以相當代價收歸圖有教育館失物五伴歸中央博物院依府開蘭州教育館中尚有之最大之權衡五以體質太重未誠竊去也錫余亭兄以拓本屬為逮其徙過如此　井午馬衡　[印]

此本乃古物保管委員會北平分會所拓有衡一柱一鈎一及權四新興柱皆有八十二字之銘故宮西藏新嘉量同文其四權各兄重量及制作年月估宮兩傳者久最清晰四律凡九估始建國元年二月癸酉刻其陰刊其陰者權一萬衡三斤一萬六斤一萬律一鈞其末被竊者成為律一石也　甲申青　蕭亭題　[印]

秦重斂得等十萬斤共三年德年掘記書花一進　↓開文藏術　拓社書花一進　↓開文藏術　拓
三斤銖又柄鈎　庆車權始作解　↓辛丙丹　蕭亭題　[印]

一三八

商承祚 "莽量"銘文橫幅

紙本 墨書
現代
縱 36 厘米 橫 129.5 厘米
商承祚家屬捐贈
深圳博物館藏

釋文：黃帝初祖，德帀于虞。虞帝始祖，德帀于新。歲在大梁，龍集戊辰。戊辰直定，天命有民。據土德，受正號即真。改正建丑，長壽隆崇。同律度量衡，稽當前人。龍在己巳，歲次實沈。初班天下，萬國永遵。子子孫孫，亨（享）傳億年。莽量傳世凡二具，一在故宮，一舊藏匋齋。器殘而銘文完美，筆勢上承相斯，所謂大篆孫小篆祖也。商承祚。

鈐印：商承祚印（白文）。

此"莽量"即新莽嘉量，公元 9 年王莽立號爲"新"朝時製造的標準量器。器身以篆書銘刻王莽統一度量衡的詔書 81 字。

篆書有大篆、小篆之分，廣義上的大篆指秦以前的金文、籀文（秦國文字）和通行六國的古文，狹義上僅指籀文。秦始皇統一六國後，丞相李斯簡化籀文，創制小篆。

新莽嘉量是王莽新朝"托古改制"的産物之一，頗受晚清民國金石學者重視，羅振玉撰有《新量考》，馬衡亦有《新嘉量考釋》。商承祚謂"一在故宮"的莽量今在臺北故宮博物院。據杭州名人紀念館藏《莽量拓本》軸，其上有章太炎長篇題跋，謂乾隆九年進獻入宮的莽量可能爲當時人據《隋書·律曆志》編造的贗品，亦可備一説。端方陶齋所藏莽量殘件據傳爲光緒二十七年（1901 年）陝西出土，雖僅殘器，然銘文尚存，後輾轉流傳，今歸中國國家博物館藏。莽量書體典雅遒邁，多爲工整垂脚的方正小篆，下部拖長誇張，極具裝飾性，影響魏晉印章以及近代篆書藝術。

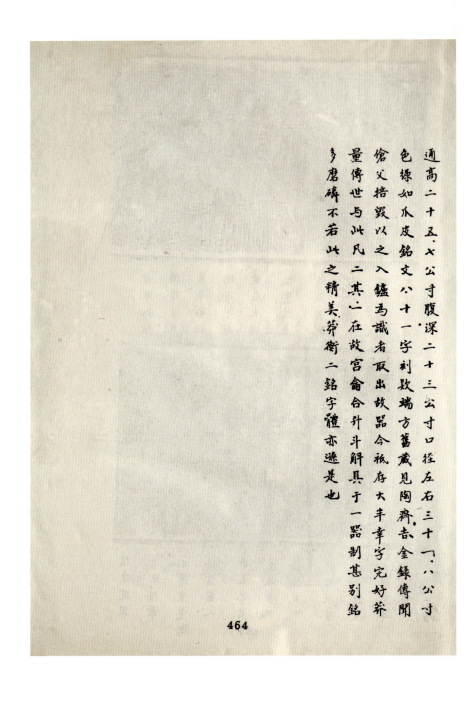

464

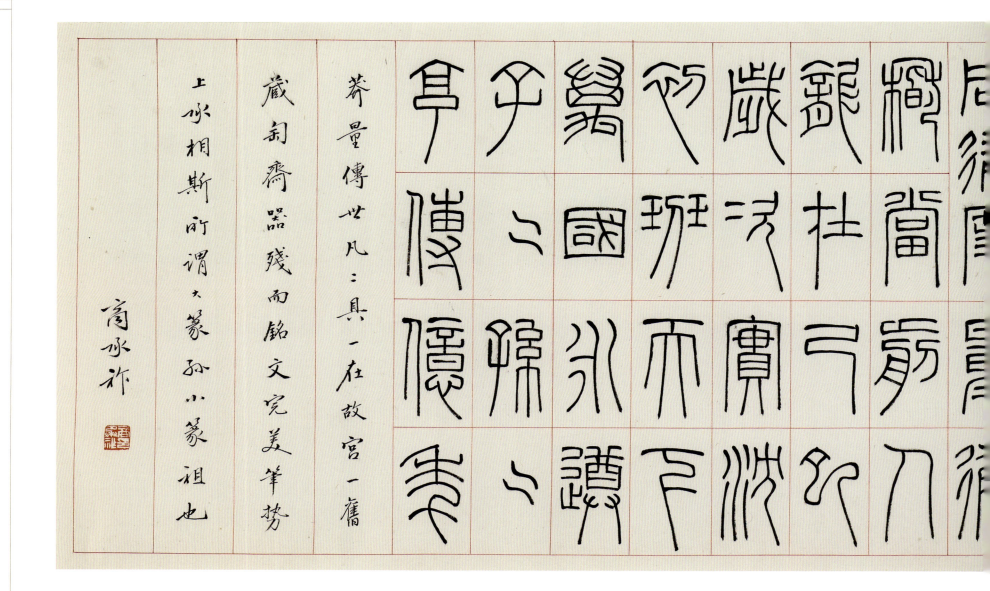

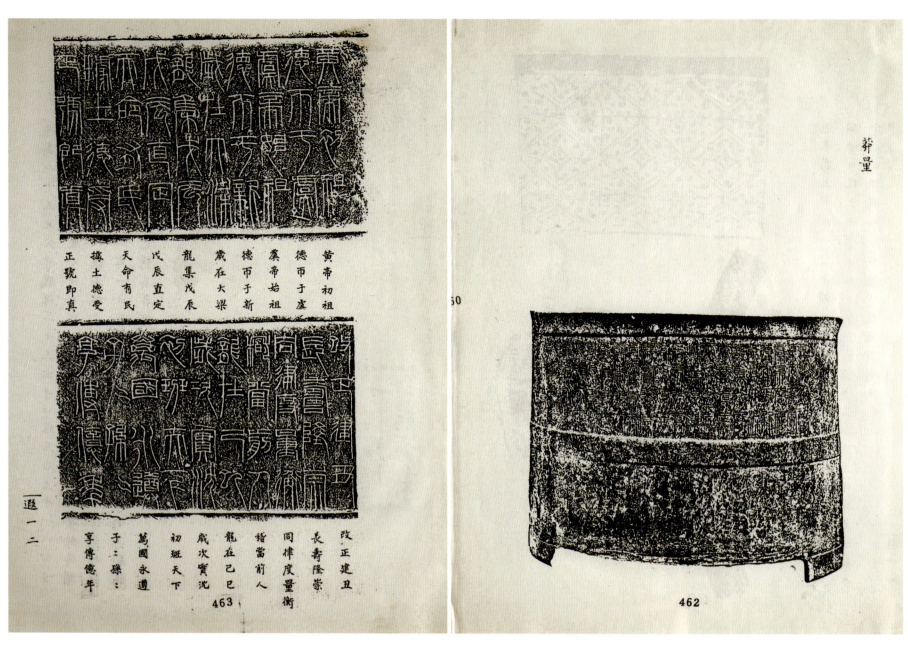

商承祚《十二家吉金圖錄》書影

古物徵集

20世紀初，受近代藝術與考古思潮的影響，民國各大學紛紛成立古物類博物館或研究機構，研究機構積極購藏、保護和研究文物。

商承祚赴北京為中山大學語言歷史學研究所購得商周至唐宋時期文物200餘件（組）。其中"若魏造像胸前之六道輪回圖、魏之佛幢、漢彩繪陶尊、朱宇瓦瓶、甘肅花罐、宋墓畫碑等，皆是精絕奇异之品，世所罕遇。"日軍侵占廣州後，這批文物遭到嚴重破壞，多已散佚，現僅剩石刻造像與墓志18件（組），藏於中山大學圖書館。

北齊　石雕陰子岳造像碑上段　　　　　　北齊　石雕佛造像碑　　　　　　唐　石雕一佛二菩薩造像龕

北宋　石雕羅漢像一組

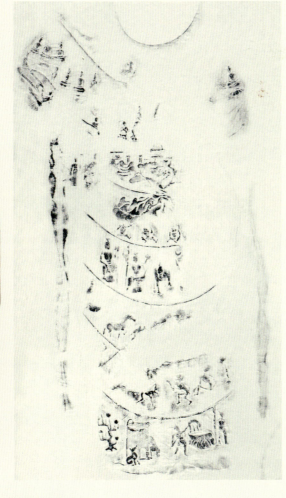

中山大學圖書館藏北齊盧舍那佛像體型高大，以整塊漢白玉雕刻而成，殘高175厘米。佛衣表面浮雕出"三界六道"的圖像，以弧形間隔綫隔開。一般學者認為，這類造像是反映《華嚴經》思想的盧舍那法界人中像，流行於北朝晚期。這是商承祚為中山大學購藏古物中最精彩的一件。

北齊盧舍那佛像之側面、拓片

天道：須彌山跨天、人兩道。天道位
　　　於山頂，浮雕出天宮樓閣，樓
　　　閣兩側為飛天。
人道：須彌山自水波中拔然而起，右
　　　側為三身世俗人物。

餓鬼道：六身惡鬼皆瘦骨嶙峋，作奔
　　　　走哀嚎狀。
地獄道：位於佛衣下擺處，共有四幅
　　　　圖像。其中一幅正中為油鍋，
　　　　鍋底火焰熊熊，牛頭獄卒用
　　　　叉將一人挑向鍋中。

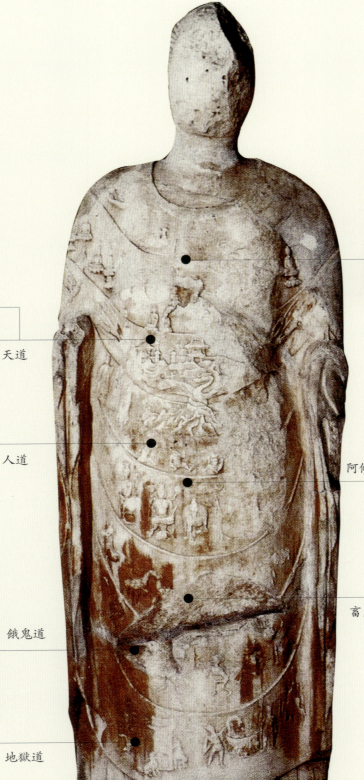

天道

人道

餓鬼道

地獄道

阿修羅道

畜生道

佛界：可辨認出佛、菩薩、弟子的形象。

阿修羅道：中部一匹健碩的馬，
　　　　　馬右側有一頭戴三
　　　　　葉形寶冠的阿修羅。
　　　　　阿修羅三面四臂，
　　　　　手執日、月、寶劍、
　　　　　長戟。
畜生道：動物若干，大部分已損
　　　　毀，可辨認出馬、豬
　　　　與鶴。

張深及夫人劉氏合葬墓誌拓片

紙本　墨拓
縱 67 厘米　橫 68 厘米
中山大學圖書館藏

　　墓誌，一般指墓中刻有死者生平事迹的石刻，亦指墓誌上的文字。墓誌從漢代開始出現，南北朝直至隋唐時期，其發展已經進入成熟階段。隋唐以後，墓誌一般依據亡者的行狀撰寫，主要涵蓋了世系、生卒葬時、名諱、官宦等方面，是記載墓主人行迹的第一手資料。

　　此墓誌爲商承祚爲中山大學搜集而得。墓主爲唐人張深及其夫人劉氏。

古物保護

　　商承祚曾爲多個博物館的建設和文物的徵集而積極奔走，對廣東省内的文保單位也十分關心。尤其關注陳家祠、光孝寺和中華全國總工會舊址等全國重點文物保護單位，促進了古迹保護事業的發展。

　　光孝寺始建於東晋時期，爲嶺南地區現存最古老的佛教禪寺。光孝寺曾用作華南人民藝術學院校舍。1950年春，學院擴充學生宿舍，於光孝寺大殿三寶佛腹内發現一批精美的木製雕像。商承祚爲此四處尋訪，積極搶救這批雕像并編制圖録。此後，商承祚更是爲光孝寺被占用而呼吁，爲光孝寺的收回做出貢獻。

一四〇

顧光修、何琮　光孝寺志

民國二十四年（1935年）
廣東省立編印局鉛印本
商承祚家屬捐贈
中山大學圖書館藏

　　商承祚藏書。此書於清乾隆年間成書，記載光孝寺的殿宇佛像、泉井名木、藏經文獻、住持傳記、法師語録，以及歷代官宦名流游覽光孝寺所留詩作等，有助於對光孝寺文物的考證。1961年，光孝寺被公布爲國家重點文物保護單位。

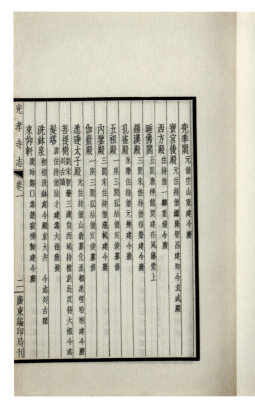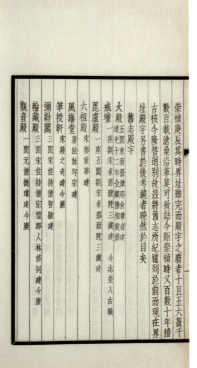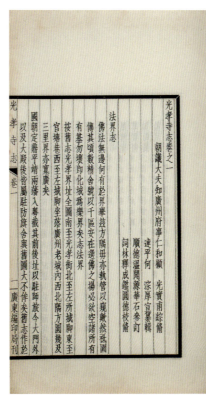

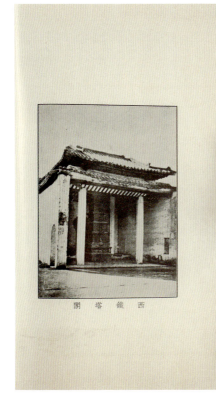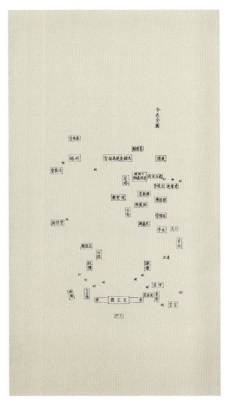

西鐵塔閣

重修六祖菩提碑記

大雄寶殿之一部

商承祚　廣州光孝寺古代木雕像圖錄

1955 年
上海出版公司
深圳博物館藏

　　商承祚將收集到的 17 件光孝寺木雕合編成圖錄。書中商承祚還記錄了這批雕像發現的經過，探討其藝術價值。

　　乾嘉以來，傳統金石學家也逐漸關注佛教造像藝術。1918 至 1919 年間，鄧爾雅、盧鑄、潘至中、蔡哲夫等人游南華寺，發現"殿前羅漢樓有木刻羅漢五百尊，十之七八爲宋代故物，十之二三爲後來所補"，遂拓取造像銘文、遍徵名流鑒賞，包括繆荃孫、羅振玉、章太炎、蔡元培、褚德彝、潘飛聲、黃賓虹、王國維、黃節、鄧爾雅等二十七名家皆有題跋，現存有《北宋木刻曹溪南華寺造像册》。

　　商承祚早年即爲中山大學博物館徵集佛教造像文物，已是非常熟悉其價值。光孝寺大殿所出這批木雕造像包括菩薩、天王、羅漢以及禪宗散聖等多類，具有十分重要的歷史、藝術和研究價值。商承祚在書中敏銳地指出："這些像在美術上的價值是遠遠超過其在考古方面的價值的。我們若是認真的欣賞一下，就會非常驚奇我們古代的木雕匠師的高明技藝有着何等卓越的成就。總的來說，造型質樸渾厚，刀法簡練有力，概括力很強，省略了一些不必要的部分，用最重要的面、綫刻畫各種不同類型人物，且性格都非常的突出。他們的創作態度也是非常認真的。這些像的雕刻，不單在前、左、右三方面都集中精神一筆不苟，即在不爲人注意的背後也同樣的雕刻的很好。尤其可貴的是，即使是對同一類型的人物的處理，也并沒有千篇一律公式化的傾向。因此，每個像無不活潑生動，真實自然。"根據現存唐宋木雕造像情況判斷，這批木雕的年代更可能在北宋初年，即 10 世紀後期。

　　廣東省博物館、廣州博物館均藏有部分光孝寺木雕造像。

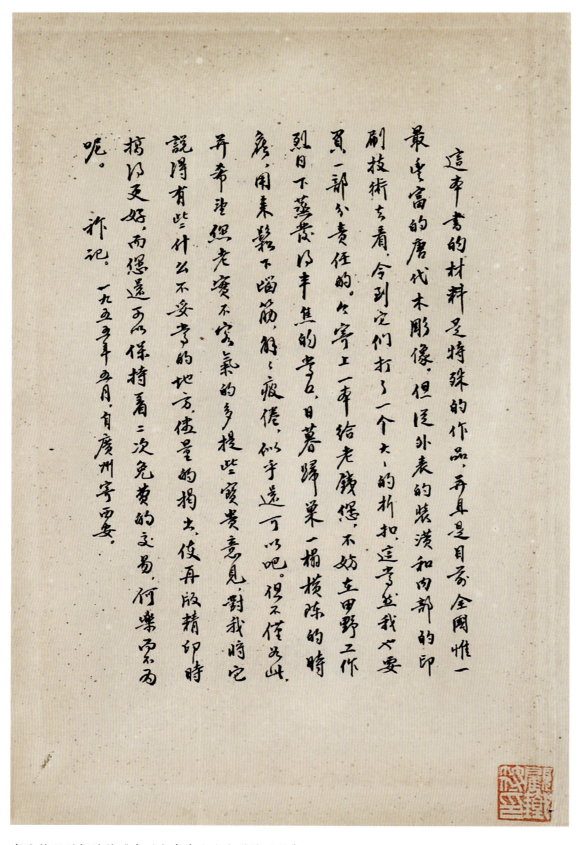

商承祚題贈顧鐵符《廣州光孝寺古代木雕像圖錄》

光孝寺舊照　大雄殿三尊佛　日本常盤大定拍攝

一四二

光孝寺木雕菩薩像

北宋（960 年 ~ 1127 年）
商承祚家屬捐贈
中山大學圖書館藏

　　唐宋之際，中國古代政治、文化、思想與社會整體都經歷
了一次大變革，佛教藝術也發生了重要轉變，中國化的禪宗影
響深遠。唐五代流行石刻與鎏金銅、夾紵等造像形式，北宋建
立以後，禁止民間以銅造佛像等。宋太祖開寶三年（970 年）
詔曰："民鑄銅爲佛像、浮圖及人物之無用者禁之，銅鐵不得
闌出蕃界及化外。"因此，兩宋時期大量木雕、瓷塑造像替代
了此前的鎏金銅造像。這批造像具有典型北宋早期藝術特徵，
既有晚唐寫實遺風，又開啓宋代追求簡約神韵的藝術之風。

　　商承祚認爲這批雕像造型質樸渾厚，刀法簡練有力，用概
括的面、綫刻畫人物，性格突出，活潑生動，真實自然，具有
很强的藝術性。

第二圖　羅漢像（正面）

高二九・五公分，有漆法，褐綠色，下帛露本色。

4

第一圖　羅漢像（正面）

高二六公分，有漆法瘿露出，表示塗褐，褐色腿部，露青左方彫孔。

1

廣州光孝寺古代木彫像圖錄

第五圖　護法像（正面）

高區一白公分，事機國像，有色的存青青之一八〇，足下及博彫國左有孔。

12

第四圖　羅漢像（正面）

高一八六公分，對彫褐色，金色彫彩青之胸〇。

9

第三圖　羅漢像（正面）

高二四公分，有漆法，時表現色，腿部彫刻，腿青圓彫孔。

6

第八圖　信士像（正面）

高二四公分，有墨法，腿知明色，腿及褐色色，腰下腿有一孔。

23

第七圖　信士像（古側面）

21

第六圖　護法像（側面）

17

第一一圖　供養人像（正面）

高二尺，寬六寸，有頭冠，泥作紅色，身色粉存百分之四○，尚有圖形孔。

29

第一〇圖　供養人像（正面）

高三尺五分寸，有頭冠，即所彩存，朱繪。身色粉存百分之四○，尚有圖形孔。

27

第九圖　供養人像（正面）

高二尺，寬六分寸，有頭冠，身色粉存百分之六○，尚有圖形御字，一付，金身御字，井後有繪御字第一字作與「身」字對面，尚有圖形孔。

24

第一四圖　供養人像（正面）

高二尺，寬六寸，有頭冠，身色粉存百分之二○，尚有圖形孔。

35

第一三圖　供養人像（正面）

高二尺七寸，有頭冠，身色粉存百分，尚有圖形孔。

33

第一二圖　供養人像（正面）

高二尺六寸，有頭冠，身色粉存百分之四○，尚有圖形孔。

31

第一七圖　供養人像（正面）

高二尺一四分寸，有頭冠，身色粉存百分之二二○，尚有圖形孔。

39

第一六圖　供養人像（正面）

高二尺九寸，有頭冠，泥作紅色，身色粉存，尚有圖形孔。

37

第一五圖　供養人像（正面）

高二尺四一四分寸，有頭冠，身色粉存百分之四○，尚有圖形孔。

36

光孝寺木雕菩薩像

北宋（960 年～ 1127 年）
商承祚家屬捐贈
中山大學圖書館藏

　　唐宋之際，中國古代政治、文化、思想與社會整體都經歷了一次大變革，佛教藝術也發生了重要轉變，中國化的禪宗影響深遠。唐五代流行石刻與鎏金銅、夾紵等造像形式，北宋建立以後，禁止民間以銅造佛像等。宋太祖開寶三年（970 年）詔曰："民鑄銅爲佛像、浮圖及人物之無用者禁之，銅鐵不得闌出蕃界及化外。"因此，兩宋時期大量木雕、瓷塑造像替代了此前的鎏金銅造像。這批造像具有典型北宋早期藝術特徵，既有晚唐寫實遺風，又開啓宋代追求簡約神韵的藝術之風。

　　商承祚認爲這批雕像造型質樸渾厚，刀法簡練有力，用概括的面、綫刻畫人物，性格突出，活潑生動，真實自然，具有很強的藝術性。

　　商承祚不僅是學術大家，也是傑出的書法家、篆刻家。幼承庭訓，研習書法，醉心於篆刻。後受其師羅振玉影響，注重金石氣力，藝術創作與古文字學研究相得益彰。商承祚書法與篆刻力求剛勁渾厚，以端莊平正爲主，造詣頗深，其書學論述亦切中肯綮。

商衍鎏、商承祚父子於廣州家中研習書法

金石書法

　　學者評價商承祚作甲骨文，超逸秀勁；其作金文，華貴雍容；其作小篆，柔和嫻雅，結體精嚴，行筆幹練，體態自然。晚年鍾情於秦隸，在隸書領域獨樹一幟。其題識所用行楷，秀穎醇雅，別具姿態。

一四三

孔彪碑

民國十五年（1926 年）
上海藝苑真賞社影印本
商承祚家屬捐贈
中山大學圖書館藏

　　孔彪（123 ~ 171 年），字元上，孔子十九世孫。此碑爲其故吏爲頌其遺德而立，是漢代名碑之一。原石現存山東曲阜漢魏碑刻陳列館。

　　孔彪碑隸書，康有爲認爲是隸中楷書。瘦勁淳雅，秀逸多姿，字勢較扁，波磔分明，法度謹嚴。布局清朗通透。楊守敬《激素飛清閣評碑記》謂其字“筆畫精勁、結構謹嚴”，最爲定評。

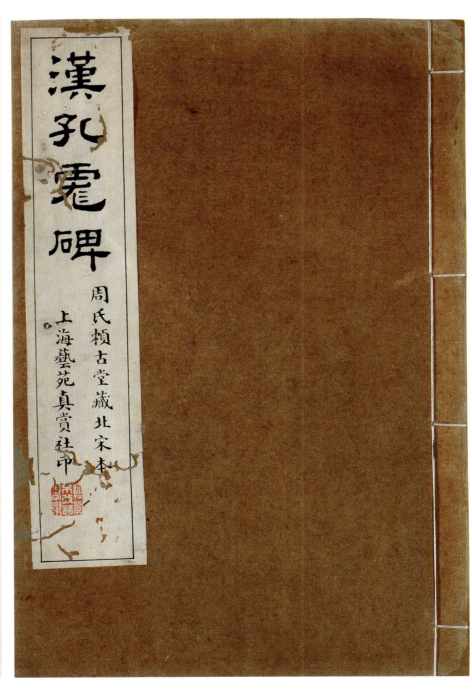

秦嶧山碑

中華書畫出版社
深圳博物館藏

嶧山碑，高218厘米，寬84厘米，兩面刻字，原爲秦丞相李斯所書，是公元前219年秦始皇首次東巡刻於嶧山（今山東鄒縣境內）的記功刻石。其原石已毀。西安碑林博物館藏《嶧山刻石》爲鄭文寶於北宋淳化四年（993年）以徐鉉摹本刻成，因重刻於長安者，世稱長安本。

據《史記·秦始皇本紀》記載，嶧山碑是秦刻石中最早的一塊，內容主要歌頌秦始皇統一天下的功績。整體書風雍容端莊，綫條圓潤飽滿，結體對稱均衡，是中國文字史、書法史研究的珍貴資料。

商承祚主張學篆書先學嶧山碑，謂其"橫平竪直，筆畫停勻，結構黑白相等，行筆柔而勁。從整體觀之，確臻妙境，初學篆書，非過此硬工夫不可。"

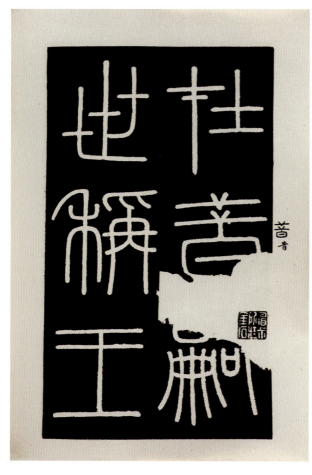

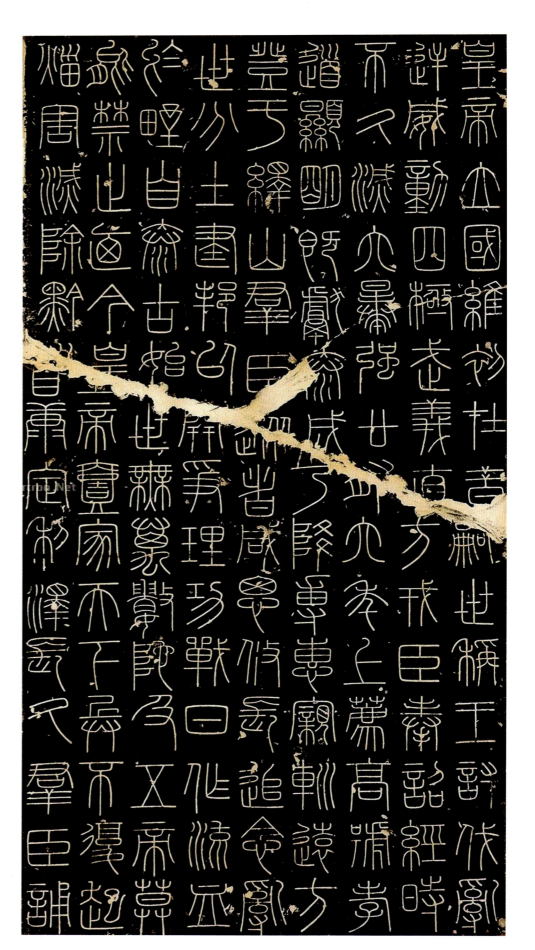

《嶧山碑》拓片局部

一四五

西岳華山廟碑

民國（1912～1949年）

影印本

商承祚家屬捐贈

中山大學圖書館藏

　　《西岳華山廟碑》立於漢延熹八年（165年），郭香察書。隸書結體方整勻稱，氣度典雅，點畫俯仰有致，波磔分明多姿。清人朱彝尊謂：“漢隸凡三種：一種方整，一種流麗，一種奇古。惟延熹《華岳碑》正變乖合，靡所不有，兼三者之長，當爲漢隸第一品。”碑文記述歷朝祭祀西岳及袁逢、孫璆等重修西岳廟的事迹。商承祚輯《石刻篆文編》收錄此碑文字。

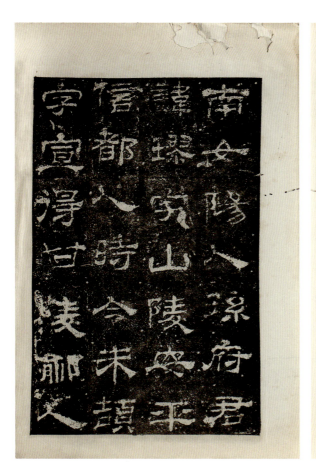

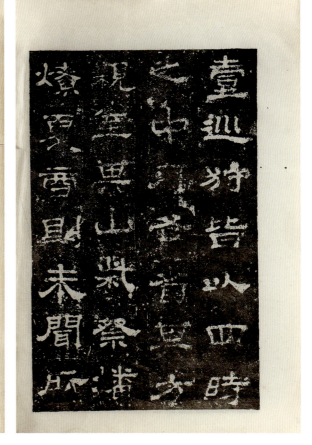

商衍鎏　楷書《正氣歌》鏡心

紙本　墨書
民國三十三年（1944 年）
縱 108 厘米　橫 33.5 厘米
商承祚家屬捐贈
中山大學圖書館藏

　　1944 年正值抗戰時期，商衍鎏與商承祚父子避居四川。商衍鎏賣文鬻書，以維持生計。商衍鎏以楷體寫《正氣歌》，令商承祚以金文體書寫。商衍鎏之正楷端莊流麗，商承祚之金文結構精巧，風格質樸爾雅。

　　《正氣歌》爲南宋民族英雄文天祥兵敗被俘後在獄中所作，全詩慷慨激昂，充分表現了堅貞不屈的愛國情操。商承祚自言"愈讀愈感到使人正氣凜然，氣貫長虹，愈寫愈感到軒昂紙上，如勇士赴疆場之勢。"作品展現了抗戰時期知識分子深切的救國情懷。

商承祚作書于古先齋

文信國公正氣歌

羅振玉　臨新郪虎符鏡心

紙本　墨書
晚清民國（1840～1949年）
縱49厘米　橫36厘米
商承祚家屬捐贈
深圳博物館藏

釋文：甲兵之符，右才（在）王，左郪才（在）新。凡興士被（披）
甲，人用兵五十以上，必會王符，乃敢行之。燔燧事，雖毋會符，行
殹。慶園主人教正，羅振玉臨秦新郪虎符。
鈐印：振玉印信（白文）、羅叔言（白文）。

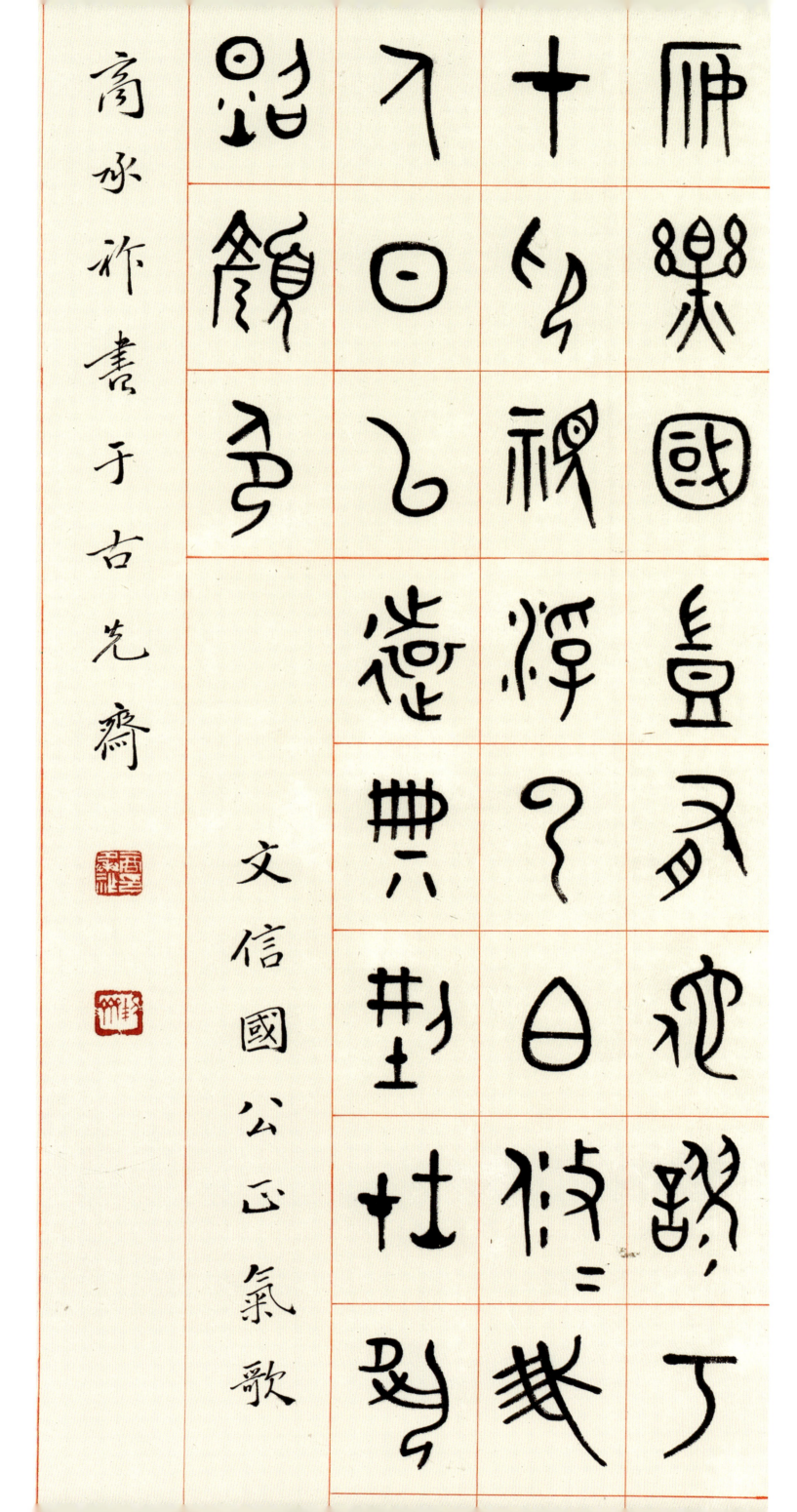

商承祚書于古先齋

文信國公正氣歌

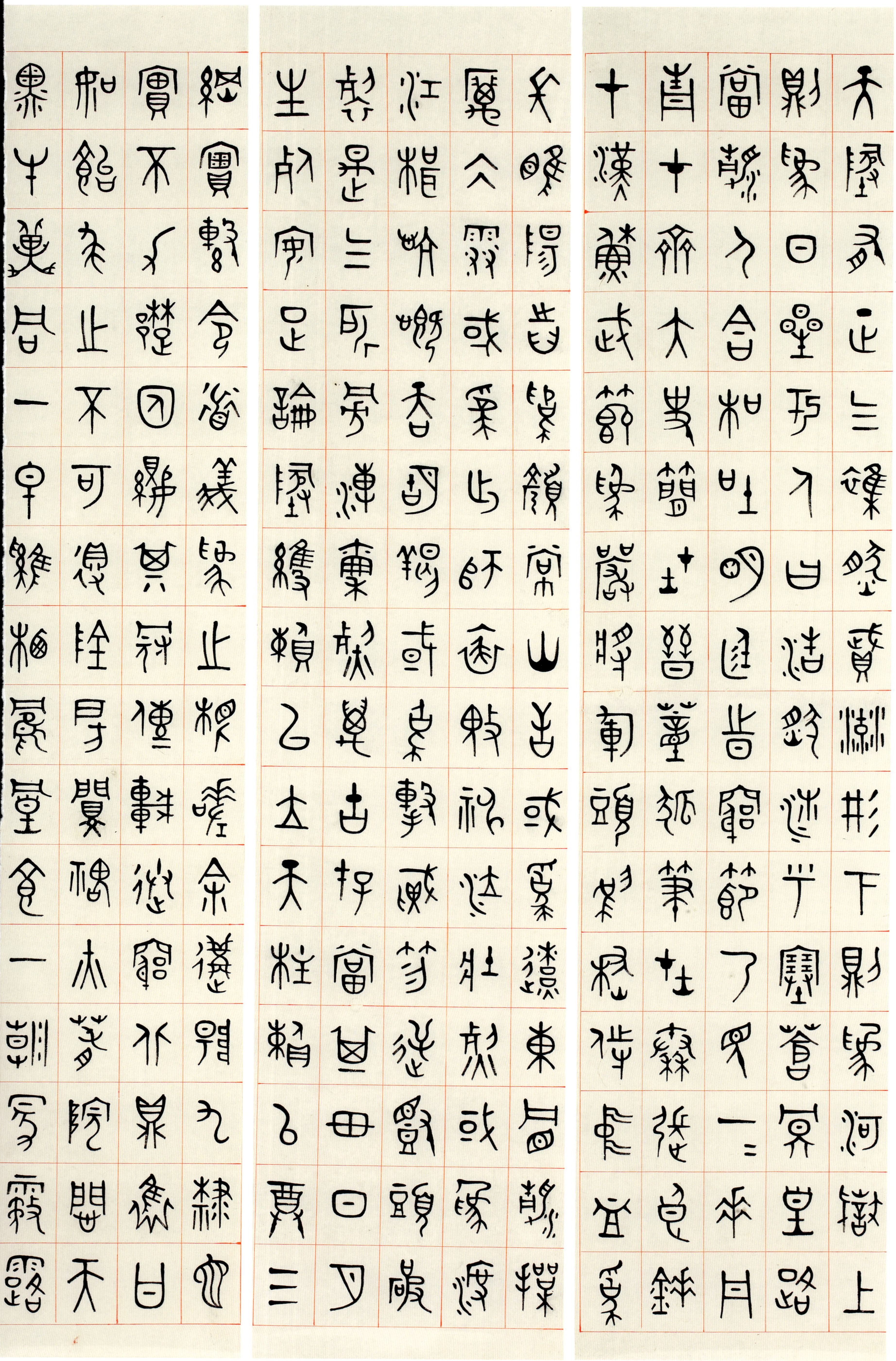

商承祚　金文《正氣歌》四條屏

紙本　墨書
民國三十三年（1944年）
每屏縱 115.8 厘米　橫 25.6 厘米
商承祚家屬捐贈
中山大學圖書館藏

釋文：

天地有正氣，雜然賦流形。下則爲河岳，上則爲日星。
於人曰浩然，沛乎塞蒼冥。皇路當清夷，含和吐明庭。
時窮節乃見，一一垂丹青。在齊太史簡，在晋董狐筆。
在秦張良椎，在漢蘇武節。爲嚴將軍頭，爲嵇侍中血。
爲張睢陽齒，爲顏常山舌。或爲遼東帽，清操厲冰雪。
或爲出師表，鬼神泣壯烈。或爲渡江楫，慷慨吞胡羯。
或爲擊賊笏，逆豎頭破裂。是氣所磅礴，凜烈萬古存。
當其貫日月，生死安足論。地維賴以立，天柱賴以尊。
三綱實繫命，道義爲之根。嗟予（商承祚作"余"）遘陽九，隸也實不力。
楚囚纓其冠，傳車送窮北。鼎鑊甘如飴，求之不可得。
陰房闐鬼火，春院閟天黑。牛驥同一皁，鷄棲鳳凰食。
一朝蒙霧露，分作溝中瘠。如此再寒暑，百沴自辟易。
哀哉沮洳場，爲我安樂國。豈有他謬巧，陰陽不能賊。
顧此耿耿在，仰視浮雲白。悠悠我心憂，蒼天曷有極。
哲人日已遠，典型在宿昔。風簷展書讀，古道照顏色。

商衍鎏題識：宋文信國公正氣歌。甲申十月商衍鎏書于成都。
鈐印：商衍鎏鉥（白文）、甲辰探花（朱文）。

商承祚題識：文信國公正氣歌。商承祚書于古先齋。
鈐印：商承祚印（白文）、契齋（朱文）。

羅振玉　臨新郪虎符鏡心

紙本　墨書
晚清民國（1840～1949年）
縱 49 厘米　橫 36 厘米
商承祚家屬捐贈
深圳博物館藏

釋文：甲兵之符，右才（在）王，左郪才（在）新。凡興士被（披）
甲，人用兵五十以上，必會王符，乃敢行之。燔燧事，雖毋會符，行
殹。憂園主人教正，羅振玉臨秦新郪虎符。
鈐印：振玉印信（白文）、羅叔言（白文）。

甲骨业符 司十王 十 新 只 與 士

後 甲 用 业 五 十 乃 乙 业 会 王 符 了

設 火 业 爌 陵 业 雄 中 會 符 火 殴

秦師符傳世者陽陵符
與此而二耳
新郪符文
多至四十并載明發兵會
符人略可見秦兵制調動
之嚴格也
商承祚

一四九

商承祚　臨新郪虎符軸

紙本　墨書
現代
縱 97 厘米　橫 21 厘米
重慶中國三峽博物館藏

釋文：甲兵之符，右才（在）王，左才（在）新郪。凡興士被（披）甲，用兵五十人以上，必會王符，乃敢行之。燔燧事，雖毋會符，行殹。秦虎符傳世者，陽陵符與此而二耳。新郪符文多至四十，並載明發兵會符人，略可見秦兵制調動之嚴格也。商承祚。

鈐印：商承祚印（白文）。

　　虎符是中國古代金屬制的虎形調兵憑證，由帝王發給掌兵大將，其背面刻有銘文，分爲兩半，右半存於朝廷，左半發給統兵將帥或地方長官，調兵時需要兩半合對銘文才能生效。

　　羅振玉曾編《歷代符牌圖錄》，匯集各式虎符、魚符、龜符等。商承祚評價其師羅振玉書法"峭拔遒勁，淵雅安詳，如天馬行空，寒谷傲梅，啓小篆用筆之方，握甲骨金文不傳之鑰。"商承祚收藏大量羅振玉書法作品，其書法亦受羅振玉影響。

新郪虎符　法國私人收藏

　　銘文意爲：（調動）甲兵之符，右半在王府，左半在新郪。凡是調動披甲的士兵五十人以上，必須有君王（右半邊）的兵符會合才可調兵。如果遇到烽火急事，即使未能對合兵符，也可以行事。

商承祚　甲骨文軸

紙本　墨書
現代
縱 71 厘米　橫 26.6 厘米
重慶中國三峽博物館藏

釋文：壬午，王田犳（于）麥菉（麓），隻（獲）商
戠兕。王易（賜）宰豐，帚（寢）小耤兄。才（在）
五月。佳（唯）王六祀彡（肜）日。骨版文字之雄
渾者極近金文，此獸肋骨。拓本載予著《殷契佚存》
中。原物已流出海外，其一面滿鑴華文，非卜辭而
爲記事之文，臨爲劍華兄正。商承祚。
鈐印：商（白文）、錫永（朱文）。

　　《說文解字》有言：“倉頡之初作書，蓋依
類象形，故謂之文；其後形聲相益，即謂之字。”
漢字的構成和使用方式被歸類爲“六書”，即象形、
指事、會意、形聲、轉注、假借。甲骨文中很多
字即以象形圖畫出現。
　　商承祚認爲“甲骨爲契刻，筆畫如百煉鋼，
今以毛錐寫之，實大不易”。但其甲骨文書法作
品工整清勁又不失流暢，可見其用筆功力之深。
　　“劍華”或指俞劍華（1895～1979 年），名琨，
山東濟南人。著名中國美術史論家、美術教育家、
畫家，著有《中國繪畫史》等。

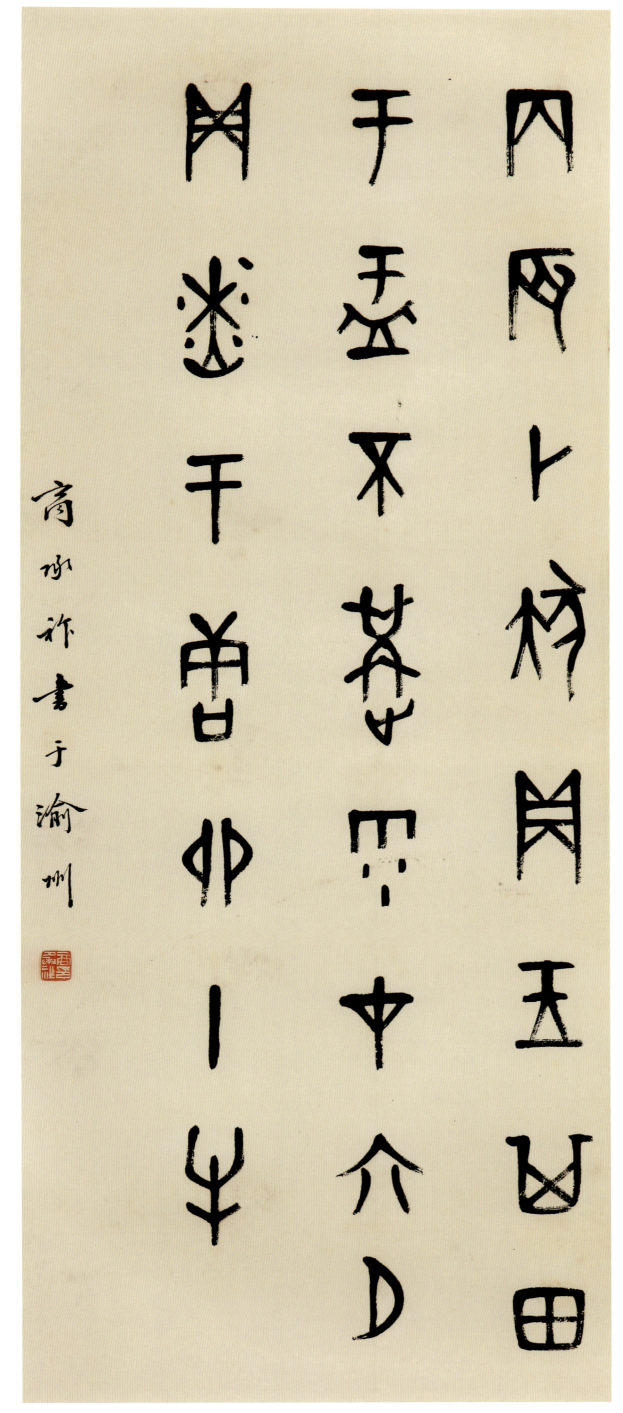

一五一

商承祚　臨殷曆文字軸

紙本　墨書
現代
縱 78 厘米　橫 32 厘米
重慶中國三峽博物館藏

釋文：丙辰卜，狄貞：王其田于盂，不遘
雨，才（在）六月。貞：蔡于唐，卯十
牛。商承祚書于渝州。
鈐印：商承祚印（白文）。

一五二

商承祚　甲骨文軸

紙本　墨書
現代
縱 64.8 厘米　橫 30 厘米
重慶中國三峽博物館藏

釋文：丙子貞：王惠（惠）
令囝（葬），我其自卜（外）
又（有）來肩（憂）。貞：弓
（勿）钾（御）帚（婦）好于
內。二月。映秋同學定屬。商
承祚于巴山。
鈐印：商承祚印（白文）。

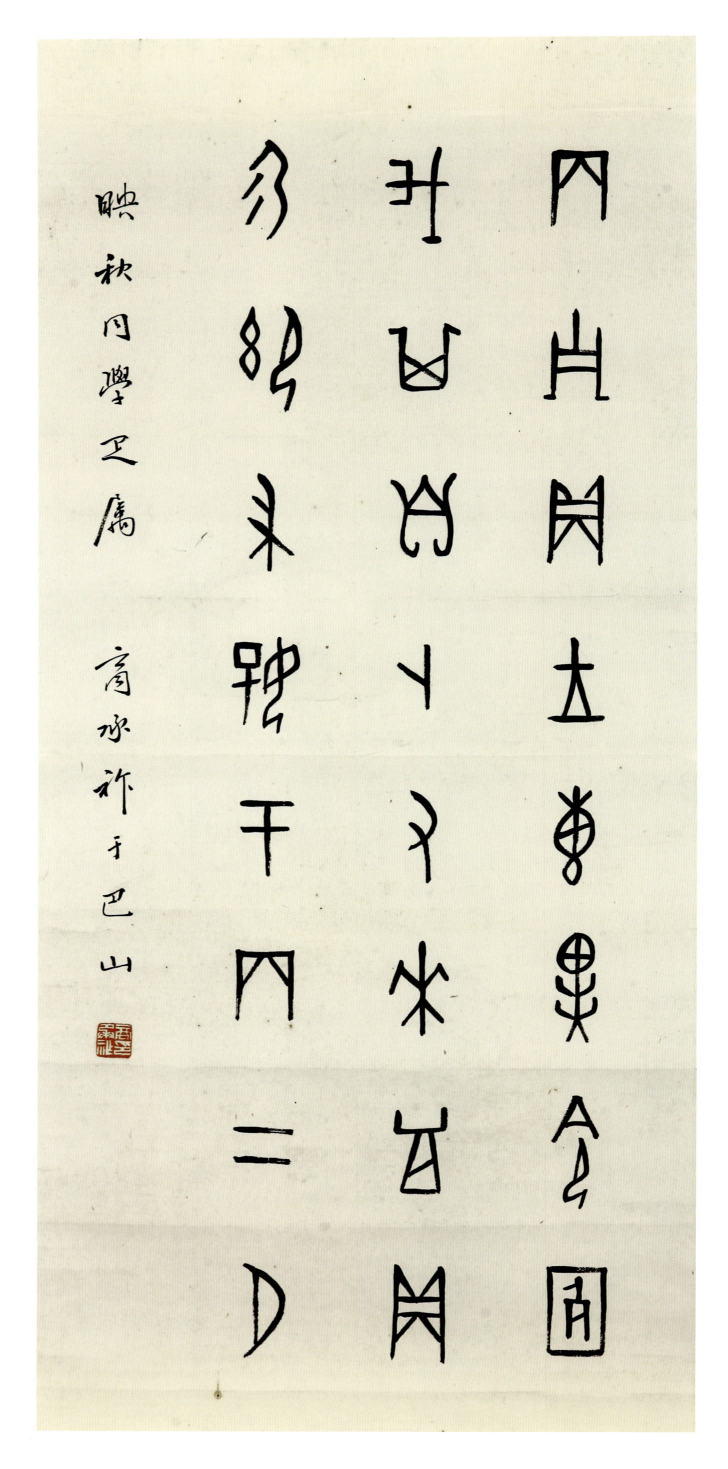

一五三

商承祚　甲骨文軸

紙本　墨書
現代
縱 80.5 厘米　橫 26 厘米
商承祚家屬捐贈
深圳博物館藏

釋文：貞：二子不我其受（授）又（祐）。壬辰卜，翼（翌）甲午寮于囗，盖豕。貞：囗（侑）于王恒。癸未卜，王才（在）豐貞：亡（無）囚（憂），才（在）六月。甲申，工典其酚于梌，亡（無）戋（灾）。栔齋商承祚。

鈐印：商承祚印（白文）、栔齋（朱文）。

一五四

商承祚　臨趙簡子壺銘軸

紙本　墨書
現代
縱 82 厘米　橫 30 厘米
重慶中國三峽博物館藏

釋文：禺（遇）邗王于黃池，爲趙孟庎（介），邗王之惕（賜）金，台（以）爲祠器。趙簡子壺出衛輝，已流入法國。商承祚。

鈐印：商承祚印（白文）、契齋（朱文）。

　　此幅趙簡子壺銘即趙孟庎壺銘，記載了春秋時期吳晉黃池會盟。文字工麗，結體修長。

　　篆書與金文之法度極爲謹嚴，易露出拘謹之筆，因而失之刻板。商承祚力避此流弊，作品呈現行筆流暢、游刃有餘的書家風範。

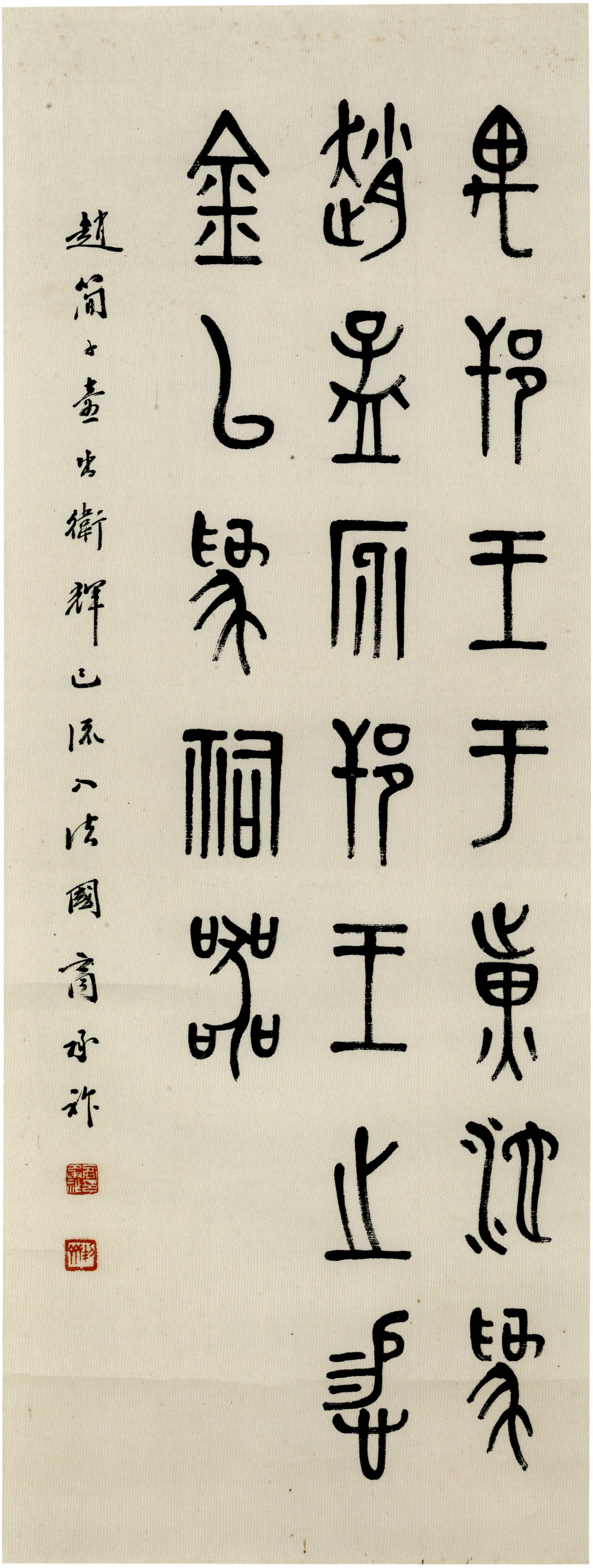

魏三字石經正始年立九廿八石分刻兩面一面爲尚書一面爲春秋經石崩于晉永嘉之世自五代至宋麻有所出民國十一年汝陽東南碑樓莊鄉民劚藥遂大量發見前後約得二千二百餘字

契齋商承祚

一五五

商承祚　臨三體石經軸

紙本　墨書
現代
縱 92.7 厘米　橫 24.8 厘米
商承祚家屬捐贈
深圳博物館藏

釋文：晉侯伐衛。叔孫得臣如京師。秋，公孫敖會晉侯于戚。魏三字石經，正始年立，凡廿八石，分刻兩面，一面爲尚書，一面爲春秋經。石崩于晉永嘉之世，自五代至宋，歷有所出。民國十一年，洛陽東南碑樓莊鄉民劚藥，遂大量發見，前後約得二千二百餘字。契齋商承祚。
鈐印：契齋（朱文）、商承祚印（白文）。

　　魏三體石經刻古篆、小篆與隸書三種書體同文，其遺存的文字與書體至今仍是研究文字與書法的珍貴實物資料。
　　商承祚稱“小篆爲甲骨金文之津梁”，認爲三字石經中之小篆“爲極好之字範、轉折方整、接筆明晰。惟其垂直略尖，應改圓勢，否則恐變本加劇，而易滋流弊矣”。

三體石經拓片
原石藏於洛陽博物館
洛陽市偃師縣佃莊鄉大郊村（今太學村）出土

商承祚　臨袁安碑文軸

紙本　墨書
現代
縱 99.4 厘米　橫 26.9 厘米
商承祚家屬捐贈
深圳博物館藏

釋文：永平三年二月庚午，以孝廉除郎中。四年十一月庚午，除給
事謁者。五年正月遷東海陰平長。十年二月辛巳，遷東平任城令。
十三年十二月丙辰，拜楚郡大（太）守。袁安碑用筆不古，當是魏
晋之間追立，因安卒於和帝永元四年，碑稱孝和皇帝，足可爲證。
商承祚書記。
鈐印：商承祚印（白文）、須昌侯裔（白文）。

　　袁安碑碑文詳述東漢司徒袁安生平。其書法結體微方，運
筆圓勻，所存之字筆畫皆極清晰，爲學篆者取法善本。
　　袁安碑年代未有定論。商承祚據用筆判斷袁安碑爲魏晉之
間追立。又指出，袁安卒於漢和帝年間，碑文中"孝和皇帝"
諱謚與之衝突，故立碑之年并非袁安去世之時。

袁安碑拓片
原石藏於河南博物院

一五七

商承祚

篆書"雨後登南京清涼山掃葉樓"詩軸

紙本 墨書
1980 年
縱 117.3 厘米 橫 47.5 厘米
商承祚家屬捐贈
深圳博物館藏

釋文：爲愛晴初放，言登掃葉樓。暑來農事苦，雨過綠蔭稠。僧磬銜雲出，江帆夾郭浮。莫云塵市近，此地已清幽。"雨後登南京清涼山掃葉樓"作于民國八年，時年十七歲。一九八零年十月，商承祚于羊城。

鈐印：商承祚（朱白文）、一九零二年生（朱文）。

　　南京清涼山掃葉樓爲明末遺民畫家龔賢故居。1919 年，商承祚正與伯父商衍瀛在南京生活。年方 17 歲的商承祚探訪掃葉樓後寫下此詩。晚年他又抄下此詩，記錄少年經歷。

　　商承祚談篆字書寫"起筆毋重，住筆毋尖，回環合抱，體態莊嚴。小篆之筆柔而勁，金文之筆勁而柔，勁而柔易，柔而勁難。知運乎此，則篆書之能事，可得其概。"

一五八

商承祚　臨漢木簡文字軸

紙本　墨書
現代
縱 73.7 厘米　橫 25 厘米
商承祚家屬捐贈
深圳博物館藏

釋文：股寒。曾載車，馬驚，隋（墮），血在凶（胸）中。恩與惠君方。服之廿日，徵（癥）下。卅日腹中毋積，匈（胸）中不復，手足不滿，通利。臣安國。須臾當泄下。不下，復飲藥盡，大下，立愈矣，良甚。商承祚臨漢木簡。

鈐印：商承祚印（白文）、契齋（朱文）。

　　此作內容來自疏勒河流域漢代烽隧遺址出土的敦煌漢簡。內容爲馬驚人墜於地引致血瘀胸中，服用"恩典惠君方"後痊愈。商承祚於古文字用功頗深，廣泛涉獵各類古文字材料，對簡牘非常重視。

一五九

商承祚　秦隸册手稿

紙本　墨書
縱 30.3 厘米　橫 20.1 厘米
商承祚家屬捐贈
深圳博物館藏

　　秦隸是小篆向漢隸過渡期間出現的書體，結體茂密緊實。線條平直簡潔，既有篆書餘韵，又開漢隸先風。1975 年，湖北省雲夢縣睡虎地墓葬首次發現 1100 餘枚秦代竹簡，由此揭開了秦代古隸的面貌。商承祚晚年即致力於秦隸的臨摹與創作。

　　商承祚指出"由小篆而漢隸其間的秦隸百分之九十未脱離篆體，亦有不少橫畫和擦筆已蓄挑勢"。秦隸"蓄而不放，氣息淵永"。商承祚被稱爲當代書壇最早把秦隸這一獨特的書體用於書法藝術創作的書法家。此册即商承祚以秦隸寫詩文集成。

商承祚、黃華　中國歷代書畫篆刻家字號索引

2001 年
人民美術出版社
深圳博物館藏

　　本書爲商承祚輯錄，後又得黃華襄助，檢閱相關書籍，費時四年餘編成。書中匯集了秦至民國年間書畫篆刻家約一萬六千餘人的字號，迄今仍以收錄最富而其他同類工具書難以企及，爲書畫研究者提供了極大方便。1960 年首次出版，1968 年中國書畫研究會出版印行。

自序

　　我國歷代人物，除本名、字以外，從某一個朝代開始還有自取別號的。成人有字由來已古，「禮記·曲禮上」：「男子二十冠而字。」女子許嫁笄而字，是其禮。「冠而字之，敬其名也」；「君父之前稱名，他人之前稱字也」。「儀禮」正則二字合音爲「平」，靈均二字合音爲「原」（見朱亦棟「羣書札記」卷三正則靈均，例如孔子之子名鯉字伯魚，屈平字原又名「正則」、字「靈均」）。

　　別號由來很難確定其年代。「書·君奭」：「在太甲時，則有若保衡。」孔穎達疏：「保衡，伊尹，人也，異時而別號。」「史記·秦本紀」：「帝令蜚廉別號。」但在漢以前的人們，有別號的畢竟少數，到了魏晉南北朝，出現一批逸人名士，間有自取別號來表示個人的性格，如陶潛號「五柳先生」是較著的。

　　隋唐代的書畫家約計四五百人，其中自取別號的還不普遍。宋代的文人書畫家，有別號的較多，而且有的人一別號不止一個。因此，在工作緊張眼，把歷代書畫篆刻家的字號隨時輯錄，日久竟然成軼。繼又得黃華同志的襄助，檢閱各有關書籍，合二人之力，費四年餘的時間，編成這部字號工具書，提供同好者參效。

　　在清稿的時候，陸續發現有不少的資料尚未收入，補不勝其補，只有待於續編。有些書著述，對於作家的名字和事跡是見聞失實的，而發現這些錯誤時，本編已付印，附此說明。

一畫			
乙 一			

二畫									
几 八 人 人 二 了 九 乃 七 丁									

三畫									
凡 于 也 久 个 上 三 口 又 厂 卜 十 力									
广 已 山 小 子 女 大 刃 夕 士 土 千									

四畫									
五 云 予 之 丹 中 爿 不 巾 才 弓 弋									
分 六 公 内 元 允 介 今 仇 什 元 井									
孔 夫 天 太 壬 友 及 反 升 化 勿 匀									

字號	姓 名	籍 貫	年代	技 能	備 註
一畫					
一	朱倫瀚	山東城	清	書、山水、指畫。	明宗室。高曆第二（一九一○年軼。
凡一	凡傅萬	河北虎皮	清	竹、山木。	
山一	山謝純祚	浙江黃海	清	山木。	

篆刻

商承祚十三歲始習篆刻，拜篆刻家勞篤文爲師，每日摹習漢印十餘方。勞篤文（1894～1951年），名健，號思宜館主，浙江桐鄉人。精書法，尤鐘小楷，善治印，著有《篆刻學類要》《老子古本考》等。金石爲篆刻之基礎，商承祚對篆刻的熱情與其長期研究古文字密切相關。

學術研究之餘事篆刻，商承祚通過對古璽印及甲骨文、金文等古文字的模擬創作繼承傳統，以高屋建瓴的識見把握傳統，深厚學術積澱浸潤其篆刻藝術。商承祚治印氣格淳古，意味雋永，更致力於金石璽印的收集和印譜編制。以石爲紙，運刀如筆，商承祚的篆刻作品凝文字書體之美與篆刻技巧於一體，體現了良好藝術修養。

一六一

商承祚自用印印譜

商承祚家屬捐贈
深圳博物館藏

商承祚的篆刻大膽吸取古璽印、鐘鼎銘刻中的古文字，於渾厚處下功夫，不求斑駁，而取光潔，突出個性，又善於博采衆長。當代學者王家葵曾賦詩贊曰："古文奇字羅胸中，興會操觚亦見功。書溯嬴秦徒隸法，印師獨厚漢家風。"

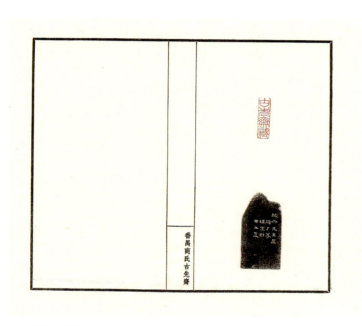
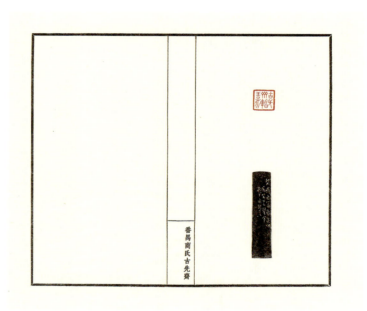

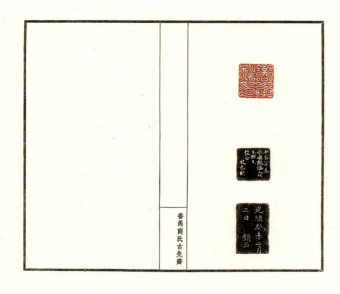
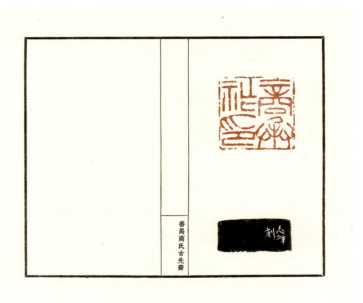

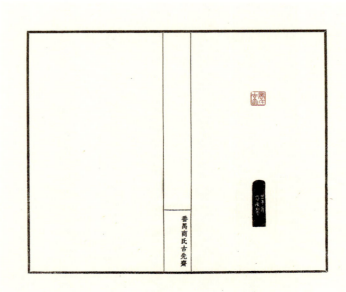

一六二

商承祚等　古陶軒秦漢印存

深圳博物館藏

　　1924 年，商承祚與羅氏三兄弟（羅福成、羅福葆、羅福頤）合編此書，由羅振玉親督墨拓，選製嚴縝。當時黃賓虹正研究古璽漢印，遂來函索求此書。由此商承祚與黃賓虹聯絡不斷，成爲忘年交。

　　商承祚認爲漢印雍容平正，爲篆刻入門必經之途，應多摹多看，了解其章法與布白，吸取其氣韵，打好基礎。

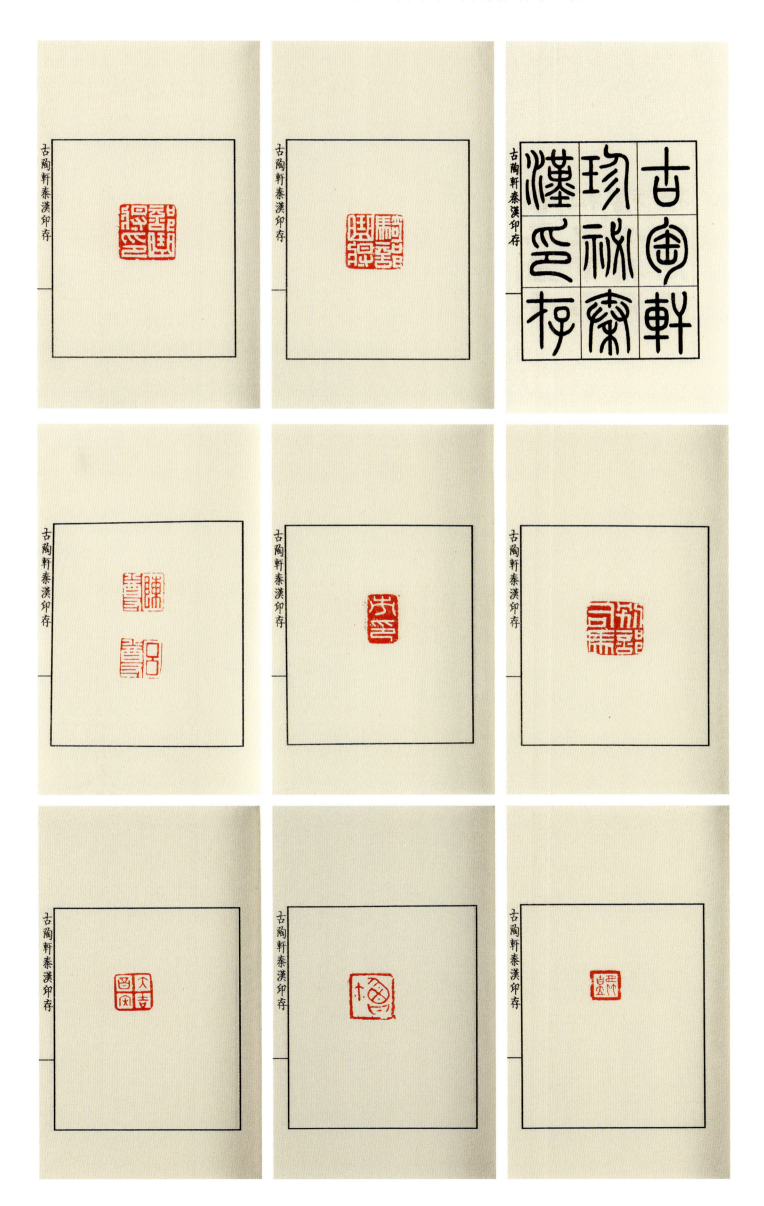

深圳博物館藏

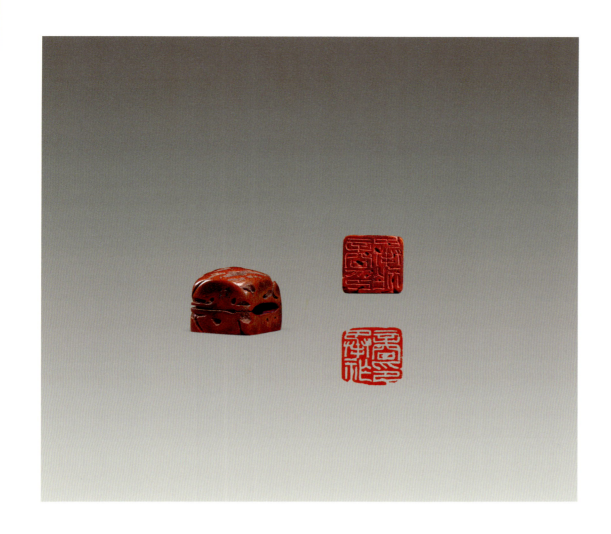

一六三
"商承祚印"白文印章

核桃
長 1.6 厘米　寬 1.6 厘米　高 1.5 厘米
商承祚家屬捐贈
中山大學圖書館藏

一六四
"商／錫永"白朱文對章

壽山石
民國十六年（1927 年）
長 1 厘米　寬 1 厘米　高 3.5 厘米
鄧爾雅治
商承祚家屬捐贈
中山大學圖書館藏

"商"白文印
邊款：錫永攻金石之學，治此志訂交歲月，丁卯九月，爾疋。

"錫永"朱文印
邊款：爾疋刻爲錫永正之。

　　鄧爾雅(1884～1954 年)，號爾疋，廣東東莞人。鄧爾雅師承黃士陵，爲嶺南印學代表人物，博涉鼎彝、秦漢碑版、磚瓦、泉幣等，晚年以六朝碑字入印，風格清麗恬淡，剛勁雋永，可謂當代篆刻的先驅實踐者。

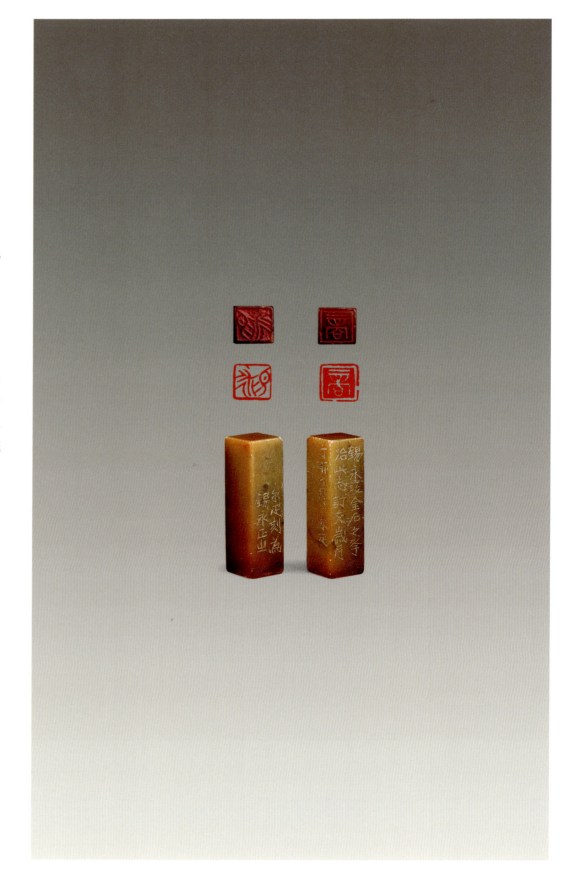

一六五

"一九零二年生于番禺／商承祚"
朱白文獅鈕對章

壽山石
1985 年
長 3 厘米　寬 3 厘米　高 8.5 厘米
謝梅奴治
商承祚家屬捐贈
中山大學圖書館藏

"一九零二年生于番禺"白文印
邊款：商老籍番禺，誕于公元一千九百零二年，因制此印奉貽，并乞正之。一九八五年八月，梅奴刻記于羊城白鵝潭精舍。

"商承祚"白文印
邊款：乙丑秋月，梅奴刻充商老文房。

　　謝梅奴，原名翰華，湖南長沙人，近現代著名書畫篆刻家。曾在長沙成立天心印社，與齊白石、唐醉石、曾紹杰、高月秋、徐文鏡等齊名當時，廣爲名人刻印。其篆刻根底秦漢，廣涉瓦當錢幣、甲骨鐘鼎，融浙派之奇趣，又有黃牧甫之刀法，渾穆清逸，勁健雅麗。著有《梅奴刻印》。

一六六

"曾藏契齋"白文大篆獸鈕印章

壽山石
長 2 厘米　寬 2 厘米　高 6 厘米
商承祚家屬捐贈
中山大學圖書館藏

　　據商承祚《我的前半生》一文載，其"字錫永，號駑剛、顓盦、蝯公、契齋、六閒散人；室名已廎、決定不移軒、楚簪籙、鐵詔版室。"

　　商承祚以"契"名齋可謂寓意深刻。東漢許慎《說文解字》中稱中華文字肇始於書契。契是商人祖先之名，殷商甲骨文即簡稱殷墟書契，而商承祚既姓"商"，又研究殷墟書契，因此"契齋"或隱含了繼承先人遺志、傳承中華文脈等多重寓意。

一六七

"絜齋暫保"白文印章

壽山石
長 0.9 厘米　寬 0.9 厘米　高 3.2 厘米
商承祚家屬捐贈
中山大學圖書館藏

一六八

"古先齋"朱文大篆印章

琥珀
長 3 厘米　寬 1.4 厘米　高 3.2 厘米
商承祚家屬捐贈
中山大學圖書館藏

邊款：契齋。

　　"古先"齋名源於商承祚早年所藏鐘磬銘文。據商承祚先生《我的前半生》一文："1927年得春秋介鐘（後世作夾鐘，爲十二律中的第四律）一，及'左七''右六'的"古先"石磬二（'古先'，後世作'姑洗'，爲十二律中的第五律）共三件，慶得未曾有之器，遂以'古先'名齋。"晚清以來金石學家往往用齋中所藏器物作爲齋室名之來源，如陳介祺的"簠齋"、吳大澂的"愙齋"、吳雲的"兩罍軒"等。

一六九

"契齋"朱文大篆印章

青田石
1977 年
長 0.7 厘米　寬 0.7 厘米　高 2.3 厘米
商承祚家屬捐贈
中山大學圖書館藏

邊款：丁巳八月作。

一七〇

"錫永"朱文鳥蟲篆印章

青田石
民國三十年（1941 年）
長 1.5 厘米　寬 1.5 厘米　高 3.8 厘米
商承祚治
商承祚家屬捐贈
中山大學圖書館藏

邊款：鳥篆入印，未作歲見。苦熱新淳，雨窗刻此。
契齋記于子雲洗墨池。廿十年十月在成都。

一七一

"承祚印信"白文鳥蟲篆印章

青田石
民國三十二年（1943 年）
長 2.2 厘米　寬 2.4 厘米　高 4.6 厘米
商承祚治
商承祚家屬捐贈
中山大學圖書館藏

邊款：卅二年二月，契齋時在巴山。

一七二

"錫永之鉨"朱文大篆印章

壽山石
民國三十六年（1947年）改作
長 2 厘米　寬 2.2 厘米　高 4.4 厘米
商承祚治
商承祚家屬捐贈
中山大學圖書館藏

邊款：丙戌一月五日。契齋。丁亥同月日改作。

一七三

"世上無難事祇要肯登攀"白文大篆印章

青田石
1976 年
長 3.3 厘米　寬 3.3 厘米　高 6.1 厘米
商承祚治
商承祚家屬捐贈
中山大學圖書館藏

頂款：一九七六年三月，契齋作于灯下。

一七四
"曾在契齋信"朱文印章

壽山石
1979 年
長 1.1 厘米　寬 1.1 厘米　高 4.7 厘米
商承祚家屬捐贈
中山大學圖書館藏

邊款：己未蒲月有六日仿于補過室□。

一七五
"神奇腐朽"朱文大篆羊鈕印章

壽山石
民國三十七年（1948 年）
長 2.4 厘米　寬 2.4 厘米　高 6.2 厘米
張寒父治
商承祚家屬捐贈
中山大學圖書館藏

邊款：契齋屬。寒父制。戊子中秋，平居晨起。

　　張寒父（？ ～ 1998 年），原名鏡明。祖籍廣東，生於四川。印作具漢印之端嚴、吉金之清勁。齊白石稱其爲"真妙才也"，并親自爲其定製潤格。

一七六

"無我"白文印章

壽山石
民國三十七年（1948 年）
長 2.2 厘米　寬 2.2 厘米　高 6.5 厘米
張寰父治
商承祚家屬捐贈
中山大學圖書館藏

邊款：西風折柳巴渝路，暫對離鵾感不禁。白（日）下前游都似夢，錦江乍遇記相尋。作人久篤傳書願，馨膳方酬養志心。廿載還鄉猶未老，莫從城郭嘆非今。戊子中秋，錫永道兄將還粵，索治印，因成詩志別，弟張鏡明時同在渝州。

　　商承祚在竹簡和帛書臨摹方面主張須"先無我然後才有我"。所謂"無我"，是要做到完全客觀地將所見到的筆畫都能準確地臨寫下來；所謂"有我"，即根據自己的學識與經驗進行判斷、取捨。

商承祚與西泠印社

西泠印社成立於清光緒三十年（1904年），是近代中國最早的金石篆刻學術團體，由浙派篆刻家丁仁、王禔、吳隱、葉銘等召集同人發起創建。西泠印社成立之初即以"保存金石，研究印學"爲宗旨，這正與商承祚之志趣不謀而合。

1913年，近代藝壇巨擘吳昌碩出任首任社長，天下印人翕然向風，一時精英雲集，入社者均爲精擅篆刻、書畫、鑒藏、考古、文史等領域的大家。商承祚被推薦爲西泠印社社員，晚年任西泠印社顧問。

丁仁（1879～1949年）

王禔（1880～1960年）

吳隱（1867～1922年）

葉銘（1867～1948年）

西泠印社舊影

吳昌碩在西泠印社缶龕前留影

西泠印社建社八十周年大會與會社員合影（商承祚爲第一排左起第八位）

一七七

陳豫鐘 "大泉居士"白文古璽鈕印章

壽山凍石
清（1636～1912 年）
長 1.5 厘米 寬 1.5 厘米 高 1.5 厘米
商承祚家屬捐贈
深圳博物館藏

邊款：秋堂作。

　　此印布章均衡有致，刀法嚴謹，筆道力度棱角分明，漢印風韻猶存。邊款單刀直入，手法嫻熟。
　　陳豫鐘（1762～1806 年），字浚儀，號秋堂，浙江杭州人。西泠八家之一，篆刻服膺丁敬，參以漢印，所作秀麗工致，有自家面貌，邊款亦極佳。著有《古今畫人傳》《求是齋集》等。

一七八

陳鴻壽 "無乃太簡"白文印章

青田石
清（1636 年～ 1912 年）
長 2.1 厘米 寬 2 厘米 高 3.5 厘米
商承祚家屬捐贈
深圳博物館藏

邊款：曼生。

　　陳鴻壽（1768～1822 年），字子恭，號曼生，浙江杭州人。西泠八家之一，詩文書畫皆以資勝，酷嗜摩崖碑文。浙中人悉宗之。善制宜興紫砂壺，人稱其壺爲"曼生壺。"著有《桑連理館詩集》《種榆仙館印譜》。
　　質地溫潤細膩、通透晶瑩。此印具漢印風韻，四字整體一氣呵成，綫條粗細輕重極富變化。字體承隸啓楷，蒼勁有力。
　　"無乃太簡"語出《論語·雍也》："仲弓問子桑伯子。子曰：'可也，簡'。仲弓曰：'居敬而行簡，以臨其民，不亦可乎？居簡而行簡，無乃大簡乎？'子曰：'雍之言然'"。

一七九

陳鴻壽
"蝸廬舊旁吳宮住，脂粉溪頭春水香"白文印章

青田石
清（1636 年~ 1912 年）
長 2.5 厘米　寬 2.5 厘米　高 7.2 厘米
商承祚家屬捐贈
深圳博物館藏

邊款：省庭作。承齋二兄同年索刻，曼生。

　　此印整體氣貫神通，刀法圓潤秀美，有漢韵遺風。"蝸廬舊旁吳宮住"中的"吳宮"指吳王夫差的宮苑。宋人洪芻《香譜·香溪》載："吳宮故有香溪，乃西施浴處。又呼爲脂粉溪。"

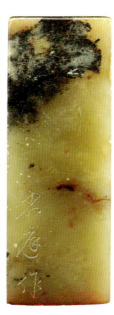

一八〇

趙之琛　"王沆之印"　白文印章

昌化雞血石
清（1636 年 ～ 1912 年）
長 2.7 厘米　寬 2.5 厘米　高 7.7 厘米
商承祚家屬捐贈
深圳博物館藏

邊款：次閑仿漢鑄印於退盦中。

　　文字分布平和整飭、伸縮自然，留紅疏密分檔有致、紅重白輕，巧妙有趣；刀法和筆道方正有力，有棱有角。王沆（1809 ～ 1862 年），字静溪，清道光二十年（1840 年）進士，翰林院編修。

　　趙之琛（1781 ～ 1852 年），字次閑，號獻父，浙江杭州人。西泠八家之一。嗜金石書畫，兼工書畫篆刻，隸楷尤精，篆刻嫻熟老辣，深得浙派碎切刀法的古拙渾樸之美。著有《補羅迦室集鈔》《補羅迦室印譜》。

一八一

錢松　"四會嚴氏根復所藏"　朱文印章

壽山石
清·咸豐八年（1858 年）
長 4.2 厘米　寬 2 厘米　高 8.6 厘米
商承祚家屬捐贈
深圳博物館藏

邊款：根復癖書畫，收藏極富，刻此用充清秘。戊午冬叔蓋。

　　篆文圓轉敦厚，布局寬融。留白疏密勻稱，邊框窄小且圓；章法古拙，以大篆書體參合小篆書體風韵。嚴荄爲道咸年間人，字根復、甘亭。廣東四會人。書畫收藏甚富，此印即其藏書畫鈐印。

　　錢松（1807～1860 年），字叔蓋，號耐青，江蘇杭州人。西泠八家之一。篆刻受浙派諸子影響又有所蛻變，蹊徑獨闢。用刀以切帶削，輕淺取勢，富有頓挫起伏，故線條更爲古厚生澀。在篆法上，錢松方圓兼使，故面目豐富多樣。

一八二

王褆 "絜齋暫保" 朱文小篆印章

壽山凍石
1954 年
長 1.8 厘米　寬 1.8 厘米　高 5.2 厘米
商承祚家屬捐贈
中山大學圖書館藏

邊款：絜齋先生收藏印。甲午六月福厂篆，樸堂刻。

　　商承祚此方鑒藏印爲其西泠印社友人王褆篆、吳樸堂刻。
　　王褆（1880～1960 年），字維季，號福厂。浙江杭州人。西泠印社創始人之一。喜集印章，自稱"印傭"。篆刻融會浙派、皖派之長，追溯秦漢，風格典雅蘊藉、淳古厚重，用刀爽挺。
　　吳樸堂（1922～1966 年），浙江紹興人。西泠印社早期社員。王褆晚年篆稿後每委之奏刀。平生擅金石書畫，入秦出漢，不拘一家。

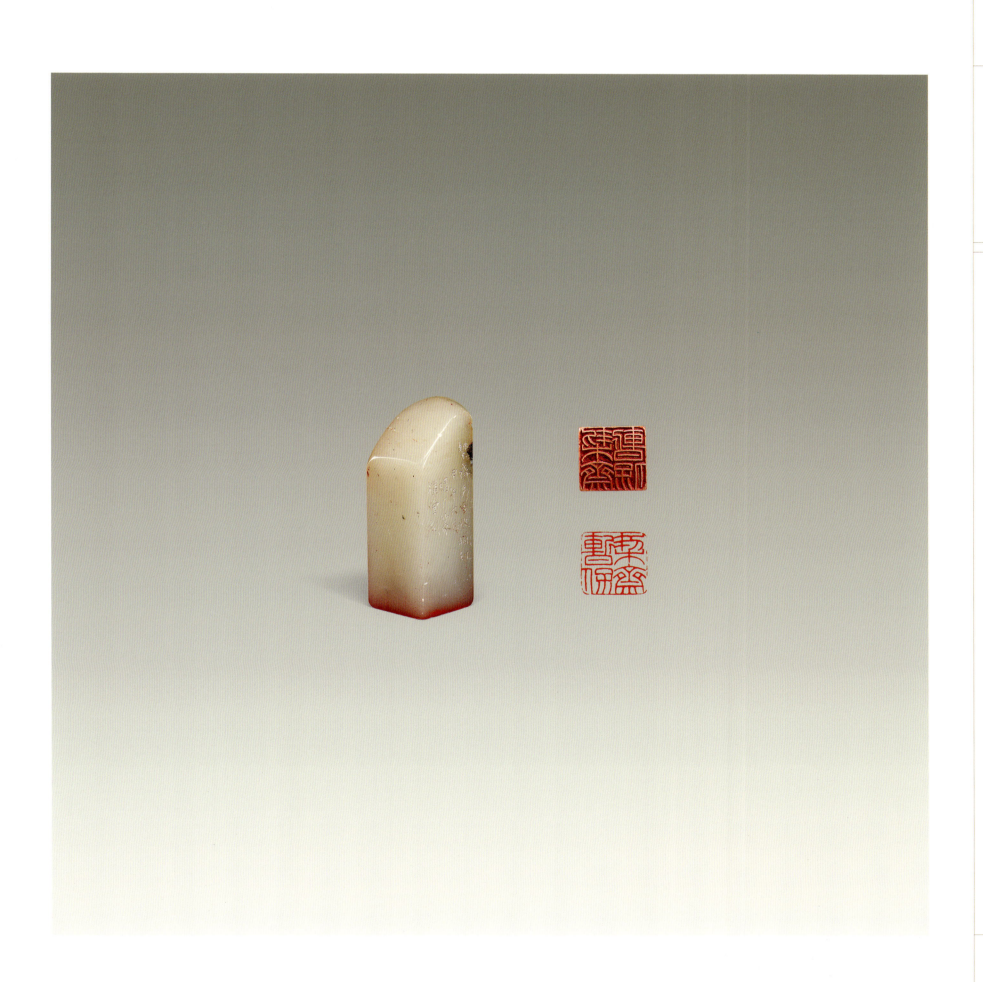

葉銘　廣印人傳

清·宣統三年（1911年）
西泠印社刻印學叢書本
商承祚家屬捐贈
中山大學圖書館藏

　　《廣印人傳》以時代爲序收錄印人共1884人，上始元明，下迄清同光年間。

　　葉銘（1866～1948年），字品三、號葉舟，別署鐵華庵，浙江杭州人。西泠印社創始人之一。篆刻遠法秦漢，於近代皖浙諸家皆悉心研究，融會貫通，深得古人神髓。另著有《徽州訪碑錄》《葉舟筆記》等。

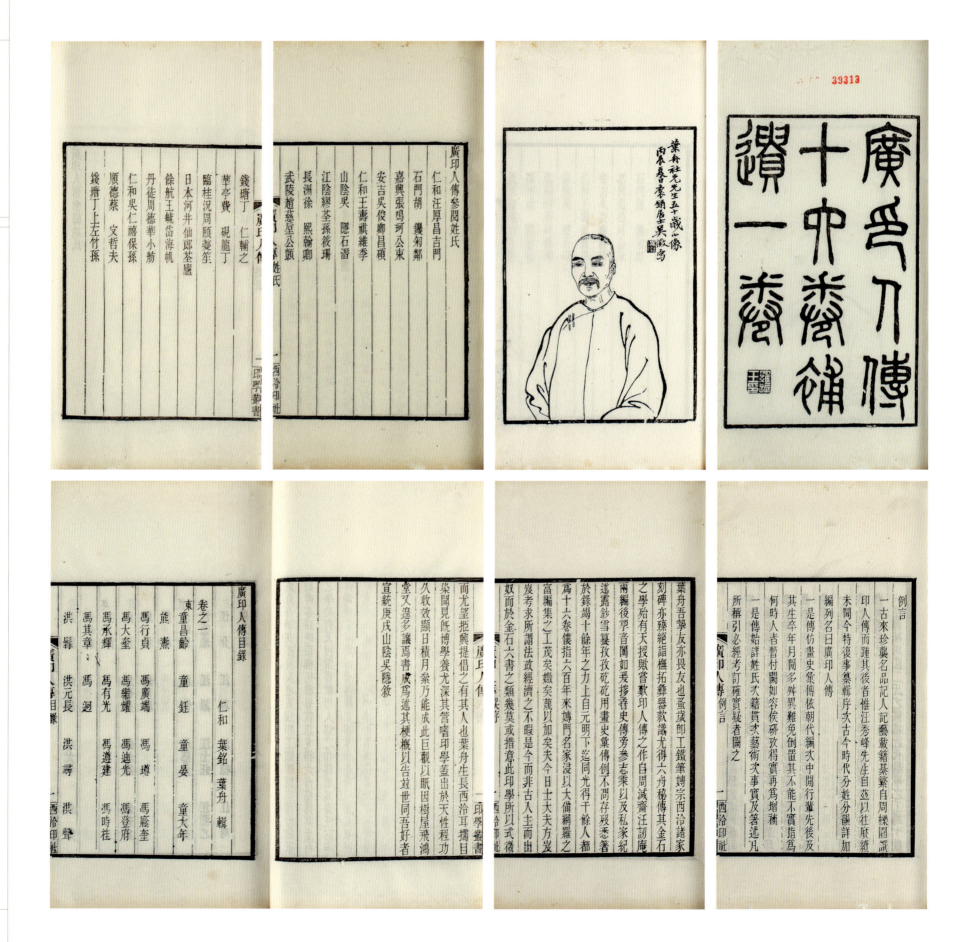

一八四
葉銘　"平等龕"朱文印章

白芙蓉壽山石
晚清民國（1840～1949年）
長1.7厘米　寬1.7厘米　高3.2厘米
商承祚家屬捐贈
深圳博物館藏

邊款：葉舟作于吳中。

　　隸篆組合平穩而不板滯，含蓄勁健，內蘊深厚，章法規矩而有變化，刀法純熟。邊款單刀行楷。

一八五
葉銘　"緼之"朱文印章

壽山凍石
民國二十一年（1932年）
長1.2厘米　寬1.2厘米　高3.2厘米
商承祚家屬捐贈
深圳博物館藏

頂款：乙青仿漢。
邊款：仿徐三庚法爲緼之兄作并具。壬申中秋。仿漢玉印，葉舟。

　　質地細密純净，色青黃，微透。小篆風格。布章、字體疏朗清新，分檔有致。刀法、筆道方而圓潤，邊框粗寬，內擊邊，行刀自如。

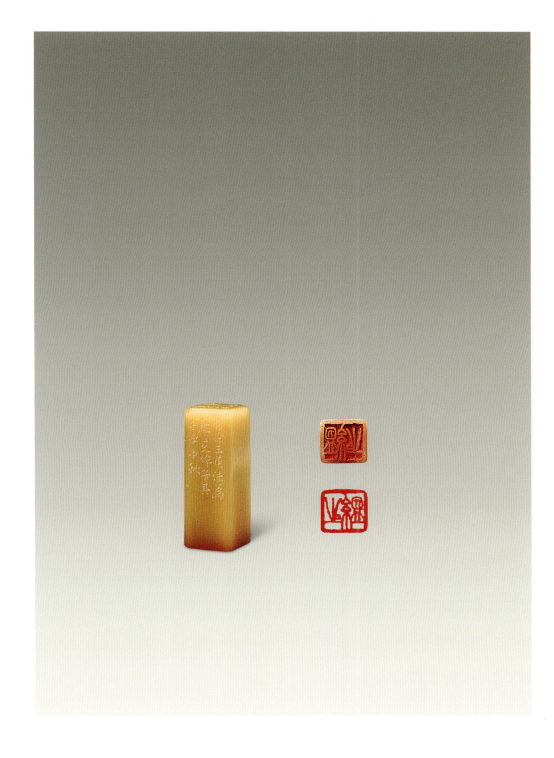

一八六

吳昌碩　“用錫眉壽”朱文印章

壽山石
清·光緒十年（1884 年）
長 3.8 厘米　寬 2 厘米　高 7.1 厘米
深圳博物館藏
商承祚家屬捐贈

邊款：用錫眉壽。甲申長夏仿鼎文。吳俊卿。

　　此印雄渾樸茂、秀雅含蓄。實處存古厚，虛處透空明。邊欄處理極具玩味，若斷若連，與文字構成完美的搭配，呈現散淡疏闊之美。

　　吳昌碩（1844～1927 年），字俊卿，號倉石。浙江安吉人。1913 年被推爲西泠印社首任社長。詩書畫印兼擅，篆刻集浙皖諸家與秦漢之大成，獨創“鈍刀出鋒法”，以高古樸茂之美開晚清印學新風。著有《缶廬印存》等。

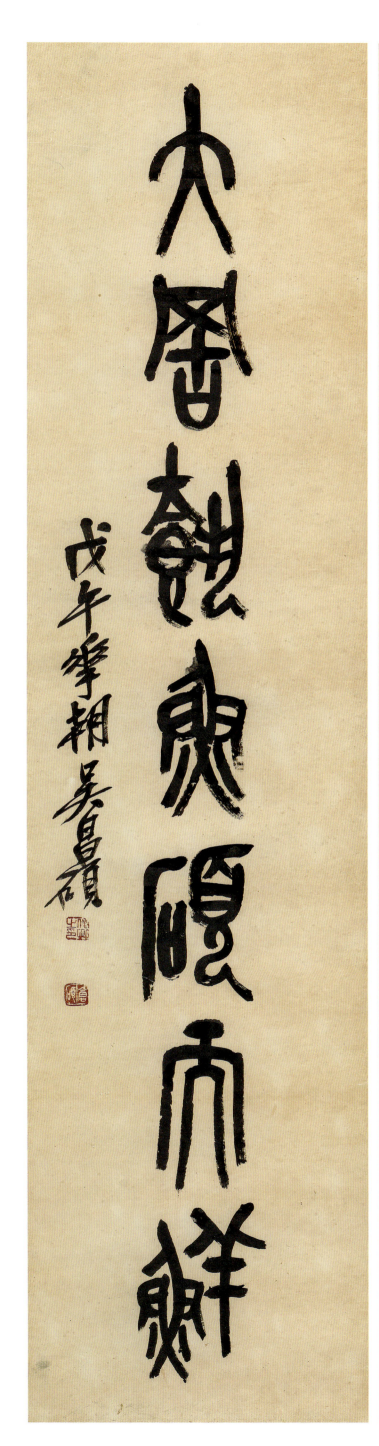

一八七

吳昌碩
集石鼓文七言聯

紙本 墨書
民國七年（1918年）
縱132厘米 橫32厘米
商承祚家屬捐贈
深圳博物館藏

釋文：黃矢射虎出又中，
大罟載魚碩而鮮。二
如先生正。集獵碣字。
"黃"作"橫"，"又"作
"有"，本阮氏釋。戊午
花朝吳昌碩。
鈐印：缶無咎（白文）、
俊卿之印（朱文）、倉碩
（白文）。

吳昌碩爲晚清民國
最具開創性和影響力的
金石書畫篆刻家。工篆
書，尤善寫石鼓文。此
件作於其晚年，用筆老
辣遒勁、運墨濃重、渾
厚雄健，極富金石氣息，
深含篆意。

一八八

方介堪 "商錫永／商承祚印"白文對章

青田石
1973年
長 1.5 厘米　寬 1.5 厘米　高 6 厘米
商承祚家屬捐贈
中山大學圖書館藏

邊款：介堪學篆。錫永道兄正之。癸丑十一月，方介堪。

　　方介堪（1901～1987年），名文渠，號玉篆樓主。浙江永嘉人。1978年出任西泠印社副社長。篆刻取法周、秦、兩漢、尤長晶玉印、鳥蟲篆印，所作工穩秀爽。馬衡爲方介堪《古玉印匯》撰序，贊其治印"無一字無來歷"。

一八九

方去疾 "絜齋暫保"朱文印章

壽山石
長 1.2 厘米　寬 1.3 厘米　高 3.2 厘米
商承祚家屬捐贈
中山大學圖書館藏

邊款：絜齋鑑家削正。去疾。

　　方去疾（1922～2001年），原名正孚，別署四角亭長。浙江溫州人。方介堪胞弟。篆刻熔詔版、鑿印於一爐，并以漢器文字入印，於欹側中求平穩，刀法蒼勁而古樸，自成格局。開創性地將簡化字入印。1947年加入西泠印社，曾任西泠印社副社長。

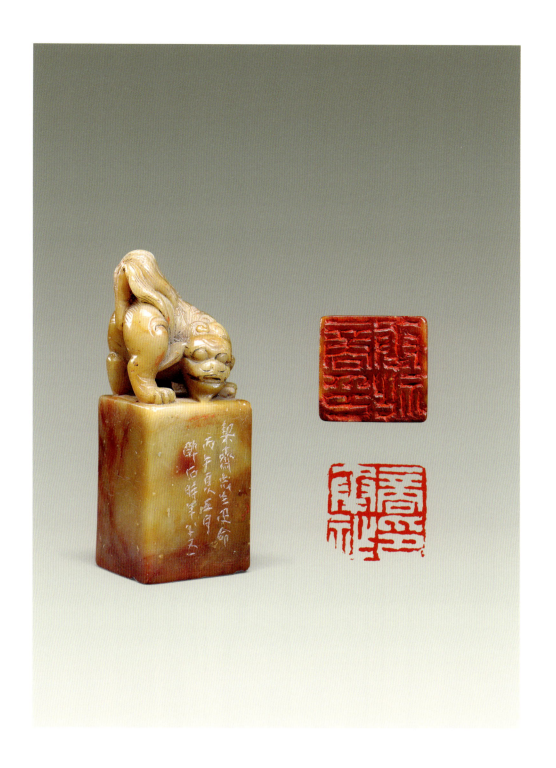

唐醉石　"商承祚印"白文獅鈕印章

壽山石
1966 年
長 2.8 厘米　寬 2.8 厘米　高 7.5 厘米
商承祚家屬捐贈
中山大學圖書館藏

邊款：契齋先生雅命。丙午夏五月，醉石時年八十又一。

　　唐醉石（1886～1969 年），字李侯，號醉龍。湖南長沙人。西泠印社早期社員。其篆刻深得漢銅印之精髓，刻印大刀闊斧，錚錚筋骨含於寫意風格，繼浙派印藝之絕學而有創新。

錢君匋　"反驕破滿"白文印章

青田石
1972 年
長 2 厘米　寬 2 厘米　高 5.8 厘米
商承祚家屬捐贈
中山大學圖書館藏

邊款：已虒先生教，壬子君匋作。

　　錢君匋（1907～1998 年），號豫堂，齋號無倦苦齋。著名篆刻家、書法家、畫家、收藏家。曾任西泠印社副社長。其篆刻宗法秦漢，兼涉趙之謙、吳昌碩、黃士陵諸家。

一九二

葛昌楹、葛昌枌 傳樸堂藏印菁華

鈐拓印本
民國十四年（1925 年）
商承祚家屬捐贈
中山大學圖書館藏

葛昌楹（1892～1963 年）、葛昌枌（1897～1951 年）兄弟二人同爲西泠印社社員，浙江平湖人，家藏甚富。二人從所藏 2000 餘方明清名家刻印中精選 400 餘方輯成此譜，明清重要印人均搜羅在內。童大年篆書題簽，吳昌碩篆字扉頁"傳樸堂印譜"，羅振玉作序。

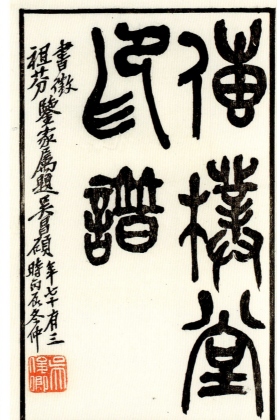

一九三

沙孟海　行書四行軸

紙本　墨書
1973 年
縱 74 厘米　橫 24 厘米
商承祚家屬捐贈
深圳博物館藏

釋文：宋槧明雕集衆芳，南華微旨賴張皇。蕭蕭掃盡千秋葉，絶代功臣世德堂。詩老題詩興不孤，十年宿諾祇須史。盡中山色渾依舊，可惜先生一字無。中年舊學待商量，江海飄零願未償。猶有家山如畏壘，憑誰尸祝到庚桑。錫永先生方家諟正，癸丑秋日沙孟海杭州寫。
鈐印：沙邨唯印（白文）、孟海（朱文）。

　　沙孟海（1900～1992 年），原名文若。浙江鄞縣人。著名學者、書法家，現代高等書法教育的先驅之一。1979 年被選爲西泠印社第四任社長。

　　1929 年，沙孟海入中山大學開國文課。商承祚此時任職於中山大學語言歷史研究所，爲沙孟海研究古文字提供了可供借鑒的方法與諸多素材。

一九四

商承祚　篆書八言聯

紙本　墨書
1983 年
縱 120 厘米　橫 20 厘米
西泠印社藏

釋文：鐵筆花開一龕長護，印人俎豆千古永桃。西泠印社八十周年紀念。一九八三年十月商承祚敬祝。
鈐印：承祚信印（白文）、一九零二年生（朱文）。

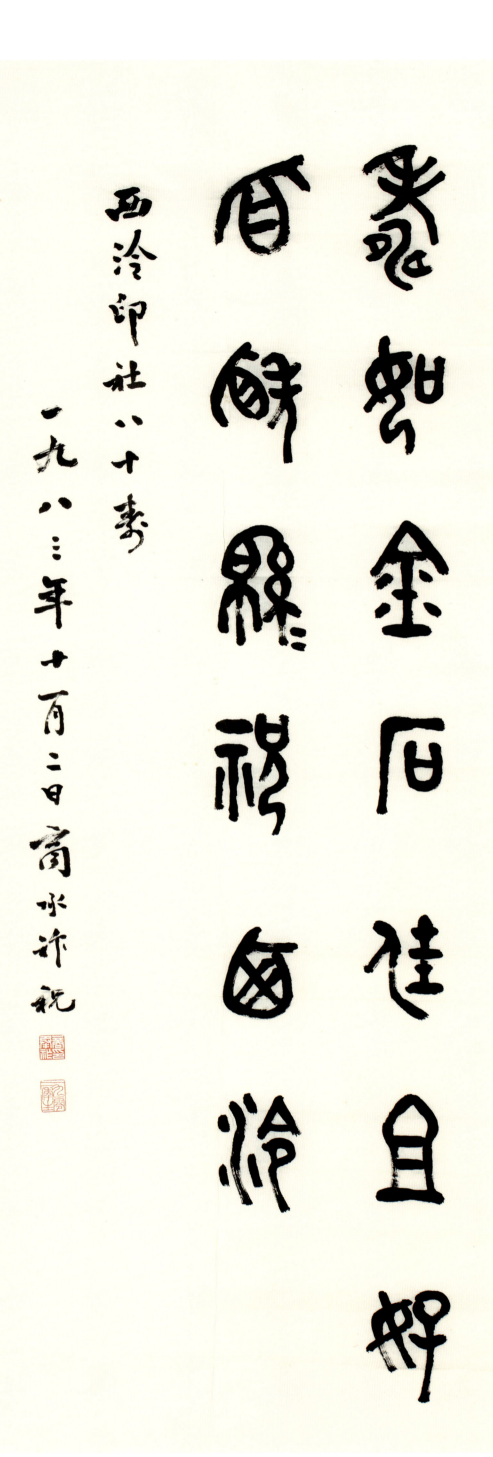

一九五

商承祚　篆書鏡心

紙本　墨書
1983 年
縱 137 厘米　橫 55 厘米
西泠印社藏

釋文：壽如金石佳且好，瓜瓞綿綿祝西泠。
西泠印社八十壽。一九八三年十一月二日
商承祚祝。
鈐印：商承祚印（白文）、一九零二年生
（朱文）。

【第三單元】

傳承奉獻

Inheritance
and Dedication

Shang Chengzuo engaged himself in the cause of archaeological epigraphy, identification of ancient artifacts, and education throughout his life. As a distinguished scholar and calligrapher of the 20th century, he had many contacts with the great scholars and artistic masters of his time. In his teaching career of over 60 years, he cultivated many outstanding research talents.

Shang Chengzuo was an erudite and knowledgeable collector. With a fine appreciation and a rich collection, he was especially known for his appreciation and collection of the Ming and Qing dynasty scholars' paintings and calligraphic works. Adhering to the idea of "collecting national cultural relics to benefit the people", Shang Chengzuo and his family donated more than 10,000 pieces of cultural relics to numerous organizations within the country, which not only demonstrates Shang Chengzuo's broad-mindedness and the spirit of indifference to fame and wealth but also reflects the consistent cultural philosophy and family sentiments of the Shang family.

　　商承祚與著名學者、藝術家、鑒藏家的交游豐富了他的學術生涯和藝術思想，也對其師友的學術思想和藝術實踐產生了重要影響。商承祚的收藏中常見名家題跋，這是其交游的重要物證，也是研究美術史和鑒賞史難得的文獻史料。同時，商承祚爲祖國的教育事業作出了重要貢獻，育人無數，正如戲曲家王季思輓聯言："一代師儒無遺恨，千秋學術有傳人。"

金石交游

北京大學研究所國學門

　　北京大學研究所國學門於 1922 年 1 月正式成立，是中國近現代最早建立的人文學術研究機構，影響深遠。1923 年，二十二歲的商承祚經著名金石學家馬衡推薦，進入北京大學研究所國學門爲研究生。

1923 年 12 月北京大學國學門同人合影

考古學社

　　1934 年 6 月，商承祚與容庚、徐中舒、董作賓、顧廷龍、邵子鳳等人商議發起"金石學會"。9 月，共 35 人參與成立大會，改舊名爲"考古學社"。以我國古器物學之研究、纂輯及其重要材料之流通爲主旨，通過搜集研究考古材料，促進中國考古學的發展。

中國藝術史學會

　　1937 年 5 月 18 日，中國藝術史學會在中央大學成立，商承祚爲成立時的會員之一。學會以"對中國藝術史進行研究，冀望在世界學術界中將中國文化傳播弘揚起來"爲宗旨。藝術史學會之力量更是增強了民族文化自信，提振了救亡圖存士氣。

中國藝術史學會會員合影

左起：常任俠 (2) 滕固 (3) 商承祚 (6) 胡厚宣 (7) 朱希祖 (8) 梁思永 (9) 胡小石 (10) 張政烺 (11) 馬衡 (12) 徐中舒 (17)

初拓漢司空袁敞碑

民國二十六年（1937年）
中山大學圖書館藏
商承祚家屬捐贈

　　王禔藏袁敞碑拓本，馬衡附文《漢司空袁敞碑考》。馬衡（1881～1955年），字叔平。浙江寧波人。金石學家、考古學家，中國近代考古學的先驅者和奠基人之一。曾任北京大學研究所國學門考古學研究室主任、故宮博物院院長。著有《凡將齋金石叢稿》《漢石經集存》等。

　　商承祚與馬衡曾同任國立中山大學教授、中央研究院歷史語言研究所初創時期的特約編輯員。

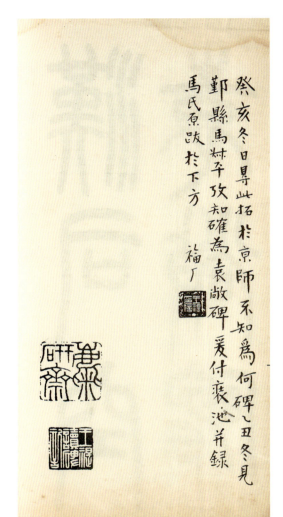

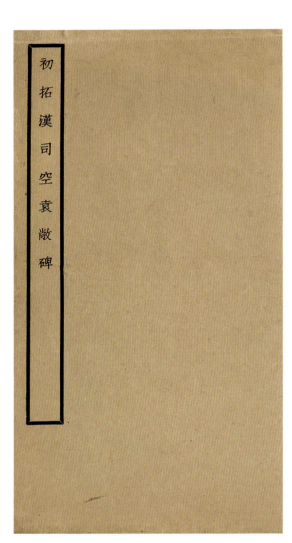

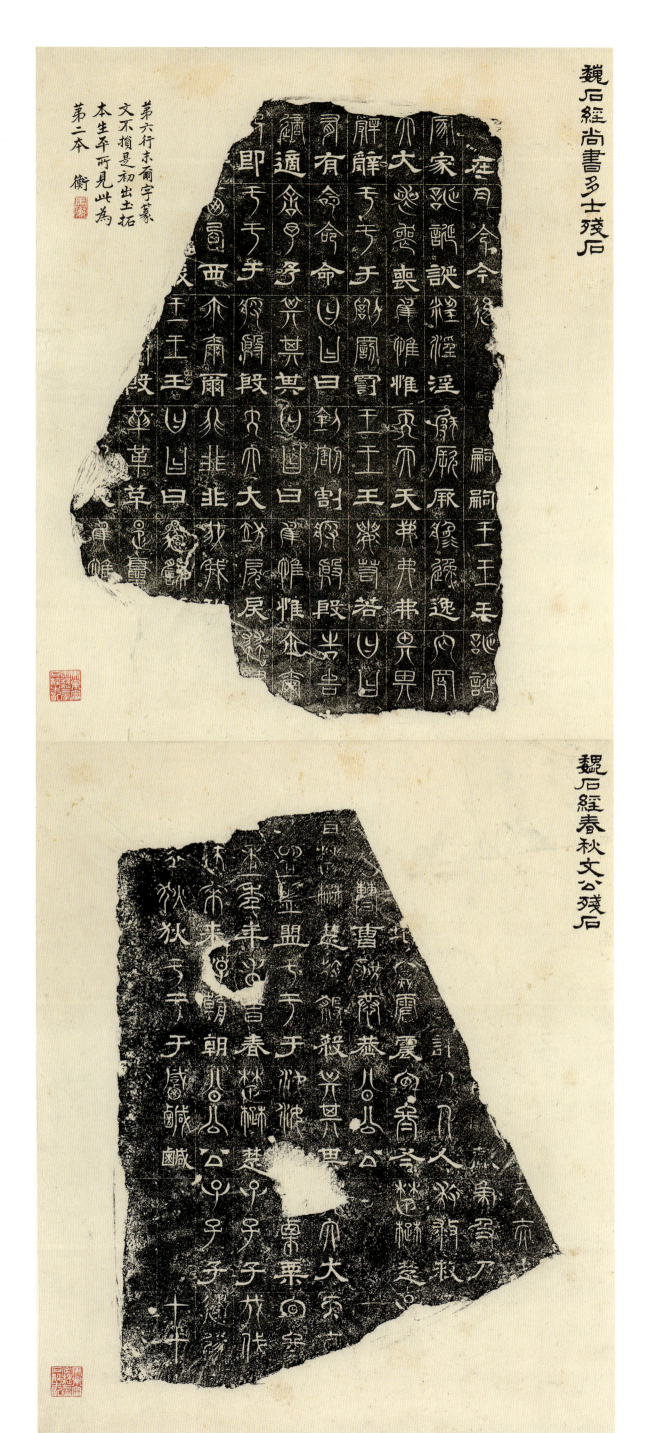

魏石經尚書多士殘石

第六行末爾字篆
文不損是初出土拓
本生平所見此爲
第二本 衡

魏石經春秋文公殘石

第六行末爾字篆
文不損是初出土拓
本生平所見此爲
第二本 衡

一九七

近拓三體石經殘石軸

紙本 墨拓
民國（1912～1949 年）
縱 201 厘米 橫 56 厘米
故宮博物院藏

釋文：魏石經《尚書·多士》殘石。第六
行末"爾"字篆文不損，是初出土拓本，
生平所見，此爲第二本。衡。魏石經《春
秋·文公》殘石。
鈐印：馬衡（白文）、馬衡審定魏三字石經
之記（白文）。

　　三體石經經石正面刻《尚書》，背
面刻《春秋》。1922 年，洛陽東郊漢魏
太學遺址的棉田中掘出一大一小兩塊魏
三體石經殘石。此軸即爲小石的碑陽、
碑陰拓本。
　　馬衡研究漢魏石經成績斐然，其舊
藏此石之初出土拓本極爲珍稀。

233

一九八

羅福頤　國朝金文著錄表校記

民國二十二年（1933 年）
羅氏墨緣堂石印本
商承祚家屬捐贈
中山大學圖書館藏

　　王國維遍讀羅振玉所藏清代金石名家著作，整理羅氏所藏拓片，分類總結後成書《國朝金文著錄表》。羅福頤見表中偽誤之處，作《國朝金文著錄表校記》一卷，後又"發奮重編，據家藏拓本諸冊——重校"，收錄三代至宋元青銅器 5780 件，成書《三代秦漢金文著錄表》。

　　此校記爲羅福頤贈予商承祚。羅福頤（1905～1981 年），字子期，號僂翁，羅振玉之子。著名古文字學者、考古學家，是商承祚青年時代的學友。精研篆刻、善治印、曾爲商承祚治印。

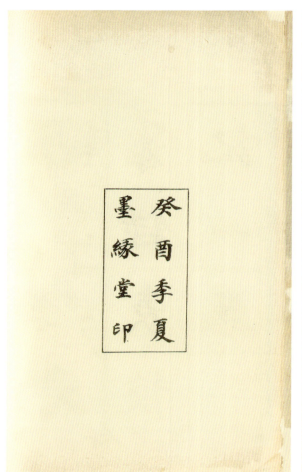

一九九

郭沫若　行書八言聯

紙本　墨書
民國（1912～1949 年）
縱 137 厘米　橫 22 厘米
商承祚家屬捐贈
深圳博物館藏

釋文：含咀殷周，睥睨秦漢。陶鑄堯舜，筆削春秋。契齋
先生法家教政，郭沫若。
鈐印：郭沫若（白文）、鼎堂（朱文）。

　　郭沫若（1892～1978 年），字鼎堂，四川樂山人。
中國現代作家、歷史學家、考古學家。"甲骨四堂"之一。
　　郭沫若長商承祚十歲，對商承祚的甲骨文著作極
爲贊賞。二人可謂良師益友。此聯應爲郭沫若於重慶
時所作，高度評價了商承祚的學術成就。

容庚（1894～1983年），字希白，號頌齋，廣東東莞人，擅書畫篆刻，精於金石考古與書畫鑒藏。容庚與商承祚爲同學，共同拜師於羅振玉門下，受王國維、馬衡、顧頡剛等名家指點，又與黃賓虹、齊白石、張大千、蔣兆和以及溥儒等一大批藝術家往來。商承祚與容庚二人的金石交游長達60餘年，有切磋砥礪之誼，曾多次互贈書畫、印章。

容庚《頌齋藏印》中收錄自刻、友人所刻及收藏共176方印章。1953年，容庚六十壽誕，商承祚刻"容庚長年"祝壽。

商承祚治"容庚長年"印章
邊款：癸巳年八月初六日爲希白老友六十壽刻此，奉祝千春。承祚製于楚簪居。

商承祚書挽容庚詩軸
1983年
莞城美術館藏

釋文：綿綿陰雨灑珠江，噩耗驚聞倍黯傷。一卷吉金傳世代，萬方桃李泣門墻。高風亮節襟懷坦，治學爲人品格剛。此日南郊公去矣，挽詩寫罷淚成行。悼念容老希白教授。一九八三年三月七日陳蘆荻敬挽，商承祚泣書。

二〇〇

容庚 "商氏吉金" 朱文印章

廣綠石
民國二十一年（1932 年）
長 1.1 厘米　寬 1.1 厘米　高 4 厘米
商承祚家屬捐贈
中山大學圖書館藏

邊款：廿一年一月容庚製。

　　商承祚在《我與容希白》一文中曾有此印記錄：
"我從天津從讀羅師之時，希白由京來訪，寓我家，
每長談至深夜。一日，一覺醒來，發現希白已在我
室刻好一方朱文'商氏吉金'小印，章法布局勻稱，
刀法古樸，實屬佳構。"

二〇一

容庚 "錫永手拓" 朱文印章

青田石
長 0.9 厘米　寬 0.9 厘米　高 3 厘米
商承祚家屬捐贈
中山大學圖書館藏

邊款：希白。

容庚　寶蘊樓彝器圖録

民國十八年（1929年）
北平古物陳列所燕京大學國學研究所影印本
商承祚家屬捐贈
中山大學圖書館藏

　　此編中器物皆故宮舊藏《西清續鑒·乙編》所著録者，選印有文字或形狀异、花紋佳者92器，并附考釋。

　　商承祚讀此圖録，認爲有些器物時代可疑，遂作《評寶蘊樓彝器圖録》一文寄容庚。容庚撰《答商承祚先生評寶蘊樓彝器圖録》，商承祚作跋後一并刊登於《國立中山大學語言歷史學研究所周刊·百年紀念號》，成爲二人學術交流的一段佳話。商承祚曾説"殊不知我們是知己摯友，情誼非同一般，才會這樣做。"

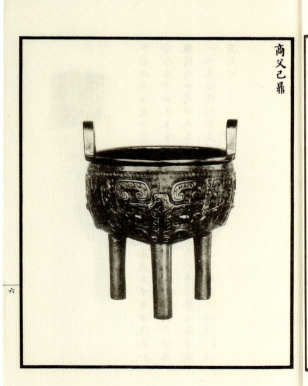

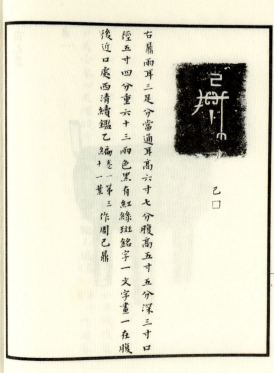

二〇三

容庚　殷契卜辭

民國二十二年（1933 年）
北平哈佛燕京學社影印本
商承祚家屬捐贈
中山大學圖書館藏

1929 年，容庚爲燕京大學哈佛燕京學社購得清代藏書家徐坊（1864 ～ 1916 年）舊藏甲骨。容庚選取其中 874 片，與學生瞿潤緡一同考釋并撰集文編，著成《殷契卜辭》一書。此書經商承祚、唐蘭、董作賓校訂。學者們共同編輯釋文，是民國時期金石學家們交流和研學的重要體現。

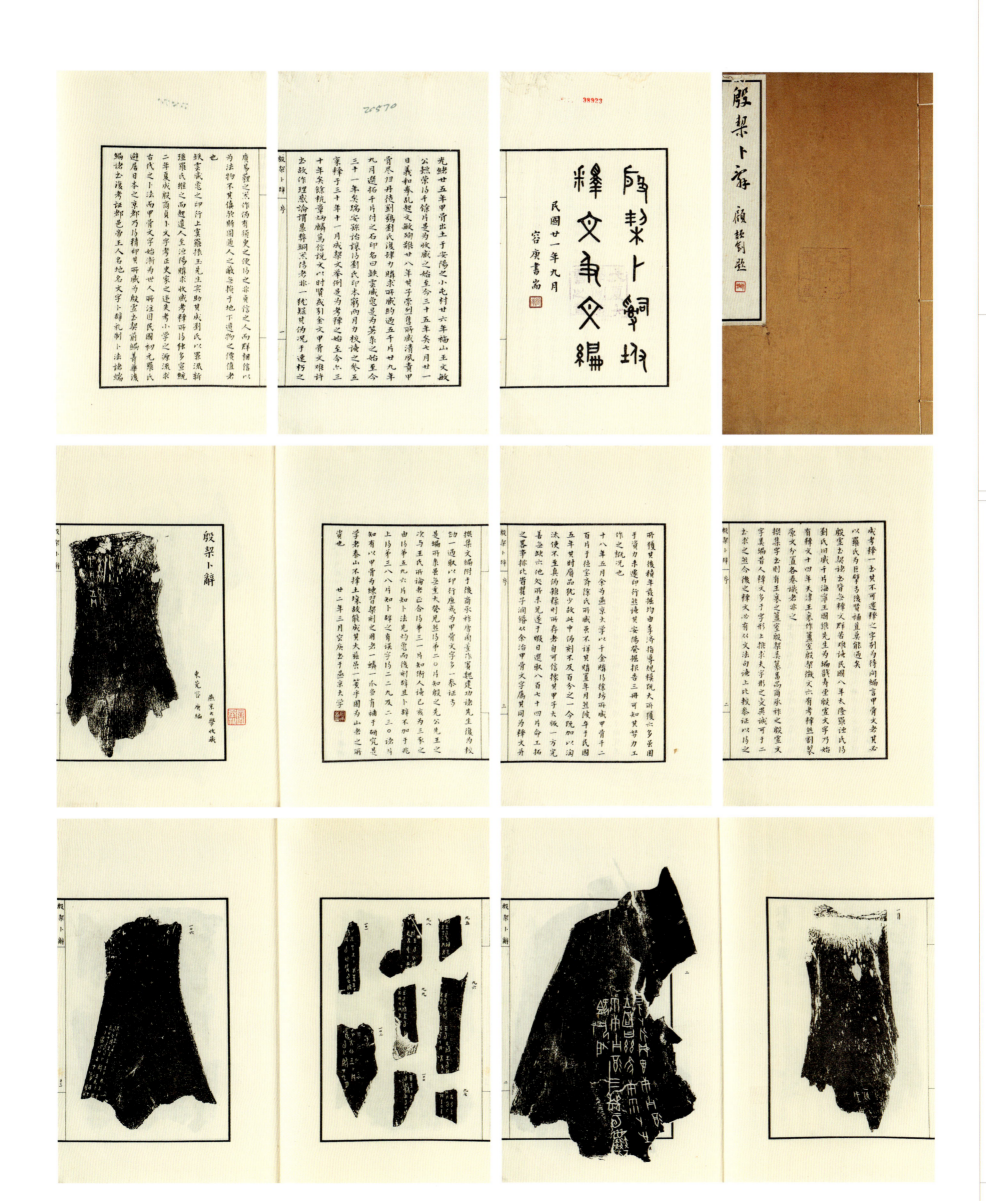

書畫交游

1983 年　畫展交流（前排左二為關山月，左三為商承祚）

1941 年　傅抱石致商承祚信件　南京大學圖書館藏

二〇四

戴熙　龍泉寺檢書圖卷

紙本　水墨
清·道光十八年（1838 年）
縱 37.5 厘米　橫 1800 厘米
商承祚家屬捐贈
深圳博物館藏

戴熙（1801～1860 年），字醇士，浙江杭州人。清代道光、咸豐年間著名文人、山水畫家，官至廣東學政、吏部侍郎。

畫作用筆疏密有致，簡淡而有神韻。道光十七年（1837 年）在北京龍泉寺，學者阮元、陳慶鏞、汪喜孫、何紹基等人為去世好友——著名學者程恩澤整理遺著。翌年，汪喜孫請戴熙繪此圖以茲紀念，阮元題引首並題跋記錄此事。商承祚得此卷後有 11 家跋文，內容真實地記錄著當年嶺南乃至國內藝壇的軌跡和細節，是嶺南文藝發展進程的重要見證。

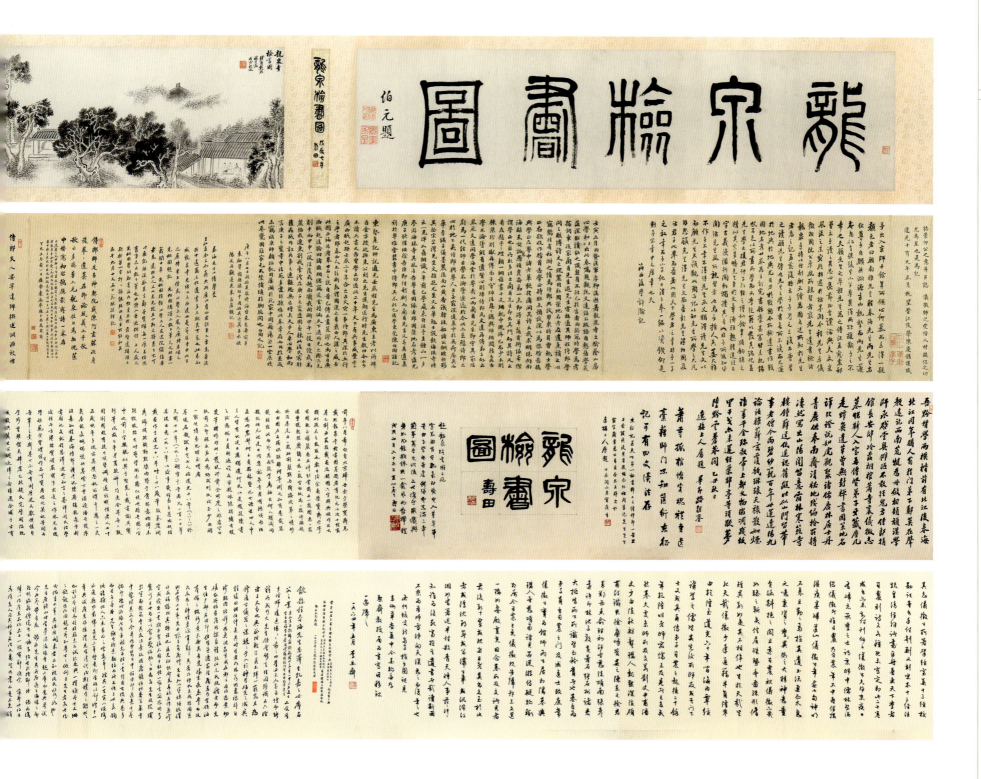

戴熙《龍泉寺檢書圖》卷尾跋介紹

　　繪圖紀事并請名流友朋題跋是嘉道年間至晚清民國時期，文人藝術交流的主要形式之一。戴熙《龍泉寺檢書圖》卷後尚有嘉道以來著名學者如潘曾綬、黃維翰、李慶藻、羅振玉等32家題跋。

　　商承祚與衆多知名學者、藝術家過從甚密。自1961年得《龍泉寺檢書圖》卷後，商承祚邀請容庚、陳邦懷、顧頡剛等11位學者題跋，跋者大多爲嶺南士林宿賢，在全國都享有較高聲譽。

黃海章（1897~1989年）
字挽波，又名黃葉，廣東梅縣人。中國古典文學著名學者，商承祚稱其"自強不息天行健，教學科研百事勤。"其跋文提及程春海曾典試粵東，記叙程春海與嶺南的往來淵源。

詹安泰（1902~1967年）
字祝南，號無庵，廣東饒平人。著名的古典文學家和書法家。此跋作詞《臺城路》，言程春海詩"派啓同光，薪傳漢宋"，爲"諸公題記未及也"。

容庚（1894~1983年）
字希白，廣東東莞人。古文字學家、金石學家。兩人曾屬北大國學門同學、中山大學同事。二人時有交換藏品、相互題跋之雅事。1961年容庚初見此圖疑爲贋品，後經商承祚收藏斷爲真迹。

侯過（1880~1973年）
字子約，廣東梅縣人。長期從事林業教學和科研工作。侯過與商家交往頗多，年紀與商衍鎏相仿，兩人早年都曾留學日本，解放後共事於省文史館。此跋蒼勁有力，流暢自如。

胡希明（1907~1993年）
筆名三流，河北保定人。詩人、書法家。早年投筆從戎，從事統一戰綫工作。曾任廣東省文史館館長，廣東省政協副主席。跋文略叙此圖卷之流傳。

李曲齋（1916~1996年）
字秋晚，廣東順德人。清代探花李文田之孫。其幼承家學，於詩文、書法用功尤勤。跋文1200餘字，爲諸跋中篇幅最長者，詳述此圖流傳經過和淵源。

陳邦懷（1897~1986年）
字保之，江蘇東臺人。古文字學家、考古學家、書法家。善甲骨文書法。其跋尾落款"錫永五兄屬題"可見二人的密切關系。

顧頡剛（1893~1980年）
字銘堅，江蘇蘇州人。古史辨學派創始人，中國歷史地理學和民俗學的開創者。1927年，商承祚受其邀請出任中山大學國文系教授。其跋文對商承祚收藏此圖作了高度評價。

盧子樞（1900~1978年）
號顧樓，廣東東莞人。善書畫，尤精鑒賞。商承祚常與其交流書畫藝事。1961年商承祚得此卷後，與盧子樞、李曲齋、胡希明、容庚四位友人共同鑒定真迹。

潘允中（1906~1996年）
字尹如，廣東興寧人。古漢語學家。潘允中精通書法，與商承祚時有詩書唱和、書畫賞鑒之事。其跋以魏碑入行書，精辟概括此圖的文化和藝術價值。

王起（1906~1996年）
字季思，浙江永嘉人。著名文學史家、戲曲史家。其跋文爲《洞仙歌》詞。此跋以行書寫就，兼取草書氣韻，點畫凝練生動，頗有飄逸瀟灑之態。

戴熙《龍泉寺檢書圖》卷尾跋（局部）

二〇五

王守仁　聰馬歸朝詩叙卷

紙本　墨書
明·正德四年（1509年）
縱26厘米　橫189厘米
廣東省博物館藏

釋文：正德己巳五月既望，陽明居士王守仁書。
鈐印：伯安（朱文）。
鑑藏印：翰墨軒（白文）、戴信之家珍藏（朱文）、商承祚印（白文）、湖帆鑑賞（白文）。

王守仁（1472～1529年），原名雲，字伯安，號陽明，世稱陽明先生，浙江山陰人。明代著名哲學家，善行書。王守仁提出"知行合一""致良知"等說，開創陽明心學，反對程朱理學的思想禁錮，推動了晚明的思想解放與文藝復興。

此卷乃王氏盛年之作。作品流傳有序，曾經戴信、吳湖帆鑑藏。1936年，商承祚於北京琉璃廠權古齋購得《聰馬歸朝詩叙》卷，經鑑定爲明代著名哲學家王守仁所書楷書力作。商承祚重裱爲長卷，并請張大千、黃賓虹、陳邦懷、鄺承銓、潘伯鷹、謝稚柳、葉恭綽等人題跋畫像或鑑賞鈐印。此卷記載着近代美術和書畫鑑藏史上的一段佳話，涉及中國近代美術史和學術史上的重量級人物，既可見諸公對該卷的推崇，也可見商承祚的翰墨因緣。

① ②

③ ④ ⑤ ⑥

①張大千（1899～1983年），名爰，號大千，四川內江人。中國近現代傑出的書畫家。張大千應商承祚之邀繪制王守仁像於卷尾。

②黃賓虹（1865～1955年），名質，字樸存，安徽歙縣人。中國近現代山水畫的一代宗師。此跋作於1952年，跋文未見於黃賓虹各種文集中，彌足珍貴。商承祚與黃賓虹常有書信往來，1936年商承祚曾數次在信中提及請其題《驄馬歸朝詩叙》之事。

③葉恭綽（1881～1968年），號遐庵，廣東番禺人。早年畢業於京師大學堂仕學館，後留學日本。曾任北洋政府交通總長、中央文史研究館副館長等。葉恭綽與商承祚為世交，兩人對金石書畫都有着濃厚的興趣。

④羅承銓（1904～1967年），字衡叔，號願堂，江蘇南京人。曾執教於中央大學、金陵大學、浙江大學等。羅承銓曾與商承祚參與"考古學社"活動。

⑤潘伯鷹（1898～1966年），原名式，號亮公，安徽懷寧人。早年從吳闓生學習經史文詞，曾任上海中國書法篆刻研究會副主任委員、同濟大學教授。著有《中國的書法》《中國書法簡論》《玄隱廬詩》等。

⑥謝稚柳（1910～1997年），晚號壯暮生，齋名魚飲溪堂，江蘇常州人。書畫家、書畫鑒定家，著有《敦煌石室記》《敦煌藝術叙錄》《水墨畫》等。商承祚與其交往頗多，二人曾一同鑒賞文物，共辦展覽。

二〇六

黃賓虹　篆書七言聯

紙本　墨書
現代
縱 142 厘米　橫 26 厘米
商承祚家屬捐贈
深圳博物館藏

釋文：鹿洞山靈喜來客，龍潭海若會朝宗。賓虹
集古籀文字并書。
鈐印：黃賓虹（白文）。

　　黃賓虹（1865～1955 年），安徽歙縣人。
其筆墨渾厚華滋。篆書取法商周鐘鼎之文，兼
籀篆碑版，内含清剛秀逸之氣。
　　黃賓虹以"富藏印"著名，商承祚曾以"奇
品琳琅"形容，爲之贊嘆。黃賓虹《璽印自叙》
中云："金石文字，昕夕摩挲，惟於璽印憂（尤）
所酷好，屢得屢失，可千百計。"這與早年商
承祚好藏古璽印可謂趣味相同。
　　黃賓虹與商承祚多有交游，商承祚曾與張
大千、王秋湄等發起出版《濱虹紀游畫册》，
慶祝黃賓虹七十壽誕。

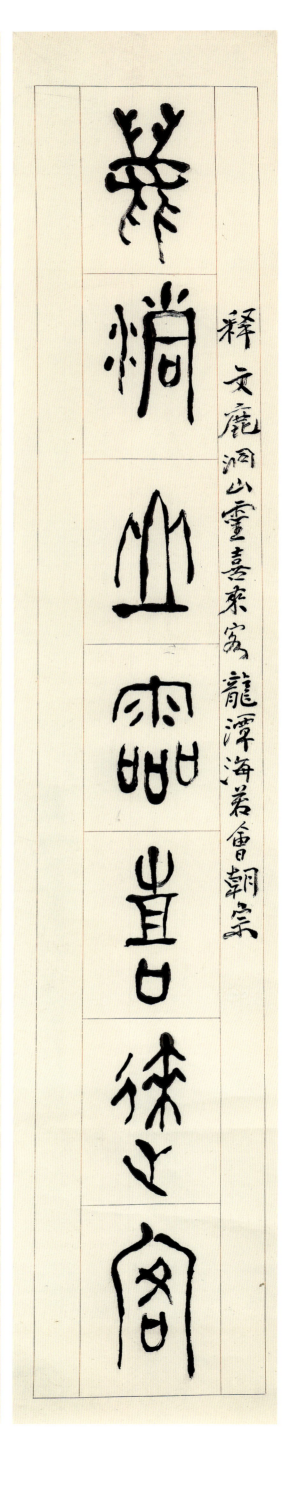

二〇七

徐悲鴻　覓食圖軸

紙本　設色
民國二十四年（1935 年）
縱 54 厘米　橫 34.2 厘米
故宮博物院藏

釋文（一）：劍青先生惠教。悲鴻，廿四年冬。
鈐印：徐悲鴻（白文）。
釋文（二）：雞有五德，慈其一焉。蕞爾三雛，遺愛大千。我佛云：是菩提相，是大乘禪。咄爾畫師，造化畢宣。癸未十二月，商承祚題。
鈐印：商（白文）、契齋（朱文）。

　　徐悲鴻（1895～1953 年），江蘇宜興人。自幼承襲家學，研習國畫，後留學歐洲，研究西方美術。擅長油畫與水墨畫，主張改良中國畫，推崇寫實主義，強調國畫改革融入西畫技法，所作國畫彩墨渾厚，尤以奔馬享譽於世。曾任首屆中華全國美術工作者協會主席、中央美術學院院長等職。
　　商承祚題"癸未"即 1943 年，晚於徐悲鴻創作此圖八年。商承祚與徐悲鴻友誼深厚，兩人經常談論書畫，品評作品直言不諱。

二〇八

胡小石　行書六言聯

紙本　墨書
民國（1912～1949年）
縱 129 厘米　橫 21 厘米
商承祚家屬捐贈
深圳博物館藏

釋文：遙山向晚更碧，驟雨才過還晴。駕剛五兄先生察正，光煒。
鈐印：願夏廬（朱文）、胡（朱文）、夏廬（朱文）。

　　胡小石（1888～1962年），名光煒，號夏廬，齋名願夏廬，江蘇南京人。文字學家、書法家。曾任金陵大學教授、中央大學文學院院長，建國後任南京大學文學院院長、圖書館館長。
　　商承祚於《説文中之古文考》序中言："胡光煒小石先生亦有《説文古文考》，早於我篇十三年，最近始問世。内多精義，不可不讀。"

二〇九

關山月　紅梅迎春圖軸

紙本　設色
1973 年
縱 114.7 厘米　橫 35.5 厘米
商承祚家屬捐贈
深圳博物館藏

釋文：迎春圖。承祚同志屬正。一九七三年，關山月筆。
鈐印：關山月（朱文）。

　　關山月（1912 ~ 2000 年），廣東陽江人。嶺南畫派代表人物。1958 年後，歷任廣州美術學院教授兼院長、中國美術家協會副主席、廣東省美術家協會副主席。
　　商承祚中晚年居廣州，與嶺南畫派關山月、黎雄才等藝術家往來密切。關山月以擅寫梅著稱，枝幹如鐵，繁花似火，雄渾厚重，清麗秀逸，世稱"關梅"。

二一〇

王力
行書游鼎湖山詩軸

紙本 墨書
1980 年
縱 68 厘米 橫 33.5 厘米
商承祚家屬捐贈
深圳博物館藏

釋文：鼎湖訪勝未緣慳，古寺巍然霄漢間。浩浩飛泉長濺水，蒼蒼叢樹密遮山。夏涼爽氣高低扇，冬暖晴雲來去閒。自顧山靈應笑我，行年八十尚登攀。游鼎湖山詩。錫永我兄兩政。王力，庚申季冬，時年八十有一。
鈐印：王力印信長壽（白文）、王力八十以後作（朱文）。

王力（1900～1986年），字了一，廣西博白人。中國現代語言學奠基人之一。歷任清華大學教授，中山大學文學院院長、語言學系主任。商承祚同事及好友。

鼎湖山爲廣東肇慶名山，商承祚與王力爲肇慶師專（今肇慶學院）講學時曾游此地。商承祚還曾爲鼎湖山的補山亭重寫楹聯："百城煙雨無雙地，五嶺律宗第一山。"

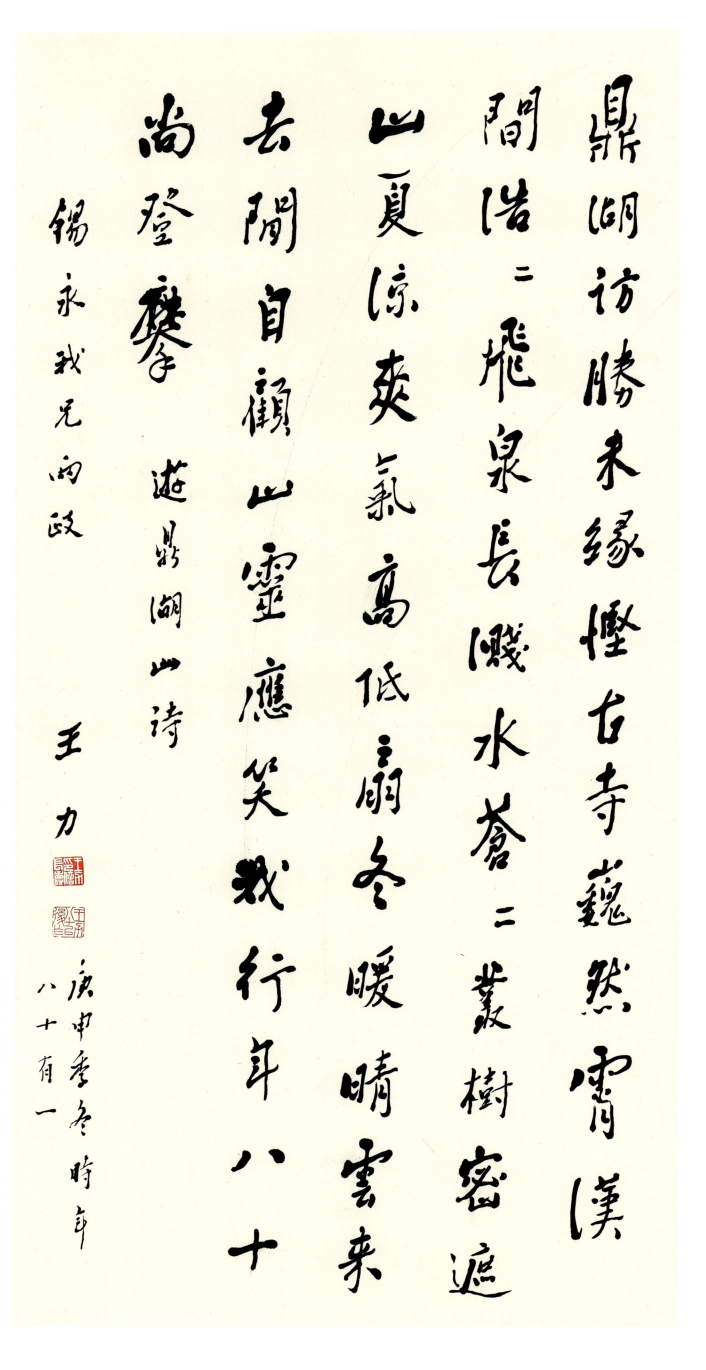

後學楷模

　　商承祚致力於甲骨學的教學及人才的培養。1956年起，商承祚與容庚在中山大學聯名招收古文字學研究生，共招5屆15名。他們"不開課"的教學方式廣爲流傳，商承祚謂爲"因材施教"。商承祚曾於多所高校開設古文字研究、古器銘釋等課程，爲當今書壇及古文字研究領域培育了一批中堅力量。

1972年商承祚與助手曾畏在中山大學中文系古文字研究室中工作

中文系的老教師在商談教學問題（左起：商承祚、潘允中、王起、趙仲邑、黃海章、容庚、高華年、陳必恒）

二一一

商承祚　篆書于謙《石灰吟》詩軸

紙本　墨書
1979 年
縱 126.5 厘米　橫 42.8 厘米
商承祚家屬捐贈
深圳博物館藏

釋文：千錘萬擊出深山，烈火焚燒若等閒。粉骨
碎身全不怕，要留清白在人間。明于謙《石灰
吟》，迫青年述志之作。一九七九年五月，商承祚
書于羊城。
鈐印：商承祚（朱白文）、一九零二年生（朱文）。

　　商承祚晚年喜寫《石灰吟》，曾道："有
人索字於余者，最喜歡書此書以應，我認爲這
是一首有深刻教育意義的好詩，表達了于謙那
種堅韌不拔，不怕犧牲，願把畢生力量和生命
獻給國家的高尚理想和情操。"
　　此幅篆書詩軸爲商承祚晚年作品，作於其
執教中山大學之時。

二一二
**潘允中
行書十八言聯**

紙本 墨書
1982 年
縱 122 厘米　橫 31.5 厘米
商承祚家屬捐贈
深圳博物館藏

釋文：六十年化雨春風，
白髮蒼蒼，爲祖國尚思奮
勉。三千歲商彝周鼎，金
光燦燦，祝先生永保康寧。
錫永我師八秩大慶，受業
王起敬祝。一九八二年春
正月，潘允中代書。
鈐印：潘允中印（白文）。

　　商承祚與王起、潘允
中同爲中山大學中文系教
授。王起、潘允中與商承
祚雅聚之時，常有詩書唱
和之辭。
　　此作爲王起、潘允中
祝商承祚八十壽誕所作。

商承祚　秦隸《年齡歌》鏡心

紙本　墨書
1987 年
縱 104 厘米　橫 61.3 厘米
商氏家族藏

釋文：九十可算老，八十不希奇。七十過江鯽，六十小弟弟。四十五十爬滿地，二十三十睡在搖籃裏。我于一九七一年尚未六十歲，有人叫我商老。不應不禮貌，乃勉應之。從此叫開了，于是編了首年齡歌。今爲志男女書之。一九八七年八月上旬，鐵詔版室主。
鈐印：商承祚印（白文）、一九零二年生（朱文）。

商承祚至八十高齡仍自稱"老中之青"，認爲世上無絕對的師生。商承祚曾言："人之患，在好爲人師，進步與落後，其分野在於此。不僅中、青年應引以爲戒，老年人亦當自警。"此軸爲商承祚爲長女商志男書。

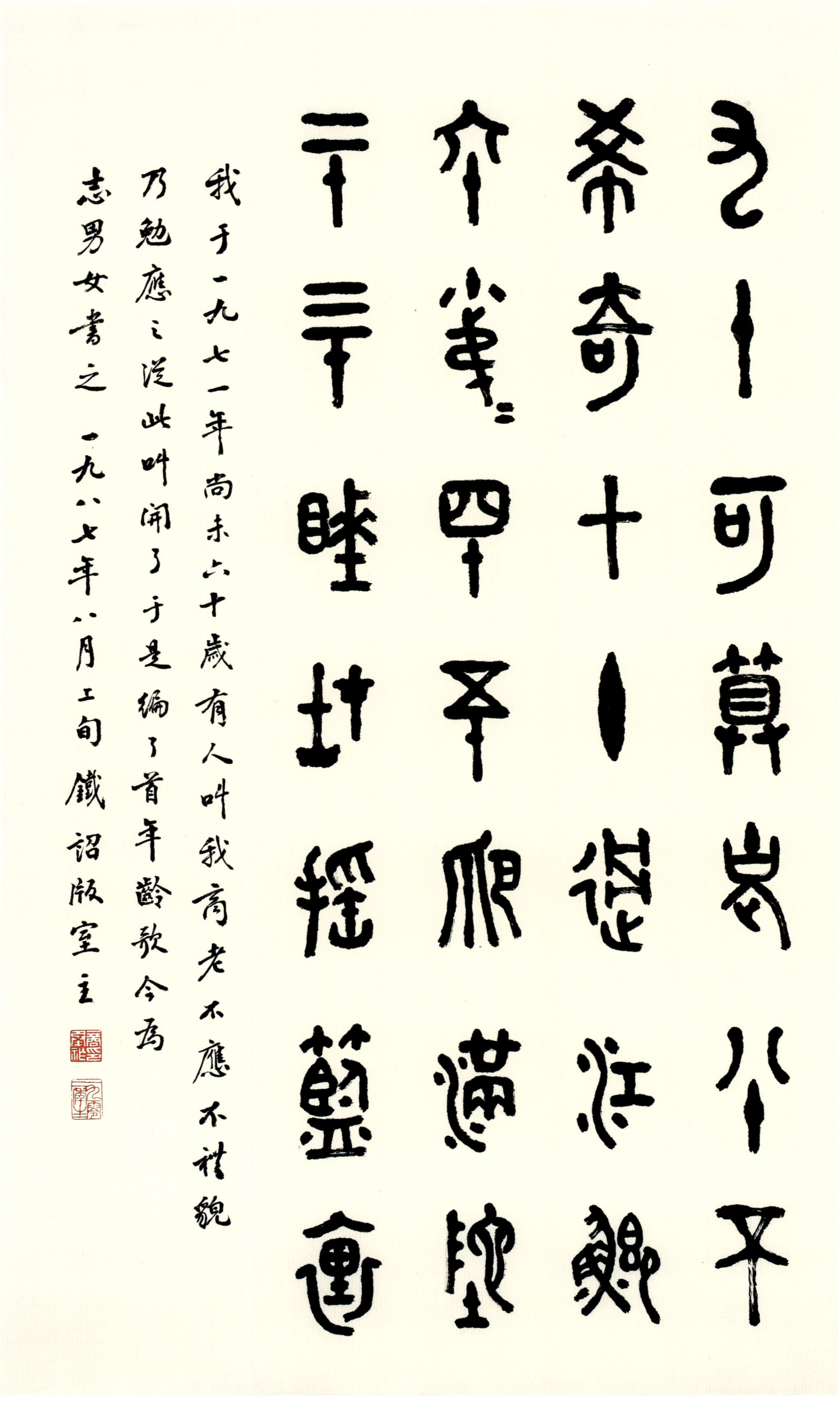

二一四

謝梅奴 "春秋歌大鑫，桃李遍中華" 白文印章

壽山石
現代
長 2.7 厘米　寬 2.8 厘米　高 5.7 厘米
商承祚家屬捐贈
中山大學圖書館藏

邊款：一九八二年農曆正月二十八日爲商老八秩大慶，光年兄撰聯祝嘏，梅奴入印爲壽。

　　抗戰期間，重慶作爲戰時首都，聚集了大量文化界人士。1939 年，謝梅奴等人於重慶發起篆刻社團"巴山印社"，商承祚在重慶期間常參與"巴社"聚會。該印是謝梅奴爲賀商承祚八十大壽所治。

教學歷程

地　點	時　間	就職院校	照　片
南京	1925 年	任教於國立東南大學①	
	1932 年	任教於私立金陵大學②，兼任該校中國文化研究所專任研究員	

國立東南大學　　　私立金陵大學

地　點	時　間	就職院校	照　片
廣州	1927 年	任教於中山大學	
	1948 年	任中山大學教授	
	1948 年	任私立珠海大學③教授，兼校務委員會主任委員	

國立中山大學　　　私立珠海大學

地　點	時　間	就職院校	照　片
北京	1930 年	任教於國立北平師範大學④、私立北平朝陽學院⑤，同時兼任國立北京大學、國立清華大學講師	

國立北平師範大學　　私立北平朝陽學院
北京大學　　　國立清華大學

地　點	時　間	就職院校	照　片
成都	1942 年	任齊魯大學⑥教授	

齊魯大學

地　點	時　間	就職院校	照　片
重慶	1942 年	任私立東吳大學滬江大學聯合法商學院⑦教授	
	1946 年	任教於四川省立教育學院，并兼國立女子師範學院⑧、重慶大學、私立重慶朝陽學院⑨、東吳之江滬江聯合法商工學院	

私立東吳大學滬江大學聯合法商學院

四川省立教育學院　國立女子師範學院　重慶大學　私立重慶朝陽學院

注：

① 1949 年後更名南京大學。

② 1951 年與私立金陵女子文理學院合併爲公立金陵大學。1952 年金陵大學文、理學院等併入南京大學。

③ 1949 年遷至香港，今珠海學院。

④ 1931 年國立北京女子師範大學併入國立北平師範大學。1949 年，北平和平解放，復用 "北京師範大學" 原名。

⑤ 1949 年原址改建爲北平政法學院，1950 年併入中國人民大學。

⑥ 1937 年遷往四川成都華西壩。1952 年該校解散。

⑦ 1942 年東吳大學與滬江大學決定於重慶磁器街十五號聯合辦學。1946 年之江大學遷入，三校聯合辦學。

⑧ 1950 年四川省立教育學院與國立女子師範學院合併組建爲西南師範學院（今西南大學）。

⑨ 1946 年私立重慶朝陽學院成立。1948 年更名爲私立重慶正陽法學院。後於 1953 年併入四川財經學院。

商承祚題字匾額

　　商承祚書法凝重典雅，頗具金石氣，獨創了被書壇稱爲"商體"的秦隸體書法。中山大學中懸掛的商承祚題字匾額達十數處之多，包含了篆書、隸書等多種書體。商承祚至耄耋之年仍筆耕不輟，書法中體現其對古文字的認識和感悟，同時寄托其表率後生的情懷。

惺亭　中山大學

梁銶琚堂　中山大學

陳寅恪紀念室
中山大學

懷士堂　中山大學
此處題區分兩處，右側爲孫中山語錄
"學生要立志做大事，不可做大官"。

中山大學中國語言文學系　中山大學

高等學術研究中心
中山大學

英東體育館　中山大學

陳嘉庚紀念堂　中山大學

哲生堂　中山大學

摩星嶺　廣州市
摩星嶺原名碧雲峰，位於廣州市白雲山蘇家
祠與龍虎崗之間，爲白雲山最高峰。楹聯同
爲商承祚題字"珠海光大地，雲山競攀登。"

天南杰構　玉林市
玉林真武閣，真武閣坐落於廣西玉林市容縣城
東繡江北岸，建於明萬曆元年（1573年）。

宋帝昺陵墓碑記　深圳市
宋少帝陵，此碑位於深圳市南山
區。宋少帝陵爲南宋最後的皇帝宋
少帝趙昺的墓，也是廣東省境內
唯一的宋代皇帝陵寢。

萬世人極　佛山市
西山廟，西山廟爲廣東順德保護得最完整的古
建築之一，始建於明嘉靖二十年（1541年）。

皆大歡喜　潮州市
潮州開元寺，始建於唐開元二十六年，元代
改爲"開元萬壽禪寺"，明代稱"開元鎮國禪
寺"，而後一直沿用至今。

　　商承祚以畢生精力保護與鑒藏各地文物，
爲博物館建設事業而奔走。其晚年主張"公諸同
好""藏寶於國，施惠於民"，將其珍藏捐贈至
國內各文博机构。

　　商承祚收藏全面多樣，含蓋了中國書畫、金
石拓片、印章、銅器、陶瓷等諸多品類。深圳博
物館迄今爲止接收的社會藏家捐贈中，商氏家族
捐贈之文物堪稱數量最多，品類最全，質量最高。
這批藏品可謂是深圳博物館古代藝術文物的重要
代表。

商氏家族文物捐贈目錄

序號	機構	品類明細
1	故宮博物院	清至民國時期書畫、明清時期石灣窰陶瓷
2	廣東省博物館	明清時期書畫、古硯、明清舊墨、木雕、陶瓷
3	廣東民間工藝博物館	明清至民國時期石灣窰陶瓷、銅器、石硯、竹雕
4	中山大學圖書館	唐三彩、銅器、金石拓片、印章、書籍
5	深圳博物館	明清至民國書畫、晚清民國時期名人印章、銅器、錢幣、陶瓷、明清墨錠、古硯、紙、毛筆、家具
6	南京大學博物館	楚漢時期銅器、滑石器、陶器；漢崖墓碑石拓片
7	南京博物院	石刻、玉器、石雕、陶器、瓷器、銅器、錢幣、竹木雕、漆器、織綉、古硯
8	湖南博物院	戰國長沙子彈庫帛書殘片
9	香港中文大學文物館	金石拓印本、鈐印本（內容爲青銅器、畫像磚石、墓志、碑銘、璽印、陶文、錢幣等）
10	太平天國歷史博物館	林則徐等清末名人函札、禀牘奏稿、翁同龢等人印章、官票
11	嘉定博物館	端硯、毛筆、信札手稿、清沈全林紫檀筆筒
12	廣州市博物館	商衍鎏書法立軸

★注：此爲不完全統計目錄。內容根據商承祚日記、商家回憶文章，以及相關出版文獻整理。

書畫

　　商承祚具有良好的文史素養和藝術識見，鑒藏與學術研究相結合，在近現代嶺南藏家中獨樹一幟。商承祚書畫鑒藏的核心主要包括敦煌經卷、明清文人書畫、金石拓片、近現代書畫名家作品等，尤其是清乾嘉以來金石學者的拓本及書法等，多為具有重要歷史、藝術與研究價值的作品。商承祚廣交藝術家、鑒藏家，所藏近現代書畫中不乏藝壇宗師、金石學者、地方名家的作品，是美術史中難得的藝術資料。

晚年商承祚於廣州鑒賞古畫

二一五

祝允明　草書《晚晴賦》《荔枝賦》卷

紙本　墨書
明·嘉靖元年（1522 年）
縱 30 厘米　橫 457 厘米
商承祚家屬捐贈
深圳博物館藏

釋文（一）：祝京兆墨迹。南賓仁兄屬題，代州馮志沂。
鈐印：魯川志沂（朱文）。
鑒藏印：兩溪軒（朱文）、靖侯鑒賞（朱文）。

釋文（二）：枝山允明書於春墅堂中。壬午改元三月一日也。
鈐印：祝允明印（白文）、希哲父（朱文）。
鑒藏印：太原（白文）、雲松館（朱文）、觀此真迹如覺偽者真可笑也（朱文）、琥亭秘寶（朱文）、靖侯珍藏（白文）、姜氏二酉家藏（朱文）、商承祚鉥（朱文）。

　　祝允明（1460 ~ 1527 年），字希哲，號枝山，自號枝指生，江蘇長洲（今蘇州）人。
　　此卷作於明嘉靖元年三月，即 1522 年春，為祝允明晚年力作。內容抄寫晚唐杜牧《晚晴賦》與盛唐廣東名臣張九齡《荔枝賦》，行筆奔放，氣勢撼人，是其晚年代表作。祝允明正德十年到任廣東興寧知縣，游宦嶺南五年，嘉靖元年已授任應天府（留都南京）通判，不久托病辭官歸隱。因此，此卷表達了作者對嶺南游宦的寄思與仕途不如意欲歸隱的感懷。引首隸書為清代馮志沂所題。此卷曾經明末姜紹書與民國朱榮爵等人遞藏。

（整卷）

南賓仁兄屬題
代州馮忠沂

祝京兆墨蹟

晚晴賦

董其昌　行書臨顏真卿《爭座位帖》《送劉太冲序》卷

紙本　墨書
明（1368 ～ 1644 年）
縱 25 厘米　橫 214 厘米
商承祚家屬捐贈
深圳博物館藏

釋文：《顏平原爭坐位帖》：蓋太上有立德，其次有立功，是之謂不朽，抑又聞之，端揆者，百寮之師長。諸侯王者，人臣之極地。今僕射挺不朽之功業，當人臣之極地。豈不以才爲世出，功冠一時，故得身畫凌煙之閣，名垂太室之廷，滿而不溢，所以長守富也；高而不危，所以守貴也，可不徵懼乎。書曰：爾唯不矜，天下莫與汝爭能；爾唯弗伐，天下莫與汝爭功。以齊桓公之盛業，片言勤王，則九合諸侯，一匡天下。葵丘之會，微有振矜而叛者九國。故曰：行百里者，半九十里，言晚節末路之難也。《送劉太沖序》昔余作郡平原而蚤與從事，掌銓吏部，第甲乙而超升等夷。迩來蹉跎，猶屑卑位，故沖之斯行，若重有待矣。江魄往斷，秦淮頂潮，沖之斯行，正及春水。魯公立朝大節千古不磨，故書法一如其人。此二帖尤公書之煊赫者，故時時背臨以志吾好。其昌。
鈐印：玄賞齋（朱文）、董其昌（朱文）、宗伯學士（白文）。
鑒藏印：阮氏琅嬛仙館收藏印（白文）、安岳鄒蘭生祕藏（白文）、曾在契齋信（朱文）。

　　董其昌（1555 ～ 1636 年），字思白，號玄宰，又號香光居士，華亭（今上海松江）人。晚明最富盛名的書畫家、書畫理論家和鑒藏家。書法遍師諸家，秀勁清潤，意趣上崇尚平淡天真，著有《畫禪室隨筆》等。其書畫與著作對明末以後書壇影響巨大。

　　這幅作品屬於背臨顏真卿書法名帖，體勢偏身側筆，布局閑適疏朗，整體顯得率性自如，是董其昌晚年代表作之一。曾經清代嘉道年間文壇盟主、兩廣總督阮元收藏，後歸商承祚收藏。

（整卷）

額平原争坐位帖

盖太上有立德其次
有立功是之谓不朽
抑又闻之端揆者
百寮之师长诸侯
王者人臣之极地
今仆射挺不朽之
功业当人臣之极
岂不以才为世
出功冠一时故得
身画凌烟之阁
名垂太常之延
满而不溢所以长
守富也高而不危所

以守贵也可不儆惧
书曰尔惟不矜天
下莫与汝争能尔惟弗
伐天下莫与汝争功以
齐桓公之盛业片言
勤王则九合诸侯一
匡天下葵丘之会
微有振矜而叛者
九国故曰行百里者
半九十里言晚节
末路之难也
送刘太冲序
芳余作郡平
原而春与澤
事掌铨吏部

第甲乙而超
升等夷迹来
踉跄猫屑甲
位故冲之斯行
若重有待矣
江魏经断秦
淮顶潮冲之朽
行西及春水
晋公立朝大节令古
不磨故书注一帙其
人壬二帖尤公书之烜
赫者故时崿怡以志
其昌

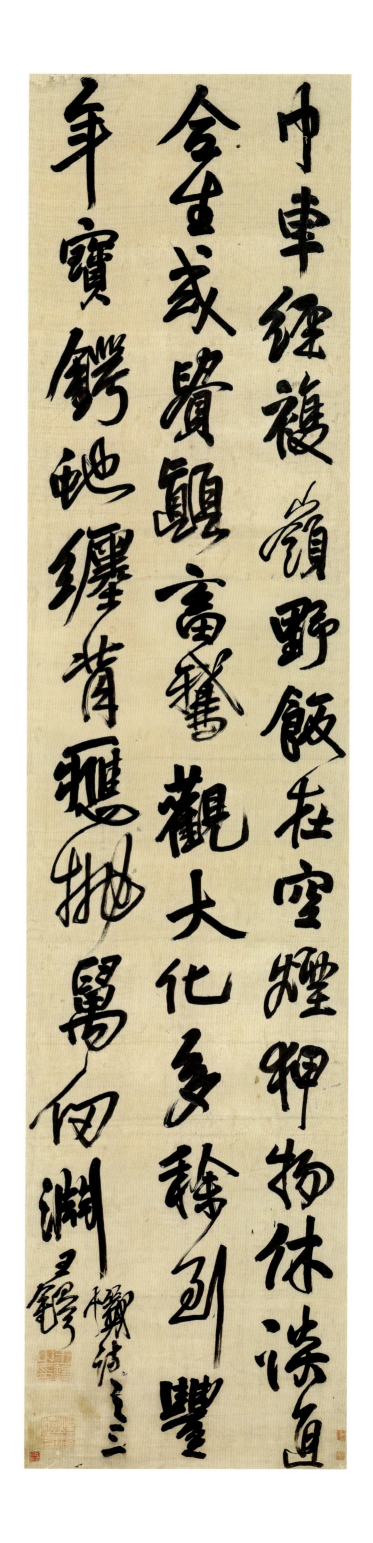

二一七

王鐸　行書"懺詩之三"軸

絹本　墨書
明末清初（1600～1644年）
縱 240 厘米　橫 49 厘米
商承祚家屬捐贈
深圳博物館藏

釋文：巾車經複嶺，野飯在空煙。狎物休談道，合生或覺顛。畜鶖觀大化，多稌到豐年。寶鍔虵纏背，應拋萬仞淵。懺詩之三，王鐸。
鈐印：王鐸之印（白文）、煙潭漁叟（白文）。
鑒藏印：朱之赤鑒賞（朱文）、臥庵所藏（朱文）、子清珍藏（白文）。

　　王鐸（1592～1652年），字覺斯，號煙潭漁叟、十樵，河南孟津人。天啓二年（1622年）進士，崇禎時官至東閣大學士，入清後授禮部尚書。明末清初最杰出的書法家之一，諸體悉備，尤善行草。
　　該巨幅書軸用筆蒼老勁健，沉着含蓄，字形奇險，章法結構縱而能收，堪稱絕世佳作。據鑒藏印可知，此軸曾經明末清初大鑒藏家朱之赤、晚清書畫篆刻家成沂收藏。

二一八

高儼　山水圖軸

紙本　設色
清（1616 ～ 1911 年）
縱 154 厘米　橫 36 厘米
商承祚家屬捐贈
深圳博物館藏

釋文：秋葉落將盡，嶺雲澹晚暉。柴門閑不掩，坐聽野泉飛。
高儼。
鈐印：高儼（白文）、望公（朱文）。

　　高儼（1616 ～ 1689 年），字望公，廣東新會人。明
末清初廣東山水畫大師，博學多才，詩書畫兼工，時人稱
爲"三絕"。明亡後隱逸終老，筆墨蒼勁渾厚。
　　此幅爲其風格代表作品之一，以枯幹之筆勾勒山石輪
廓，又以葱鬱濕潤點染苔植於其上，筆墨變換中仍能見嶺
南山水滋養的痕迹。構圖法度嚴謹，氣息流暢自然。

二一九
高鳳翰　陶琴圖軸

紙本　設色
清（1616～1911年）
縱89.5厘米　橫44.5厘米
商承祚捐贈
廣東省博物館藏

釋文（一）：陶琴。不可以弦，而具琴則。不可以鼓，而蓄琴德。不雕不琢，心以闊而益空。不丹不漆，文以樸而勝色。琴乎琴乎，吾令而行，應指之長言，不如不言之守默。

雍正癸丑，余以監修郡學堂祠，留皖特久，飲臥即在齋捨。歷覽之餘，時博閑適，其庭中老桂以盡觸摧朽，厨人將以付爨，見其腹蜕蚪狀有不同者，取而拂拭磨弄之，則古色斑爛，金石不啻矣。以其形有類琴者，因用彭澤無弦之義刻而銘之曰"陶琴"，意其在牝牡驪黄之外乎。時適西椒學兄索我畫筆，既圖奇石以爲贈，遂並寫而憶之。膠州南村弟高鳳翰識。

鈐印：古歡（朱文）、漢之黔陬人（白文）、髯（朱文）、癸丑（白文）、鳳翰（朱文）、□公□民（白文）、高氏行二（白文）、木雁之間（白文）、此君（朱文）、幻藥（朱文）、西園甫（白文）。

鑒藏印：精玩草堂（朱文）、瑞廷鑑賞書畫之印（朱文）。

釋文（二）：畫無奇，奇其有金石趣耳。壬寅秋仲之□得於白門，題十字贊。

鈐印：壽印（朱文）、張之升審定真跡（朱文）。

高鳳翰（1683～1749年），字西園，號南阜山人、尚左生等，山東膠州人。清代著名書畫家，"揚州八怪"之一，詩、書、畫、印、硯俱有成就。乾隆二年（1737年）病痹廢右手，遂以左手創作，其風格亦因此分爲兩個階段，前期精工綺麗，後期奔放灑脱。其後期作品尤爲世人所重，至今仍爲鑒賞家、收藏家所追捧。

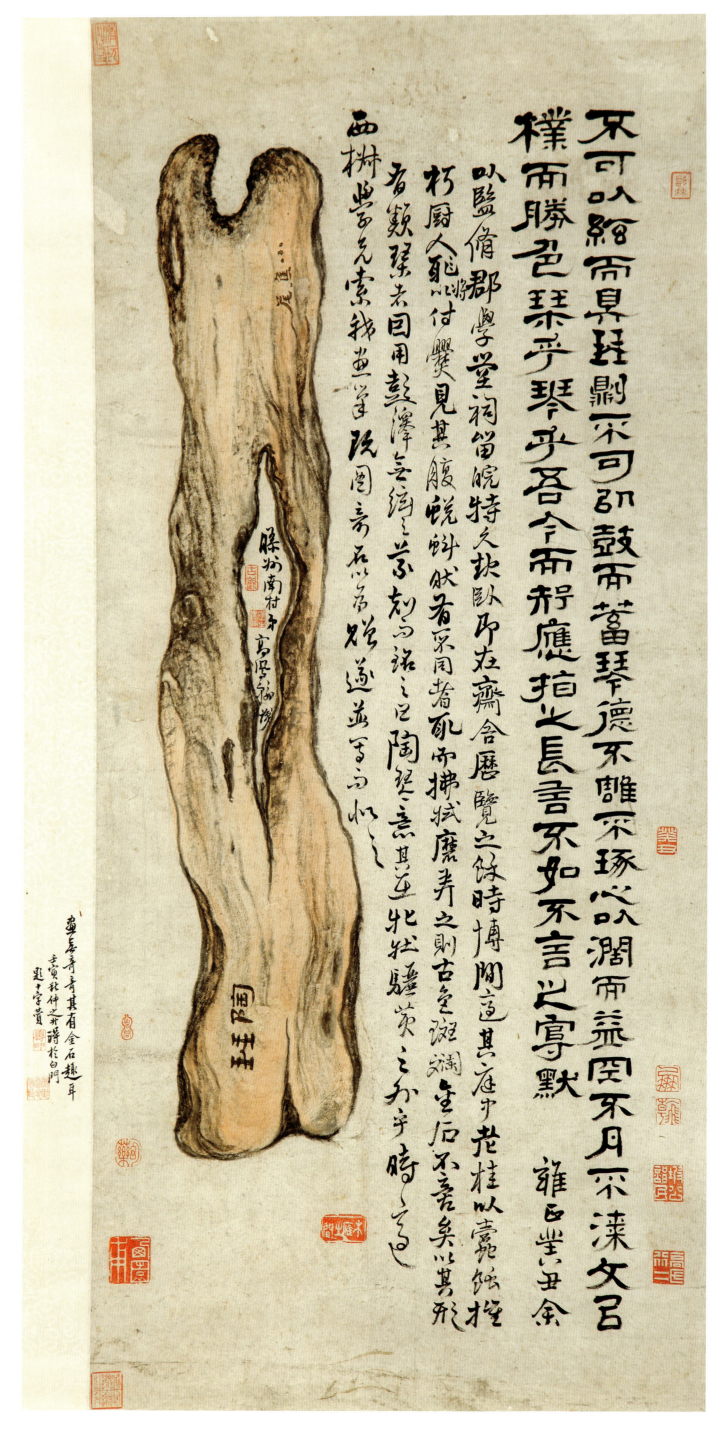

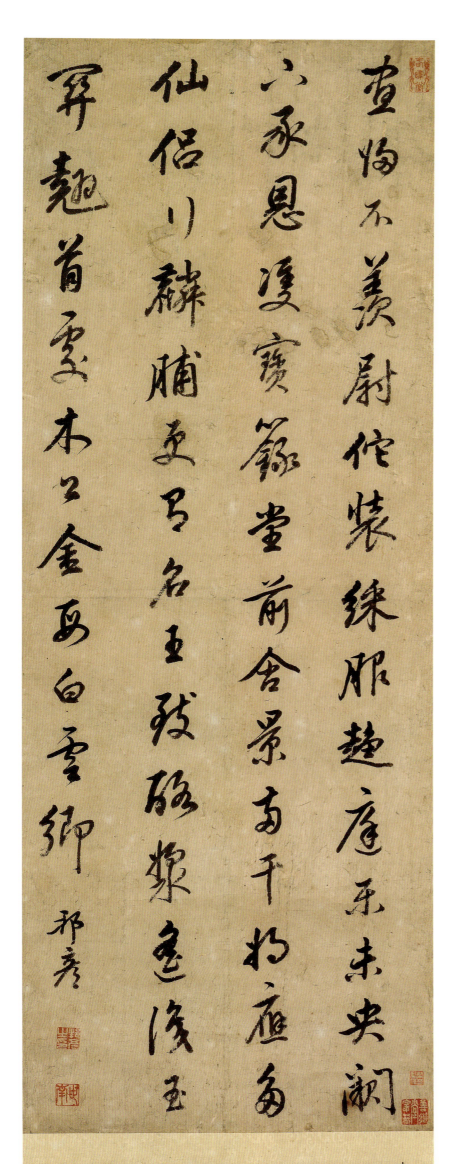

二二〇

陳邦彥　行書七言詩軸

紙本　墨書
清（1616～1911年）
縱103厘米　橫37厘米
商承祚家屬捐贈
深圳博物館藏

釋文（一）：畫歸不羨尉佗裝，彩服趨庭乐未央。闕下承恩雙寶籙，堂前含景兩干將。應多仙侶行鱗脯，更有名王致酪漿。遙識玉關翹首處，木公金母白雲鄉。邦彥。
鈐印：邦彥之印（白文）、世南（朱文）、春暉堂（朱文）。
鑒藏印：善繼堂家藏（白文）、槧齋暫保（白文）。

釋文（二）：陳邦彥有二。一順德人，字令斌，明崇禎末舉人，永明王時任兵科給事中，起兵與陳子壯攻廣州。兵敗入清遠，城破不屈死，謚忠愍。一嘉興人，字世南，號匏廬，又號春暉老人，工書法。康熙四十二年進士，乾隆十七年卒，七十五歲。此幅爲其所書，筆勢蒼勁，殆晚年之所作也。一九六四年得于北京，翌歲暮春三月記于佗城，商承祚。
鑒藏印：商承祚印（白文）、錫永（朱文）、古先齋（朱文）。

　　陳邦彥（1678～1752年），字世南，號春暉，又號匏廬，浙江海寧人。康熙四十二年（1703年）進士，官禮部侍郎。善書法，行草出入二王而得董其昌神髓。

　　此詩摘寫董其昌《宋獻如中舍自塞上歸，壽兩尊人詩送行》，筆勁字秀，結構寬展，平和自然。下方有商承祚題記，評其："筆勢蒼勁，殆晚年之所作也。"

二一

黃慎　草書七言聯

紙本　墨書
清·乾隆二十二年（1757 年）
縱 176 厘米　橫 22.5 厘米
商承祚家屬捐贈
深圳博物館藏

釋文：水之江漢星之斗，鶴在雲霄冰在壺。乾隆丁丑
秋九月，瘦瓢子醉書。
鈐印：黃慎（朱文）、瘦瓢（白文）。
鑒藏印：商承祚印（白文）、曾在契齋信（朱文）。

　　黃慎（1687～1766 年），字恭懋，號瘦瓢，福
建寧化人。清代著名畫家，"揚州八怪"之一，長
期寓居揚州賣畫爲生。
　　上聯出自王安石《贈曾子固》，下句出唐趙嘏《上
令狐相公》詩，"鶴"通作"鸖"。行筆奔放，連
綿跳動，綫條自然流暢，具有強烈的節奏感和運動感，
是黃慎難得的醉書墨迹。

二二二

伊秉綬　雲泉山館記冊

紙本　墨書
清·嘉慶十八年（1813年）
縱41厘米　橫27厘米
商承祚捐贈
廣東省博物館藏

釋文：雲泉山館記。白雲濂泉之間，有宋蘇文忠公之游迹焉。大清嘉慶
十七年，香山黃培芳，番禺張維屏、黃喬松、林伯桐，陽春譚敬昭，番
禺段佩蘭，南海孔繼光修復故蹟；道士江本源、黃明熏、董其役，拓勝
境二十，靡金錢若干。次年，閩人伊秉綬適來觀成，遂爲之記，而系以
銘。銘曰：盤谷樂獨，峿臺懷開。孰若雲泉，南園興焉。七子詩壇，傳
百千年。
鈐印：伊秉綬印（朱文）、吾得之忠信（白文）、所謂伊人（白文）、墨
卿（朱文）。
鑒藏印：寒玉齋（朱文）、敬叔秘珍（朱文）、趙之謙印（白文）、撝叔
壬戌以後所得（白文）、元農秘笈（朱白文）、椒齋暫保（白文）、商承
祚（朱白文）。

伊秉綬（1745～1815年），字墨卿、福建汀州人。清代中葉隸
書名家、碑學書法代表人物。嘉慶四年（1799年）來粵任惠州知府，
與翁方綱、阮元同爲乾嘉時期對嶺南文化產生影響的名士。

《雲泉山館記》爲伊秉綬嘉慶十八年（1813年）所書，碑原位
於廣州白雲山，晚清兩次毀於戰火。據鑒藏印可知此冊曾經晚清金
石書畫篆刻名家趙之謙所藏，後歸商承祚。雲泉山館位於蒲澗之左，
濂泉之間。嘉慶十七年，爲紀念蘇軾到訪蒲澗故迹，發揚嶺南文風，
著名士人黃培芳、張維屏等捐資建立雲泉山館。次年，伊秉綬到訪并
爲之書記，翁方綱作《題雲泉山館詩記》。黃培芳後有《增修雲泉山
館記》。伊秉綬在廣東留下諸多墨寶，如嘉道十六年所書《光孝寺虞
仲翔祠碑記》以及《葉花溪墓誌》。以上書碑與伊秉綬常見雄渾寬厚
之風有別。據查，現存伊秉綬書《雲泉山館》共有三個版本：一爲廣
東中山圖書館藏順德李陽刻石拓本；一即廣東省博物館藏冊頁墨本；
一爲保利廈門2018年春拍第1022號手卷本。三本書法頗有差別，尚
可繼續探討。

（二）

（一）

（四）

（三）

（六）

（五）

二二三

姚鼐　行草書冊

紙本　墨書
清（1616～1911 年）
縱 26.6 厘米　橫 31.5 厘米
商承祚捐贈
廣東省博物館藏

題簽：姚惜抱草書莫愁湖櫂歌册。共十幀，木公藏。戊午三月張運署。
釋文：莫愁湖櫂歌四首：繁華才過即千春，遺迹荒寒任水濱。復送酒船歌板至，豈知中有斷腸人。春光易盡是湖涯，桃李陰成柳作花。和雨和烟千萬樹，不知誰是莫愁家。游人散盡漸烏栖，唯有漁舟半隱堤。一曲櫂歌明月上，凄清風露女墻西。前古烟波後世樓，教人歡喜耐人愁。新詞才子情深淺，付與雙鬟試囀喉。李松雲太守新修莫愁湖樓成，作《莫愁湖櫂歌》，和者可百餘家。余老才盡，無能過於諸賢。亦擬作四首，殊不足觀，醉爲憨孫姪倩録之。姚鼐。
鈐印：姚鼐（白文）。
鑒藏印：運（朱文）、契齋暫保（朱文）、李國松藏（白文）、木公辛亥以後所得（朱文）。

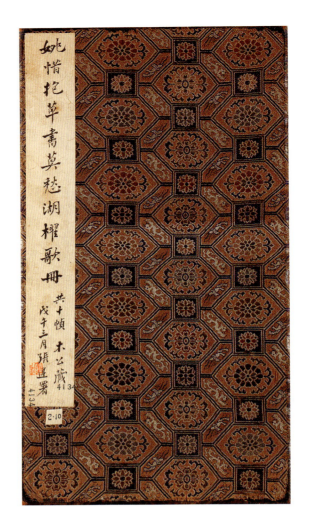

　　姚鼐（1732～1815 年），字姬傳、夢谷，室名惜抱軒，安慶桐城人。清代散文家，與方苞、劉大櫆并稱爲“桐城派三祖”。詩文成就影響深遠，書法造詣精深。
　　此册曾爲民國著名鑒藏大家李國松舊藏，後歸商承祚。李國松（1878～1949 年），字健父，號木公、契齋，晚清重臣李鴻章弟李鶴章孫，雲貴總督李經義之子，近代著名金石書畫鑒藏家。博雅好古，藏書書萬卷，名其室曰“集虛草堂”“肥遯盧”等。

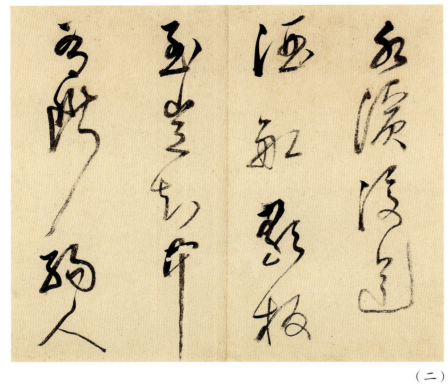

（二）

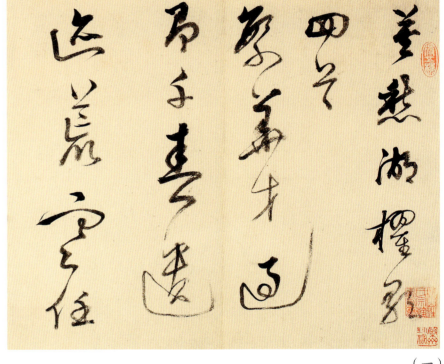

（一）

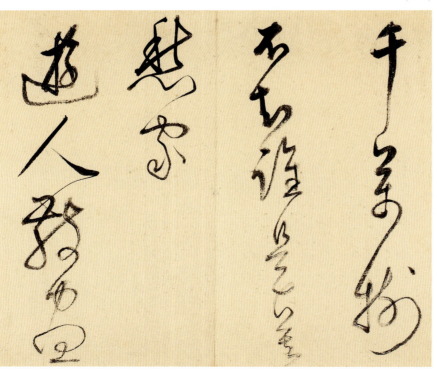

（四）

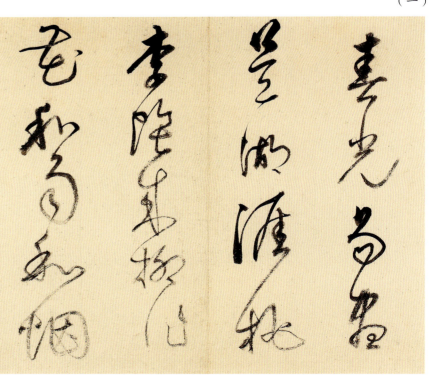

（三）

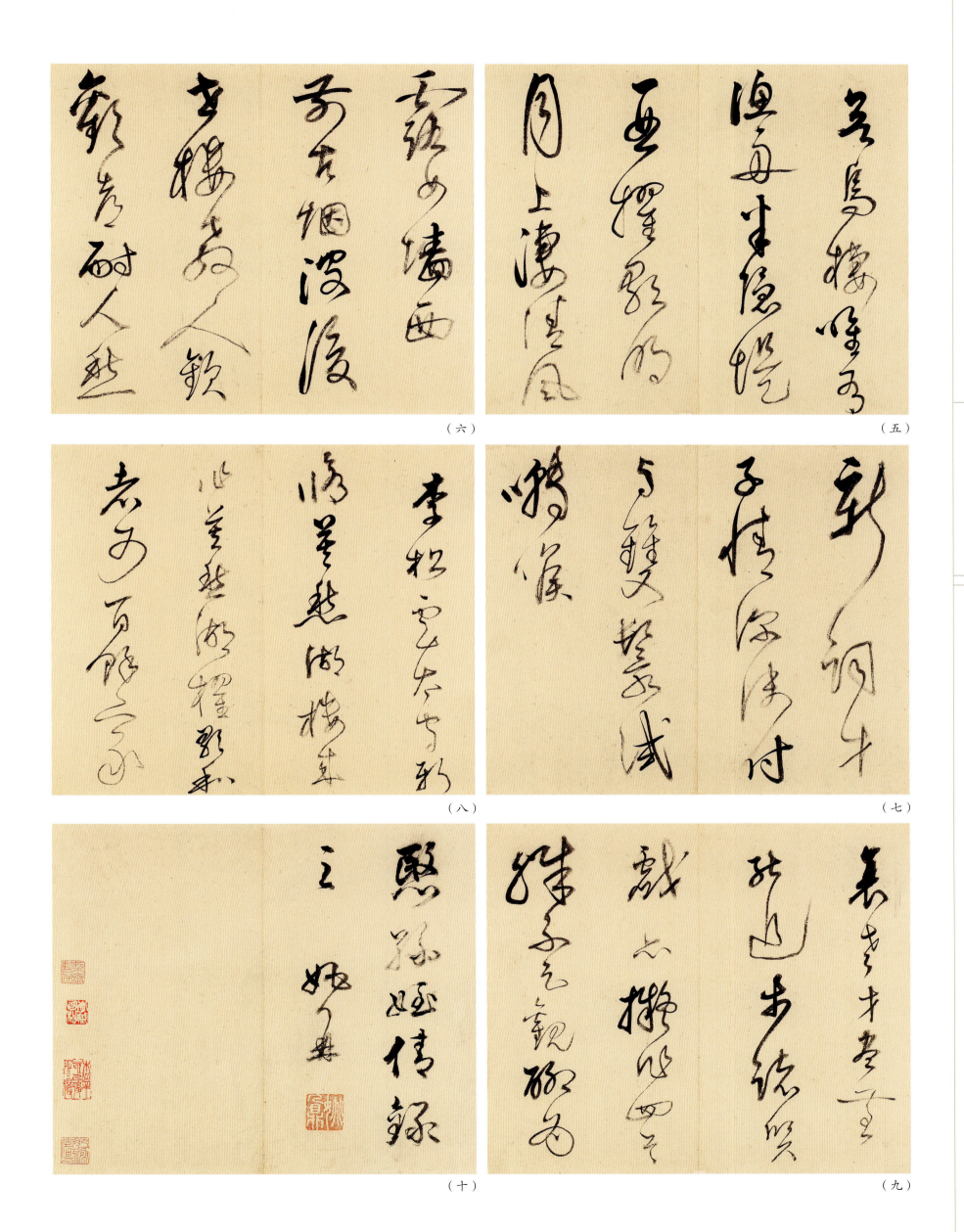

二二四

謝蘭生　隸書五言聯

紙本　墨書
清（1616～1911年）
縱95厘米　橫22.5厘米
商承祚捐贈
廣東省博物館藏

釋文：讀書大有益，爲善常所
欽。漢徵三兄屬，謝蘭生。
鈐印：蘭生私印（白文）、澧浦
（朱文）。
鑒藏印：黃節（朱文）、喚起截
斷（白文）、美人香草之居（朱
文）。

　　謝蘭生（1760～1831年），
字佩士，號澧浦，別署理道人。
廣東嘉道年間杰出的詩人、經
學家、教育家和書畫家。清嘉
慶七年（1802年）進士，先後
任教於粵秀、端溪、羊城等書
院，著有《常惺惺齋詩文集》。
其書畫個性鮮明，對嶺南地區
的書畫與學術發展貢獻卓著。

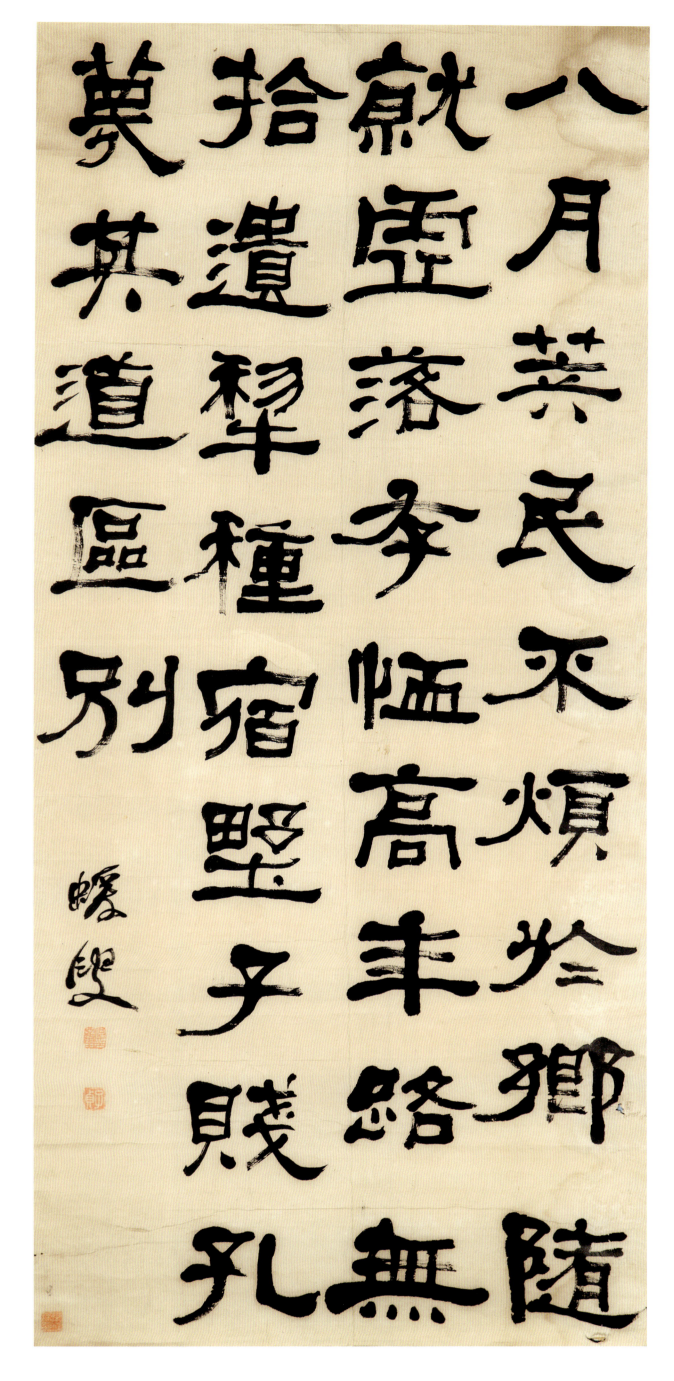

二二五

何紹基　隸書鏡心

紙本　墨書
清（1616～1911年）
縱 155.6 厘米　橫 70 厘米
商承祚捐贈
廣東省博物館藏

釋文：八月算民，不煩於鄉。隨就虛
落，存恤高年。路無拾遺，犁種宿野。
子賤孔蔑，其道區別。蝯叟。
鈐印：何紹基印（朱文）、子貞（白
文）。

　　何紹基（1799～1873年），字子
貞，號東洲、蝯叟等，湖南道州人。
道光十六年（1836年）進士，曾官翰
林院編修，後於濟南濼源書院、湖南
城南書院等處講學。著有《東洲草堂
詩集》《水經注刊誤》等。
　　此作節臨張遷碑，何紹基師從阮
元，長於考據，尤精小學金石碑版等，
爲嘉道間成就卓越的金石碑學書法家，
也倡導碑帖融合，被譽爲"有清二百
餘年一人"。商承祚幼時研習書法曾
參何紹基筆意。

二二六

陳澧　篆書十二言聯

紙本　墨書

清·同治九年（1870 年）

縱 297 厘米　橫 45.5 厘米

深圳博物館藏

商承祚家屬捐贈

釋文：度白雪以方絜，干青雲而直上。飛羽觴而
醉月，開瓊筵以坐花。賀湖大兄先生雅鑒，庚午
閏十月陳澧篆。

鈐印：陳澧之印（白文）、蘭甫（朱文）。

　　陳澧（1810～1882 年），字蘭甫，世稱東
塾先生，廣東番禺人。清代著名學者，先後受
聘爲學海堂學長、菊坡精舍山長，提倡樸學，
開創"東塾學派"。

　　此作上聯出自孔稚圭《北山移文》，意爲
品德純潔如白雪一般、人格高尚與青雲比并。
下聯出自李白《春夜宴從弟桃花園序》。

二二七

吳大澂等　牡丹貓圖軸

絹本　設色
清・光緒十七年（1891 年）
縱 125 厘米　橫 41 厘米
商承祚家屬捐贈
深圳博物館藏

釋文（一）：光緒辛卯年金危危日，臨潘蓮巢本。鶴逸道兄以劉完庵藕花洲牙印見惠，檢此奉贈，不足云報也。壬辰仲夏，大澂。
鈐印：窸齋所作時年五十有八（朱文）、吳大澂印（白文）。

釋文（二）：甲午人日雲壺補石。
鈐印：雲壺（朱文）。

釋文（三）：宋元人畫牡丹，渲染者多，寫意者少。蓋其時意在形求，形既肖而神無不全矣。且見牡丹而有貓者幾十本，大約取意於花之向午也。是幅創之於窸帥，補綴於雲老，而完全潤色於恢。恢復質之於鶴逸先生。先生幸教云。乙未乞巧日，陸恢病起記。
鈐印：恢（白文）、顧陸丹青（朱文）。

釋文（四）：丙辰人日，同人小集海野堂。小坡先生以陳壽卿太史家藏吉金文字精拓見惠，欣喜過已。檢此報謝，厚來薄往，附書志愧。西津顧麟士。
鈐印：鶴逸（白文）、西津（朱文）。
鑑藏印：蛟川方氏半閑廬珍藏書畫之印（朱文）。

　　吳大澂（1835～1902 年），字止敬、清卿，號恒軒，晚號窸齋，江蘇吳縣（今蘇州）人。歷官翰林院編修、廣東及湖南巡撫，精於金石學與古文字學。擅鑒賞、考據，詩、書、畫皆優，尤善篆書，爲晚清重要的教育家、書畫家與鑒藏家。

　　這幅作品最初由吳大澂畫貓，顧麟士獲贈收藏後請顧法補畫山石，再請陸恢補畫牡丹。20 餘年後，顧麟士又將此作爲友人鄭文焯見贈的陳介祺家藏吉金文字拓片的回贈之禮。因此，此幅書畫堪稱文人合璧佳作，也體現了晚清金石學者、藝術家、收藏家之間的一段友誼佳話。

二二八

沈曾植　行書七言聯

紙本　墨書
晚清民國（1840～1949 年）
縱 129 厘米　橫 32.5 厘米
商承祚家屬捐贈
深圳博物館藏

釋文：峰巒變滅無停狀，天海蒼茫一問津。海濱居久，頗習蜃氣魚鱗占候，登樓長望，輒有天風海濤之想，今年趙趄兄多寫桄榔句，心恂恂，殊不和也。聯承仁兄大雅，寐叟。
鈐印：植（朱文）、雙木蓮館（白文）。
鑒藏印：鐵嶺王貴忱章（白文）、可居室（白文）、商承祚（朱白文）。

　　沈曾植（1850～1922 年），字子培，號乙盦，又號寐叟，浙江吳興人。光緒進士，官至布政使，晚清大儒，著有《海日樓文集》《海日樓題跋》等。沈曾植作爲清末民初碑派書法的中堅，尊帖與崇碑并重，影響了後世的碑派書家。

二二九

何香凝　虎嘯圖軸

絹本　設色
清·宣統二年（1910 年）
縱 82 厘米　橫 40 厘米
商承祚家屬捐贈
深圳博物館藏

釋文（一）：弟婦香凝素習繪事，研究日本新派美術，略有心得。庚戌暑假游京師，既以山水圖幅獻霽老。顧筆墨清雋，不及所繪猛獸，饒有須眉氣。是秋，香凝復東渡，瀕行，檢筍中得此幅，以示余。余以霽老賞鑒眼法較余尤高，因以奉贈。歸善廖恩燾懺庵甫。
鈐印：懺庵（朱文）、羅浮山人（朱文）。

釋文（二）：何香凝老人于一九七二年逝世，終年九十五歲。此幀成于清末宣統二年庚戌，爲公元一九一〇，時年三十三歲，正在日本留學習藝期間。當日國內女子作畫多致力于花鳥，間及山水，迄未見有獸類，遑論虎豹之屬。而香凝乃能一反潮流，以革命精神寓意繪之中，于斯可見。一九七八年孟春，商承祚記。
鈐印：商承祚（白文）。

　　何香凝（1878～1972 年），廣東南海人。中國近現代社會活動家和藝術家，曾任中國美術家協會主席。其畫作氣度恢弘，立意深邃，常通過松、梅、獅、虎和山川的描繪，寓意革命精神。
　　此幅爲何香凝早年創作的藝術精品，以設色繪草叢中怒吼的猛虎，中西結合。畫作上有何香凝夫廖仲愷的兄長廖恩燾題跋，詩堂處爲商承祚題記。

二三〇

溥儒　空山秋雨圖軸

紙本　設色
民國（1912～1949年）
縱113厘米　橫48厘米
商承祚家屬捐贈
深圳博物館藏

釋文：空山秋雨晦，端居日多暇。
時有幽人來，邂逅松風下。心畬。
鈐印：舊王孫（朱文）、溥儒（白
文）、長毋相忘（朱文）。

　　溥儒（1896～1963年），字
心畬，號西山逸士，清宗室舊王
孫。畫工山水，兼擅人物、花卉，
與張大千在美術史上被譽爲"南張
北溥"。
　　此作品布局謹嚴，層次分明，
筆墨秀潤，色調諧和。溥儒以界畫
手法，將結構繁復的樓臺殿閣，構
築於崇山峻嶺之間。

二三一

張大千　荷花圖軸

紙本　設色
民國三十二年（1943 年）
縱 180 厘米　橫 90 厘米
商承祚家屬捐贈
深圳博物館藏

釋文：明月曾呼白玉盤，多情更照玉闌干。香吹一夜西風滿，水殿羅衣作許寒。鳳崗仁兄賞予敦煌所作江南夢憶，以爲水珮風裳，得南方末夏之勝，屬復爲之。時將歸蜀，率筆成此，幸諒其不工也。癸未九月，大千張爰。
鈐印：爰鉢（白文）、大千（朱文）。

　　張爰（1899～1983 年），號大千，四川內江人。20 世紀 40 年代赴敦煌莫高窟臨摹壁畫近三年，畫風爲之一變。晚年又游走歐美，受野獸派影響而作潑彩潑墨。
　　此幅作於張大千結束敦煌壁畫臨摹後不久。畫作以八大山人、石濤等大寫意筆法作潑墨荷葉、荷花、梗吸取敦煌壁畫綫條藝術，酣暢淋漓。此幅畫作對研究大千的畫法轉變具有重要價值。

名人函札

　　商承祚所藏清季名人函札、稟牘奏稿，是研究中國近代史的一手信史資料，對於了解清代晚期官場風氣、社會政治風貌有重要的價值。2003 年，其哲嗣商志驊先生於捐贈至南京太平天國歷史博物館。

二三二

林則徐　致潔生函

清·道光六年（1826 年）
縱 23 厘米　橫 12.5 厘米
商承祚家屬捐贈
太平天國歷史博物館藏

釋文：潔生尊兄大人閣下：壬寅春間鄭州道上，手泐寸緘，繳謝盛貺，由定勤四兄帶呈。忽忽又閱兩年，未得續修片楮，而力微任重，不遑暇日，荏苒至今，歉何可言。乃荷手箋存問，感刻奚如。惟所示托芸生處交來兩函，只收到其一，並詞綜六卷，惟咏古詩一卷未曾奉得，不知果交來否？閏星使在鄂，欲了前案，未知究係如何？瀣山在海南居家，亦尚將就，想不出山矣。此請升安。不一。小弟林則徐頓首。冬至日。
鈐印：松花室（朱文）。

　　林則徐（1785～1850 年），字元撫，福建候官縣人。政治家、思想家、詩人。曾任湖廣總督。1838 年被任命爲欽差大臣，前往廣東禁煙。鴉片戰爭爆發後，受投降派誣陷而被革職。
　　信函內容爲林則徐與同僚間的寒暄問候。“瀣山”即曾任湖北布政使張嶽松，詩詞書畫兼善，支持林則徐禁烟。

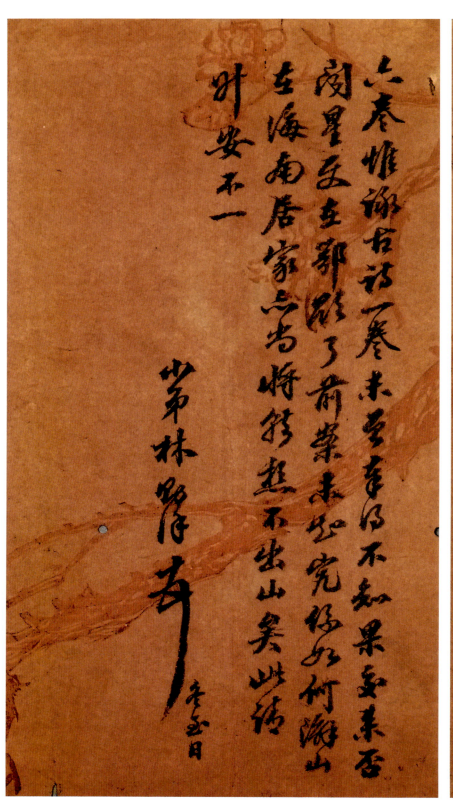
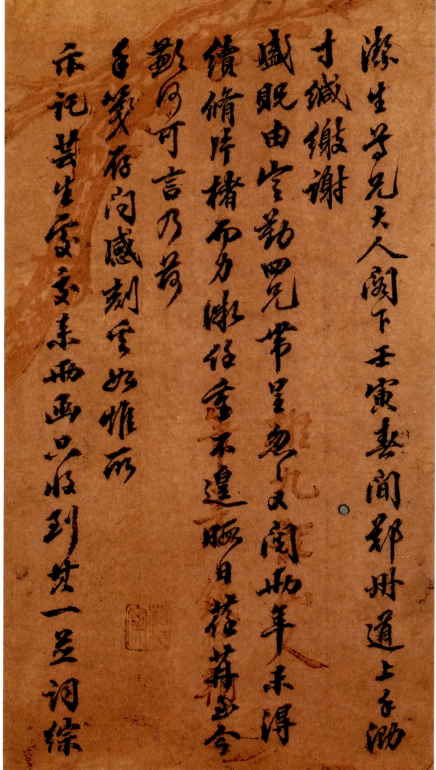

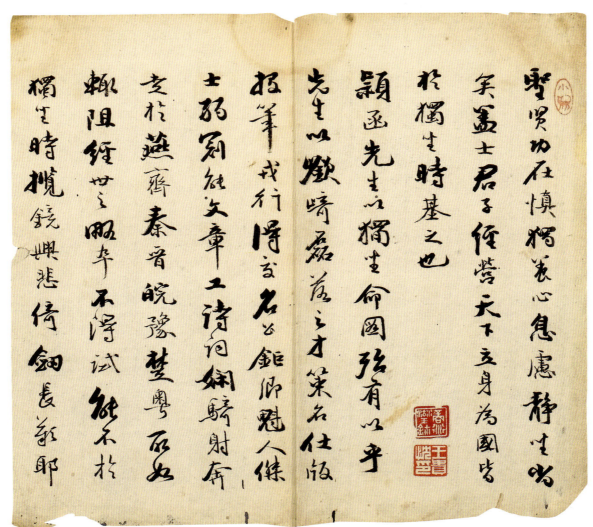
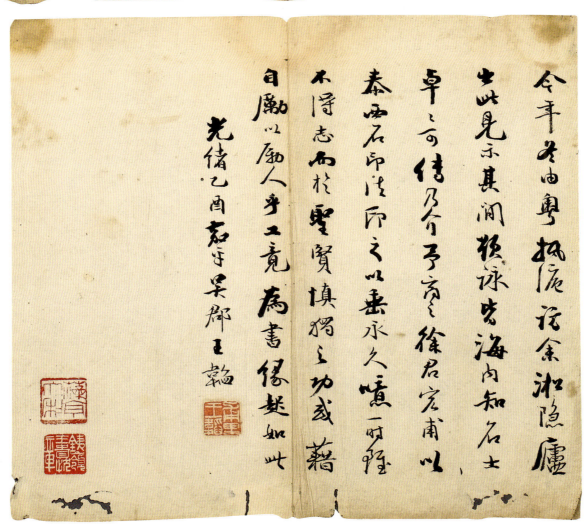

二三三

王韜　手稿

清·光緒十一年（1885 年）

縱 25 厘米　橫 27 厘米

商承祚家屬捐贈

太平天國歷史博物館藏

釋文：聖賢功在慎獨，養心息慮，靜坐省矣。蓋士君子經營天下，立身爲國，皆於獨坐時基之也。穎函先生以獨坐命圖，殆有以乎？先生以嶔崎磊落之才，策名仕版，投筆戎行，得交名公鉅卿，魁人傑士。弱冠能文章，工詩詞，嫻騎射，奔走於燕齊秦晉皖豫楚粵，所如輒阻，經世之略卒不得試，能不於獨坐時攬鏡興悲，倚劍長嘆耶！今年冬，由粵抵滬，訪余淞隱廬，出此見示。其間題咏皆海內知名士，卓卓可傳。乃介予商之徐君宏甫，以泰西石印法印之，以垂永久。噫！一時雖不得志，

而於聖賢慎獨之功，或藉自勵以勵人乎？工竟，爲書緣起如此。光緒乙酉嘉平吳郡王韜。

鈐印：甫里王韜（白文）、朱文肖形印、商衍鎏鉢（白文）、王貴忱（白文）、藻亭大利（朱文）、鐵嶺王貴忱章（白文）。

王韜（1828～1897 年），原名王利賓，爲躲避政治迫害改名王韜，字紫詮、蘭卿，號仲弢、歐西富公、弢園老民、蘅華館主等，蘇州長洲人。王韜是近代第一批走向世界的江南知識分子、啓蒙思想家、文學家、報人，游學歐洲，在香港創辦《循環日報》，評論時政，提倡變法維新；後出任上海格致書院院長，爲推動中外交流貢獻卓著。著有《蘅華館詩錄》《弢園日記》《弢園文錄外編》《弢園叢書》《弢園西學輯存》等多種。

王韜友人四處游幕，皆不得志，遂以所作文稿轉交王韜，請其石印出版。王韜略作數言以記事。

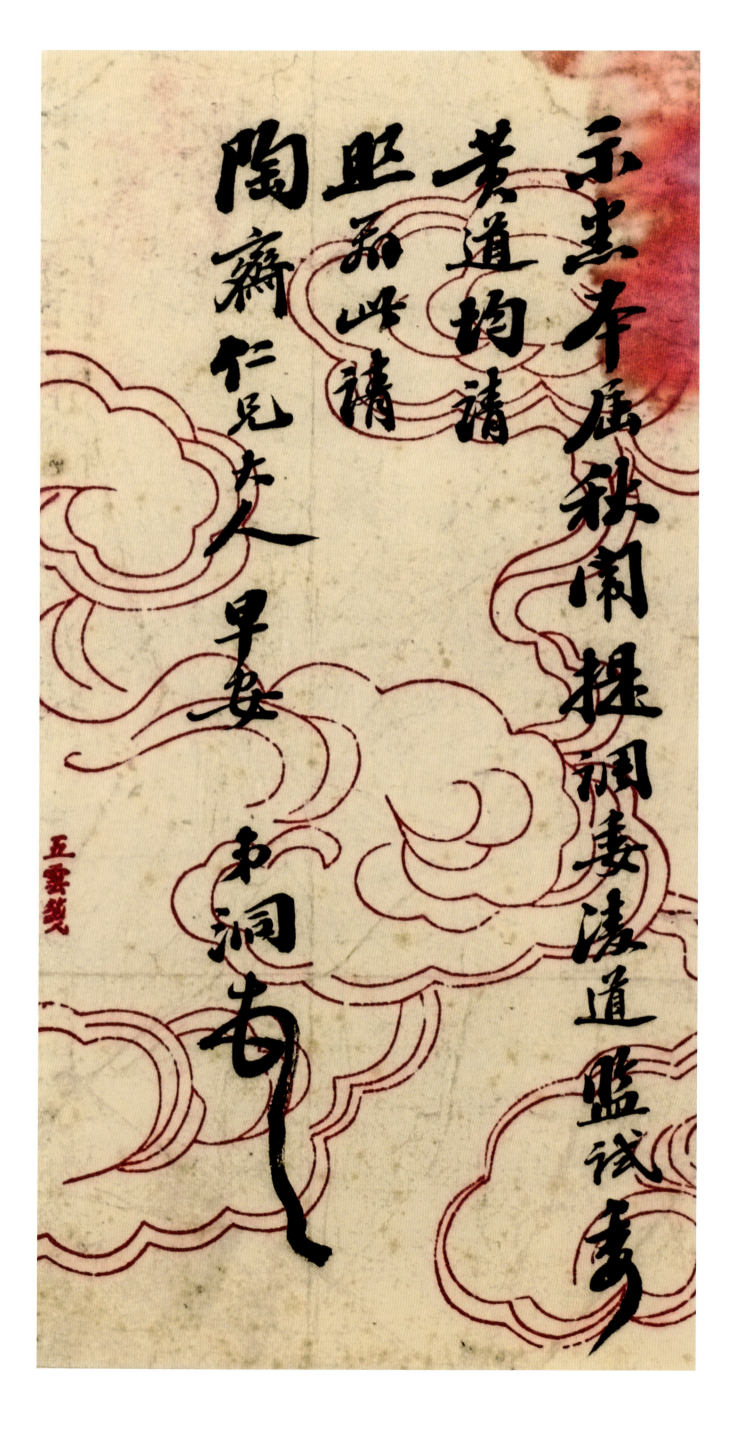

二三四

張之洞　復端方函

清（1616～1911年）
縱30厘米　橫18.5厘米
商承祚家屬捐贈
太平天國歷史博物館藏

釋文：示悉。本届秋闈提調
委凌道，監試委黄道，均請
照辦。此請陶（匋）齋仁兄
大人早安。弟洞頓首。

　張之洞（1837～1909
年），晚清名臣、清代洋
務派代表人物。
　端方（1861～1911年），
清末大臣、金石學家、收
藏家。中國新式教育的創
始人之一。
　此件爲張之洞回復端
方有關鄉試經辦官員差遣
事宜的書信。

二三五

伍廷芳　致呂海寰函

清（1616～1911年）

縱35厘米　橫23厘米

商承祚家屬捐贈

太平天國歷史博物館藏

釋文：鏡翁尚書仁兄大人閣下：今日午後與美使會議，大約各節似宜速電外務部、袁、張兩宮保。尤爲要緊者，係美使催□頭，總回音以免再生枝節。又，第十款決意不允，刪去，及外務部已照會康使。爲東三省開口岸事，可否轉告犖卿從速擬稿？統祈卓奪。專此，敬請臺安。教弟廷頓首。初六。

　　伍廷芳（1842～1922年），清末民初外交家、法學家。曾任出使美國、西班牙、秘魯大臣，段祺瑞政府外交總長，廣東省省長。

　　呂海寰（1842～1927年），清末民初外交家，中國紅十字會創始人，歷任駐德國、荷蘭兩國公使。

　　信函關照將與美國駐華公使商談外事內容，需速呈外務部出具對策。

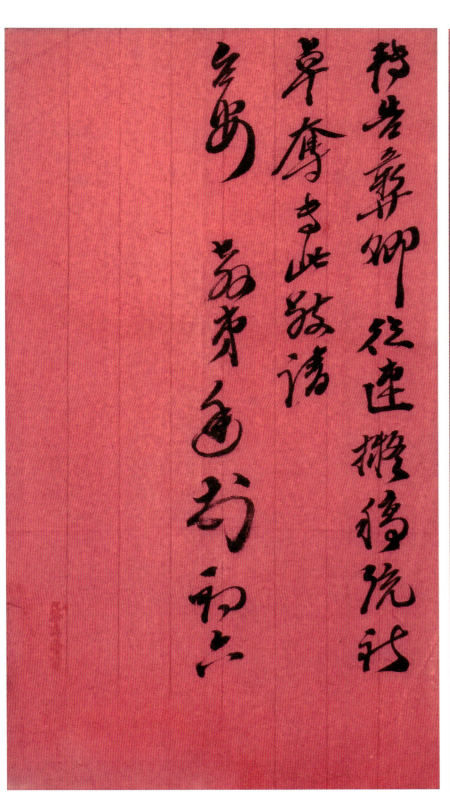
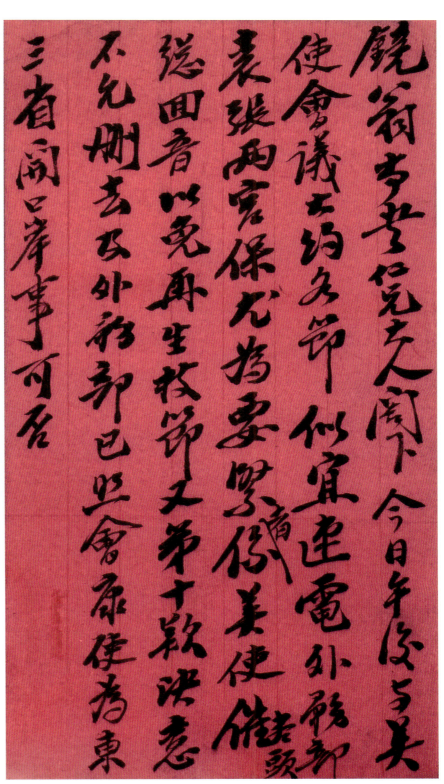

二三六

徐邦道　上李鴻章稟牘底稿

清·光緒二十年（1894 年）

縱 28 厘米　橫 45 厘米

商承祚家屬捐贈

太平天國歷史博物館藏

釋文：

沐恩徐〇〇謹稟宮太傅爵中堂鈞座

敬稟者：竊〇〇奉飭帶隊防守奉天大連灣地方，所有一切情形已經稟明在案。伏查〇〇初到防時，即探得倭寇已在皮子窩距岸爲營〈近日倭艦復陸續而來〉，即時聞知，實深焦灼。〇〇親往各處要隘察看形勢，惟金州東北兩股大道直達該逆營壘，又聞倭人用戰艦載兵陸續登岸，隨即與金州副都統連順飛商淮（懷）字營統帶趙提督懷業，迅速撥兵防守及乘間腰擊之處。趙提督以固守炮臺爲辭，不肯迎戰，祇派周營官帶步隊二百人同旗兵抬槍隊二百人駐紮北路十三里鋪。〇〇當趕派步隊前、左兩營、馬隊左營一營阨守金州東門外十八里之老虎山，以備來侵。初五日，哨探該逆步步

爲營，意在進攻。〇〇隨時抽調馬步隊一千三百人，一面偵探，一面預備開伏。初六日夜，偵探之隊行三十余里，黎明忽遇倭兵，互相接仗，鬭兩時之久，傷斃兵七人，馬數匹，該逆退去。未幾，擁大隊〈二萬余人〉布陣直犯。〇〇督率抽調各隊奮力抵禦，至夜半始收隊。未暇休息，倭夷振旅復來，猖獗尤甚，左冲右突，銳不可當。幸開花炮得力，擊斃千餘匪，逆氣稍卻，卑軍士氣益伸。無奈衆寡不敵，無人接應，此夕又未收隊，連旦澈宵，拼力苦戰，當斯時已屬勉强支持。〈次日黎〉五鼓，在十三里鋪之周營官身受重傷，兼以兵力太單，遂爲倭兵攻敗。連順亦竭力迎剿，同時兵盡城陷。趙提督此時速督隊出營，方接伏間一併潰敗。倭夷又分精捍（悍）大股截斷老虎山後路與徐家山一路。各營與倭匪連戰兩晝夜，當時該匪水陸並攻，亦被重圍。卑軍兵力本弱，四面應敵，實難兼顧。倭夷又續添新隊，連番撲營，槍炮如雨。〇〇隨即勵以忠奮數語，圍軍將士聞之莫不振刷精神，堅心死拒，延至黃昏時候，死亡甚多，勢實難支〈〇〇見事不濟，徐家山、老虎山〉，兵丁紛紛星散。〇〇趕急收率各隊潰圍而出，徐家山同時亦陷。敗兵相遇，且戰且走，意欲退守南關嶺，與趙提督合軍，再反戈痛剿，比至，未見懷字營一人。〇〇於萬不得已之際，方偕連順暫且退住旅順，以圖恢復計。卑軍血戰三晝夜，先後陣亡哨官侯汝林、韓正江、殷正芳三名，勇丁二百餘名，受傷營官劉必權一員，哨官周盟於等三名，哨弁陳仲山等

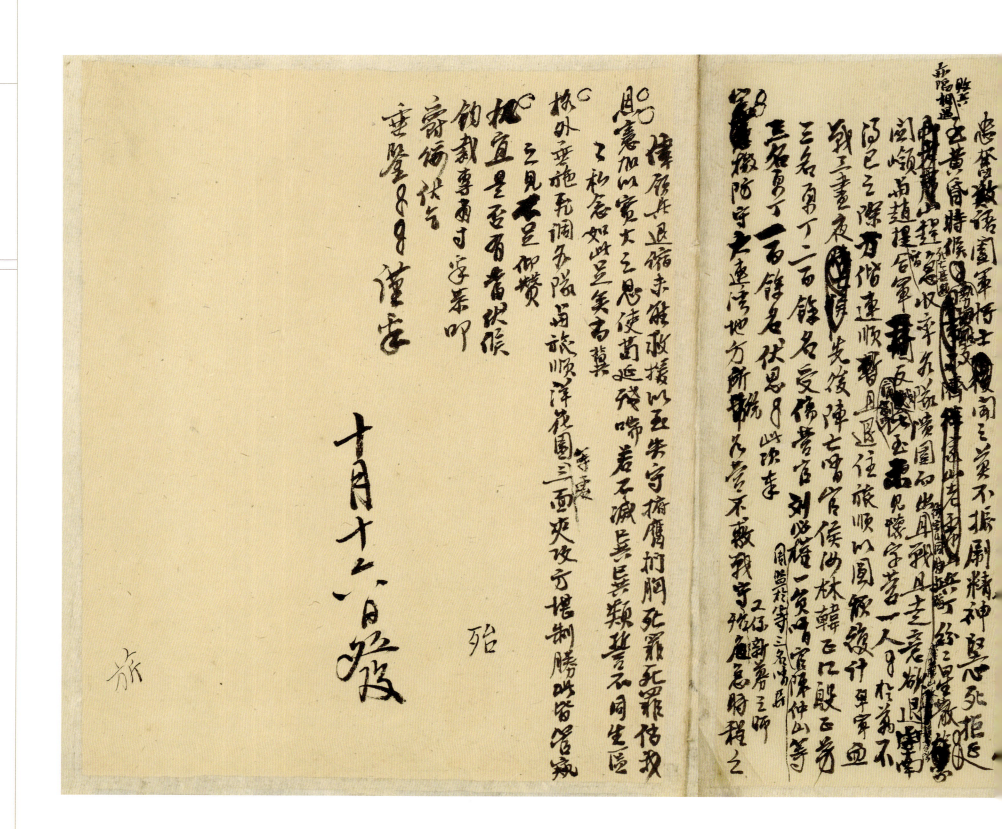

三名，勇丁一百餘名。伏思○○此次奉憲檄防守大連灣地方，所統各營不敷戰守，又係新募之師，殆危急時程之偉領兵退縮，未能救援，以至（致）失守。撫膺捫胸，死罪死罪。倘我恩憲加以寬大之恩，使苟延殘喘，若不滅異（此）異類，誓不同生。區區私念，如此足矣。尚冀格外垂施，飛調各隊與旅順洋花園等處三面夾攻，方堪制勝。此皆管窺之見，不足仰贊機宜，是否有當，伏候鈞裁。專肅寸稟，恭叩爵綏。伏乞垂鑒。

○○○○謹稟

十月十六日發

　　徐邦道（1837～1895年），字劍農，清末將領，四川涪州人。1894年甲午戰爭爆發，奉令駐守旅順。

　　甲午戰爭中，日軍進攻旅順，徐邦道領兵防守。因各部援應不力，加之日軍不斷增援，最終戰敗，旅順外圍陣地相繼易手。徐邦道將此情況擬成底稿，準備於1894年十月初九上報直隸總督兼北洋大臣李鴻章。

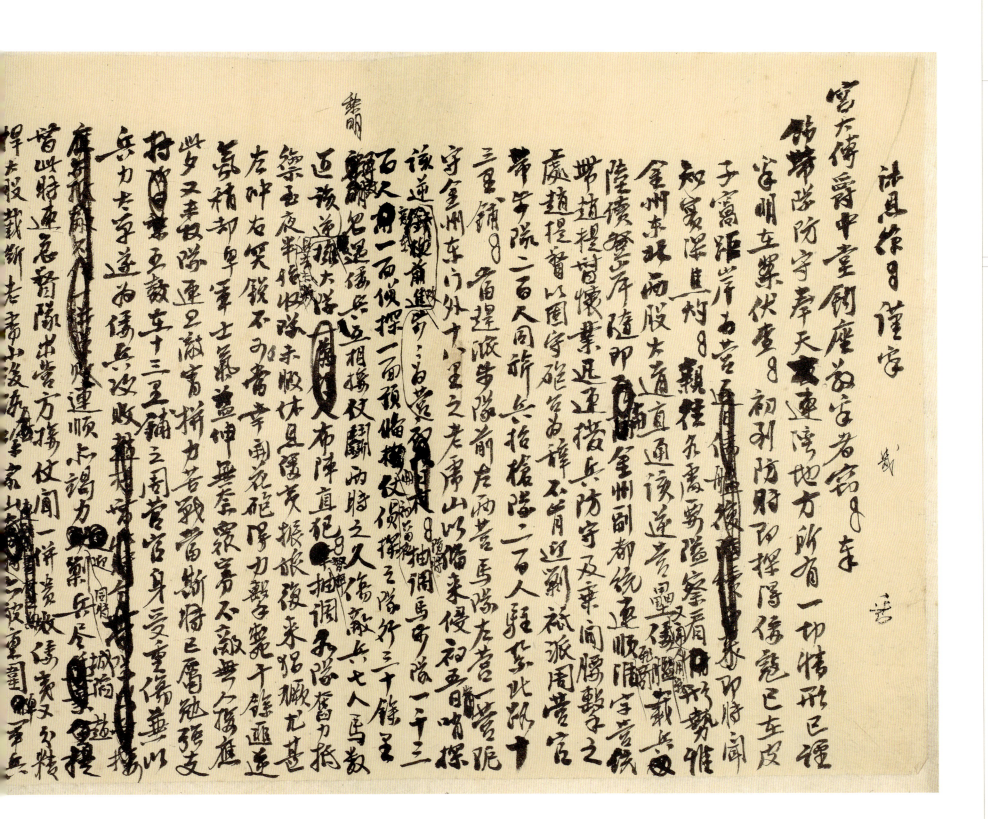

金石

商承祚雅好古物，留心金石文物購藏，曾自述："舉凡金、石、竹、木、陶、瓦……皆在入藏之列。"商承祚尤其精於青銅器的鑒藏與研究，親自摹拓，注重器物的文化價值發掘，於 1956 年被聘爲故宮博物院銅器專門委員會成員。除青銅禮器外，商承祚研究領域還包括甲骨、簡牘、帛書、漆器、碑刻及木雕等，其關於金石古物鑒藏的論述，對時人認知古物的價值具有重要參考意義。

1982 年 8 月　商承祚鑒定銅器

二三七

番禺商氏契齋藏器

民國二十四年（1935 年）
影印本
商承祚家屬捐贈
中山大學圖書館藏

此本爲商承祚《十二家吉金圖録》中商氏契齋藏器部分，單獨成册，商承祚金文題名"番禺商氏契齋藏器"。共收録二十八件青銅器，每器均附有照片，又摹拓銘文、紋飾，附考釋。

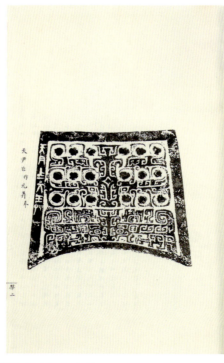

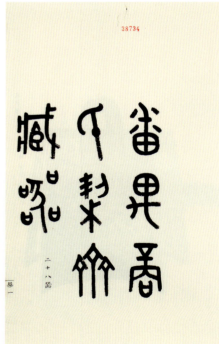

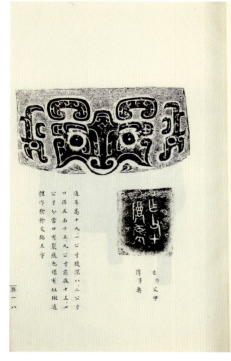

二三八

谷紋玉璧

漢（公元前 206～公元 220 年）
直徑 14.8 厘米　厚 0.3 厘米
商承祚家屬捐贈
深圳博物館藏

　　禮玉文化是中華傳統文化中重要的組成部
分。玉璧指一種有圓孔的平圓形玉器。早期玉
璧多爲祭祀禮器。《周禮・大宗伯》："以蒼
璧禮天。"後代文獻記載及考古發現中所見的
玉璧已不限於禮儀用器，或作爲佩飾、車飾、
建築裝飾，或出現在墓葬中作爲祭禮、棺飾等。

二三九

禾穗紋玉璧

直徑 10.3　厚 0.7 厘米
商承祚家屬捐贈
深圳博物館藏

銀女踞坐俑

西漢（公元前 206 ～公元 25 年）

高 22.6 厘米　寬 8.7 厘米　厚 10.7 厘米

商承祚捐贈

故宮博物院藏

　　金屬銀的發現和銀器的制作都比較晚。在我國，目前發現的時代最早的銀器當屬甘肅玉門火燒溝遺址新石器時代晚期遺存中出土的銀耳環、銀鼻環。此後，在河南洛陽金村東周大墓發現有銀俑，河北平山戰國時期中山國墓葬中出土有一件銀首人俑銅燈。

　　此件銀俑殊爲難得，其髮髻上綰，身着多層交領廣袖衣，神態端嚴。推測銀俑雙手當握有桿狀物，或爲燈座，燈桿下端插入圓筒內。

二四一

夔龍紋銅鉞

西周（公元前 1046～前 771 年）
高 16.6 厘米　寬 11.3 厘米
商承祚家屬捐贈
深圳博物館藏

　　《釋名·釋兵》："鉞，豁也。"其甲骨與金文的寫法表明鉞是一種裝長柄、用於劈砍的兵器，至"豁然破散也"。鉞更重要的是它的禮器功能，《尚書》記武王伐商誓師於牧野，"左杖黃鉞，右秉白旄"。

　　河北中山王厝墓出土的中山侯鉞，其銘文"天子建邦，中山侯愚。作茲軍鉞，以敬（警）氒（厥）眔"，意爲天子賜鉞，授予征討殺伐之權，威嚴不可侵犯。鉞作爲統軍將帥權力的象徵，存續時間很長。

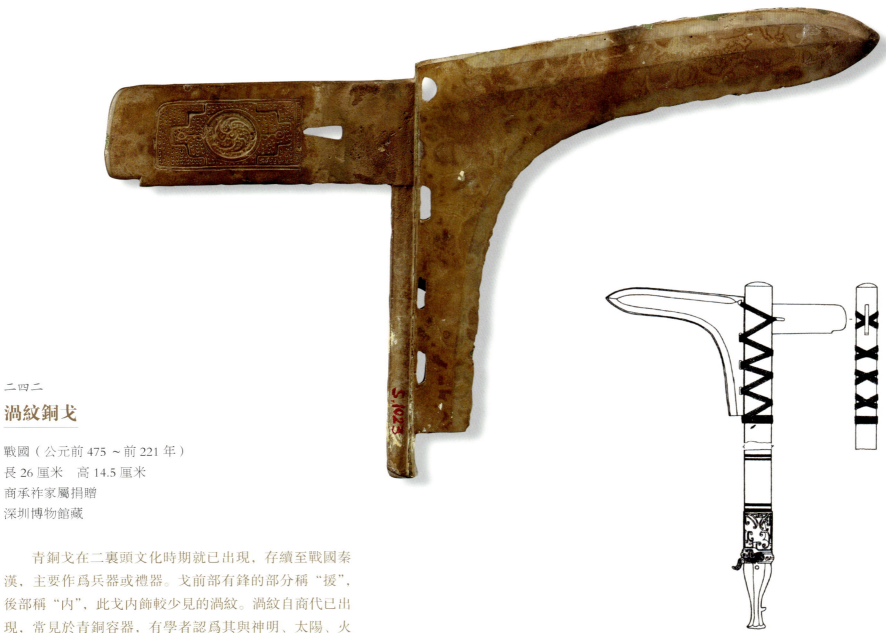

二四二

渦紋銅戈

戰國（公元前 475 ～前 221 年）
長 26 厘米　高 14.5 厘米
商承祚家屬捐贈
深圳博物館藏

　　青銅戈在二裏頭文化時期就已出現，存續至戰國秦漢，主要作爲兵器或禮器。戈前部有鋒的部分稱"援"，後部稱"內"，此戈內飾較少見的渦紋。渦紋自商代已出現，常見於青銅容器，有學者認爲其與神明、太陽、火有關。

戈與鐏的使用示意圖

二四三

錯金雲紋鐏

西漢（公元前 206 ～公元 25 年）
長 14.4 厘米　寬 3.4 厘米
商承祚家屬捐贈
深圳博物館藏

　　鐏一般指長兵柲柄下端的附件，主要用於戈、矛、戟等。鐏銎孔的形狀與武器的使用方法有關，此件爲橢圓形，或多用於戈。戈的用法有啄、橫擊、內勾等，柲柄作不規則圓形防止轉動使戈鋒偏離，鐏的銎孔形狀也隨之變化。圓銎的鐏或稱爲鐓，用於直擊的長柄兵器，如矛等。

二四四

"蜀東工" 銅戈

戰國（公元前 475 ～ 前 221 年）
長 26.3 厘米　高 16.3 厘米
商承祚家屬捐贈
深圳博物館藏

　　春秋時期，青銅鑄造形成一種制造者需在器物上留名以便質量檢查和追責的制度。《禮記》載："物勒工名，以考其誠，工有不當，必行其罪，以究其情。""蜀東工"的銘文可以理解爲這件銅戈是在成都的東工作坊制造。

二四五

無格平脊扁莖式銅劍

戰國（公元前 475 ～ 前 221 年）
殘長 24.4 厘米　寬 3.5 厘米
商承祚家屬捐贈
深圳博物館藏

　　青銅劍可追溯至西周早期，流行於春秋戰國時期，既是兵器也是重要的禮器。早期青銅劍以北方扁莖劍和南方圓莖劍爲代表。平脊是銅劍鑄造技術中較爲特殊的工藝，學者推測其爲借鑒青銅戈的平脊造型發展而來，存續至戰國晚期。

銅劍

戰國（公元前 475 ～前 221 年）
長 60 厘米　寬 4.7 厘米
商承祚家屬捐贈
中山大學圖書館藏

　　商周時期以車戰爲主，使用戈、戟類的長兵，劍謂"所以防檢非常也"，適用於非車戰情況的近戰。劍的長度比較短，約在 40 厘米以下，使用時以直刺爲主，也被稱爲"直兵"。

　　戰國時期，戰車衰落而步兵興起，武器隨着軍事需要而改進，劍身加長，同時强調劈砍的攻擊方法。西南吳越地區因水陸條件限制而發展步兵，鑄劍水平高超，制工精美，此銅劍的劍式爲吳越系典型劍式之一。

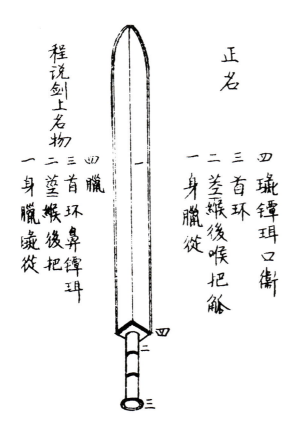

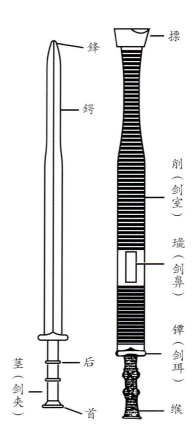

商承祚對銅劍各部位名稱考證圖示　　　　劍與劍具圖（引自《漢代物質文化資料圖説》）

　　古器物各個部位的定名，是基於古人對文字和器物的理解，亦是前代學者對文獻或實物考證之成果。

　　1938 年，商承祚發表於金陵學報的《程瑤田桃氏爲劍考補正》是對銅劍各部位名稱考證正名之論。"桃氏爲劍"爲《周禮·考工記》中與銅劍相關的部分，此書是記述春秋戰國手工業各工種規範和制造工藝的文獻。

二四七

錯銀雲紋銅帶鈎

西漢（公元前 206 ～公元 25 年）
長 11 厘米　寬 1.4 厘米
商承祚家屬捐贈
深圳博物館藏

　　帶鈎用於鈎系束腰革帶，將鈎鈕嵌入革帶一端，鈎首挂在革帶另一端的穿孔或環中。帶鈎初現於西周晚期，形如此件的琵琶形帶鈎在戰國時已廣泛流行，漢時此類帶鈎的鈎鈕位至鈎身中部。

二四八

"四山" 紋銅鏡

戰國（公元前 475 ～前 221 年）
直徑 13.8 厘米　厚 0.5 厘米
商承祚家屬捐贈
深圳博物館藏

　　銅鏡是中國存續時間最長的銅器種類，從新石器時代齊家文化至清代。山字紋鏡是戰國最流行的幾何紋鏡類，有人認為其紋飾代表古人對山的崇拜，也有學者認為這種紋飾與青銅器上抽象化的勾連雷紋很相似，其含義尚無定論。

二四九

嵌緑松石柿蒂紋銅鏡

戰國（公元前 475 ～ 前 221 年）
直徑 10.2 厘米　厚 0.3 厘米
商承祚家屬捐贈
深圳博物館藏

　　戰國銅鏡紋飾以主紋加地紋的模式爲主。此件銅鏡主紋爲
裝飾緑松石的花葉紋。裝飾緑松石的器物，在二裏頭文化時期
就已出現。此件的地紋爲羽狀紋，即上下正反排列的羽翅紋，
有學者認爲羽狀地紋是變形的獸紋。

二五〇

蹴踘紋銅鏡

南宋（1127 ～ 1279 年）
直徑 10.5 厘米　厚 0.5 厘米
商承祚家屬捐贈
深圳博物館藏

　　宋以後的銅鏡紋飾更多取自現實生活題材，趨於
親切、真實，并富有人文氣息。宋代的繪畫技法影響
了銅鏡紋飾的制作。正如此鏡中，很好地處理了人物
及背景假山的近遠景關系，惟妙惟肖地表現出一幅庭
院生活小景。
　　蹴鞠是中國一項傳統的體育運動，起源於春秋戰
國時期，至宋代獲得極大發展。

二五一

張鳴岐款　銅八角暖爐

清（1616～1911 年）
通耳高 9.5 厘米　底徑長 11.5 厘米　寬 9.5 厘米
商承祚捐贈
廣東民間工藝博物館藏

　　暖爐是冬日取暖的盛火器。
　　張鳴岐，明萬曆年間嘉興人，制爐名家。所做手爐人稱"張爐"，以暖而不燙、端而不癟聞名。"張爐"款式多樣，全由椰頭敲擊而成，爐蓋工藝繁復，爐身光潔、素净。

居延漢簡

　　1930年，西北科學考察團在今甘肅省境內的額濟納河沿岸以及黑城地區的漢代塞城和障堡亭燧等遺址獲得簡牘萬餘枚，習稱"居延漢簡"。這批漢簡的絕大部分現藏於"中央研究院"歷史語言研究所，少量木簡分散各處，商承祚藏簡5枚。

元壽二年三言曰罗子期二丑中部侯史薛君伯
竟十一月美畢細不得忠藏責尹伯
元壽二年三月甲子朔丁丑中部侯史薛君伯
竟十一月錢畢捐不得忠藏責君伯錢君伯即

永光元年六月丙申朔
　　甲渠鄣侯喜敢言之府移太守府都吏書曰昭縣糅得御所失亡

士吏膽令史宣

二五二

"元壽二年薛尹伯"木簡

西漢·哀帝元壽二年（公元前1年）
高15.3厘米　寬1.6厘米　高0.6厘米
商承祚家屬捐贈
深圳博物館藏

二五三

"永光元年"木簡

西漢·元帝永光元年（公元前43年）
高22.6厘米　寬1.1厘米　高0.3厘米
商承祚家屬捐贈
深圳博物館藏

二五四

"明府哀憐全命" 木簡

東漢（25 ～ 220 年）
高 22.4 厘米　寬 1.2 厘米　高 0.3 厘米
商承祚家屬捐贈
深圳博物館藏

明府哀憐全命　未忍行重法　叩頭死罪死罪對府□送府□□

二五五

"客子漁陽郡路縣" 木簡

東漢（25 ～ 220 年）
高 23.1 厘米　寬 1 厘米　高 0.3 厘米
商承祚家屬捐贈
深圳博物館藏

客子漁陽郡路縣安平里張安上　馬二匹　軺車二乘

二五六

"長安有利裏宋賞" 木簡

東漢（25 ～ 220 年）
高 23.6 厘米　寬 1 厘米　高 0.3 厘米
商承祚家屬捐贈
深圳博物館藏

長安有利里宋賞年廿四　長七尺二寸黑色　已

藏印

　　印章是商承祚的重要收藏門類之一，包括秦漢古璽印及明清以來名家之印，與其金石研究密切相關。商氏家族捐贈至深圳博物館的印章共計 173 方，多爲明清篆刻大家刻印及名人自用章，質地上乘，造型別雅，具有很高的歷史、藝術與研究價值。

二五七

商承祚　契齋古印存

2019 年
中州古籍出版社
天津圖書館藏鈐印本
深圳博物館藏

　　印譜之作偕金石學之興昉於宋，至明清時期篆刻集譜風行於世。印譜作爲印章與篆刻藝術的載體，是印學及篆刻學的重要組成部分。

　　該書最早刊於 1936 年 6 月，綫裝共十冊。商承祚早年好藏先秦兩漢古印，聲名卓著。民國二十四年（1935 年）商氏同學好友柯昌泗爲之作序，民國二十五年（1936 年）商承祚自序，并篆書名"契齋古印存"，落款"己顧"。鈐拓精良，厚冊裝幀。此印譜分周鉨、秦鉨、漢初印、漢四字私印、兩面印、漢三字私印、漢兩字私印（宋元印附）、官印套印、吉語壐印肖形印等共 10 冊，收印 961 方。所錄"其餘官印除簴齋舊藏數印，私印除稽庵舊藏 200 餘鈕外，皆未見著"，屬首次成譜面世。柯昌泗序文稱："凡陝西、山東、塞上及直省所出，靡不賅洽，博識前人之所已見者，而精選前人之所未見者，蓋諸地之菁英，皆采獲於所藏，準以古今藏印之條流區畫，可謂得其時地矣。"

契齋藏名人印璽

現代
縱 27.4 厘米　橫 14.4 厘米
深圳博物館藏

　　契齋藏印多爲明清以來名家之作或名家用印，文化藝術內涵豐富，造型印材豐富多樣，可以說是一部微縮的明清篆刻藝術史。這批印章有姓名章、齋號章、雅趣閑章，也有鑑藏印、吉語印、詩詞雋語章等多種類別。

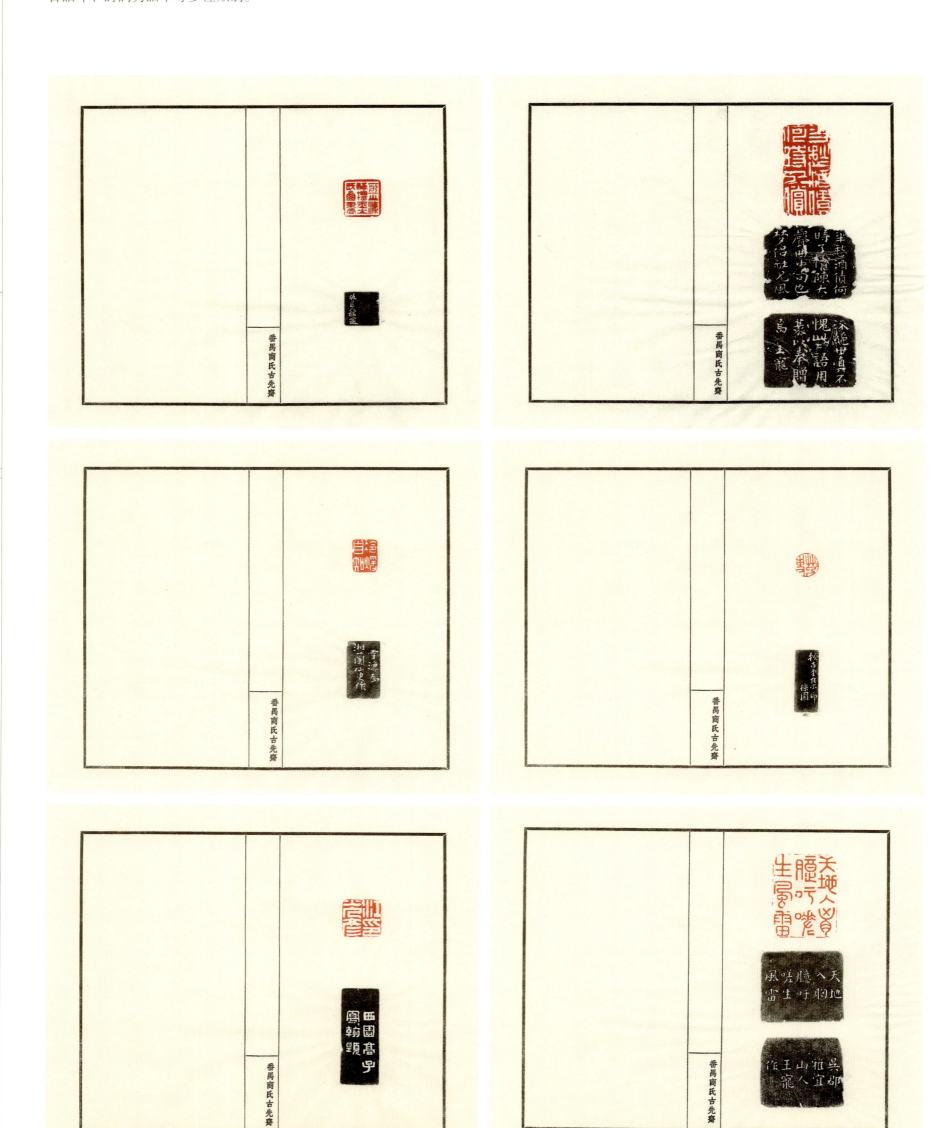

二五九

貞吉 "春山翠遠" 朱文龜鈕印章

壽山石
明·嘉靖四年（1525 年）
長 2 厘米　寬 2 厘米　高 2.4 厘米
商承祚家屬捐贈
深圳博物館藏

邊款：春山翠遠。嘉靖四年三月十五日，篆於愛月樓中戲筆。貞吉。
契齋藏。

　　此印質地細膩，采用秦漢古制伏龜鈕，龜身兩側有一對穿。
篆書印文，對稱工整，刀法嫻熟，蒼勁拙樸。商承祚刻銘"契齋藏"，
顯示其對此印的珍視。

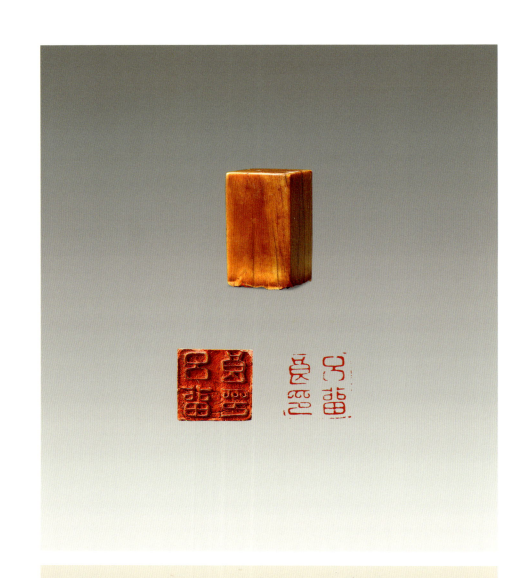

二六〇

"呂留良印"朱文印章

象牙
明末清初（1600～1644年）
長 1.9 厘米　寬 1.9 厘米　高 3.3 厘米
商承祚家屬捐贈
深圳博物館藏

　　該印質地細膩。布章規矩，古樸中留有雅趣。呂留良（1629～1683年），明末清初杰出的學者、思想家、詩人、評論家。呂留良著述多毀，生前用印章所知存世僅此一方。商承祚藏歷代名人印章中以此方印最爲稀見，題識寥寥數語，考據精當，行楷秀穎醇雅。雍正十年（1732年），呂留良因曾静反清案被剖棺戮尸，著述遭焚毁。這枚印章是目前所見呂留良存世的唯一一枚印章。

　　商承祚在所藏歷代名人印章中最珍愛此印，"不僅重其物，更敬重其人"，可謂彌足珍貴。

商承祚題呂留良象牙印　縱 17.9 厘米　橫 12.7 厘米
釋文：呂留良象牙印，一九五五年得于北京。牙作淺黄兼微赭色，光澤玉潤，如非晚村生平常用，其色無由臻此也。明人印章好以犀角、象牙爲之，取其質堅耐用。至文字則直綫深刻而底平，爲其時治印特徵之一。予向喜搜集歷代名人用章以及名手刻石，凡數十鈕，而以此鈕最爲珍愛，不僅重其物，更敬重其人也。兹檢鈐貴忱同志共賞。商承祚識。一九六二年十月十六日。
鈐印：商（白文）、已廎（朱文）。

二六一

傅山 "山" 朱文印章

青田石
明末清初（1600～1644年）
直徑 1.8 厘米 高 3.9 厘米
商承祚家屬捐贈
深圳博物館藏

邊款：朱衣道人。

　　一字居中布章，爲陽刻漢篆變體，刀法方中帶圓，一氣貫通。
　　傅山（1605～1690年），字青竹，號朱衣道人，山西陽曲人。
明末清初負有盛名的學者與書法篆刻大師，康熙十八年（1679年）
詔舉鴻博，稱疾固辭，特加内閣中書。書名最盛，篆隸真草皆精，
金石收藏甚富，擅鑒別，尤精篆刻。

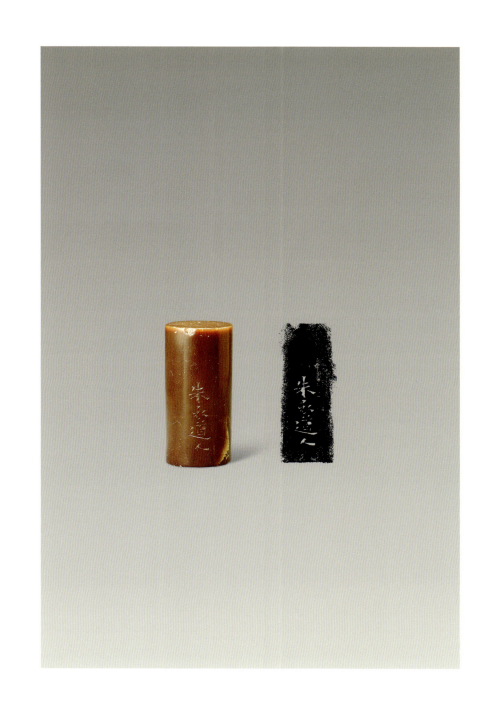

二六二

鄧石如 "執中" 朱文印章

青田石
清（1616～1911年）
長 3.9 厘米　寬 1.9 厘米　高 2.9 厘米
商承祚家屬捐贈
深圳博物館藏

邊款：完白。

　　此印陽刻漢篆變體，上密下疏，刀法方圓中楷味十足。
　　鄧石如（1743～1805年），號完白山人，安徽懷寧縣人，
書法篆刻俱工，著有《完白山人篆刻偶存》。鄧石如將金石碑
學融入治印中，世稱鄧派。晚清篆刻名家吳熙載、趙之謙、吳
昌碩等均受其影響。

二六三

程邃 "恆山梁清標玉立氏圖書／蕉林居士" 朱文對章

青田石
明末清初（1600～1644 年）
長 2.4 厘米　寬 2.4 厘米　高 5.5 厘米
商承祚家屬捐贈
深圳博物館藏

"恆山梁清標玉立氏圖書" 朱文印
頂款：垢道人程邃。

"蕉林居士" 朱文印
頂款：垢道人。

　　印文篆隸結合，章法等分端莊，漢風餘味濃重。
　　梁清標（1620～1691 年），字玉立，號蕉林，河北正定人。明崇禎
十六年（1643 年）進士，官至户部尚書、保和殿大學士。書畫鑒藏大家，
著有《蕉林詩集》《蕉林文稿》等。
　　程邃（1605～1691 年），號垢道人，安徽歙縣人。長於金石考證之學，
家藏歷代碑本及秦漢印章、名畫法書甚富。作詩幽澀精奧，作畫喜枯筆乾皴，
俱名重一時。篆刻取法秦漢，爲皖派代表。著有《會心吟》等。

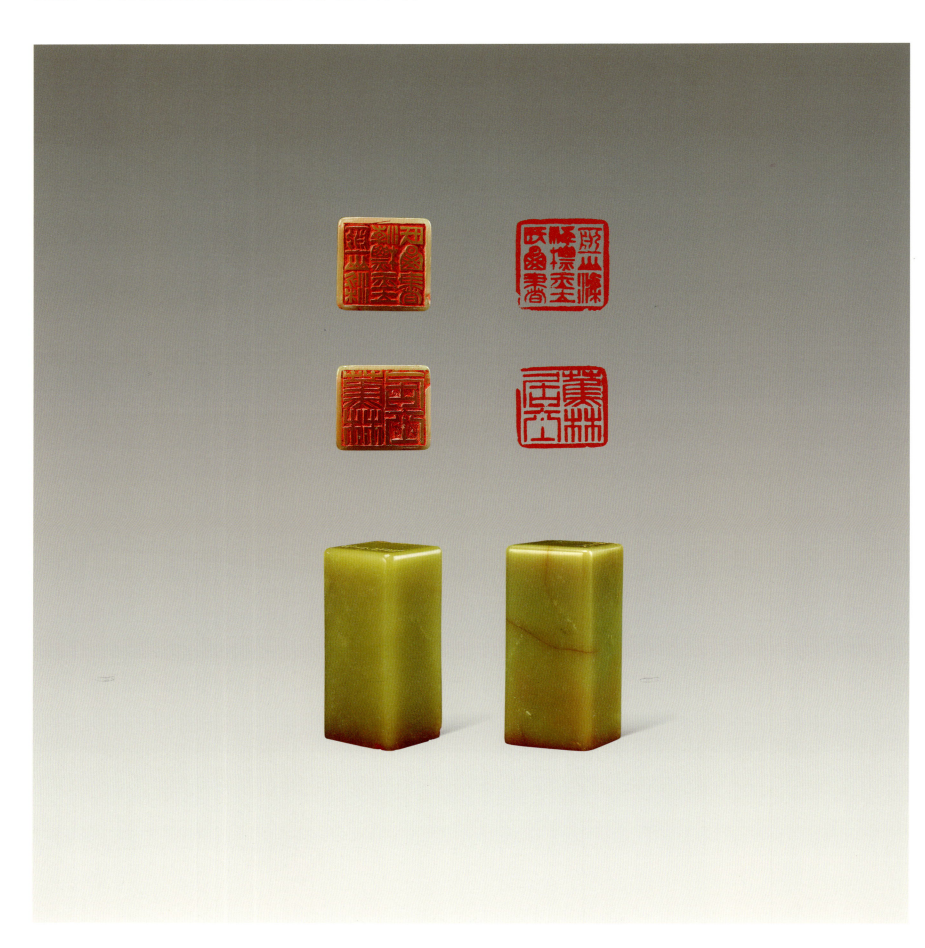

二六四

趙之琛　"玉昆父 / 劉崐之章"朱白文對章

壽山石
清・道光二十九年（1849 年）
長 2.4 厘米　寬 2.4 厘米　高 4.3 厘米
商承祚家屬捐贈
深圳博物館藏

"玉昆父"朱文印
邊款：己酉嘉平，次閑仿漢。劉崐字輻齋，又字玉昆，雲南景東人，
道光廿一年進士，同治初湖南巡撫，解組後，僑寓長沙。己酉爲道光
之廿九年。栔齋記。

"劉崐之章"白文印
邊款：次閑篆。

　　趙之琛（1781 ～ 1852 年），字次閑，浙江杭州人。西泠八家
中最具代表性的人物之一，篆刻藝術嫻熟老辣，深得浙派碎切刀法
的古拙渾樸之美。

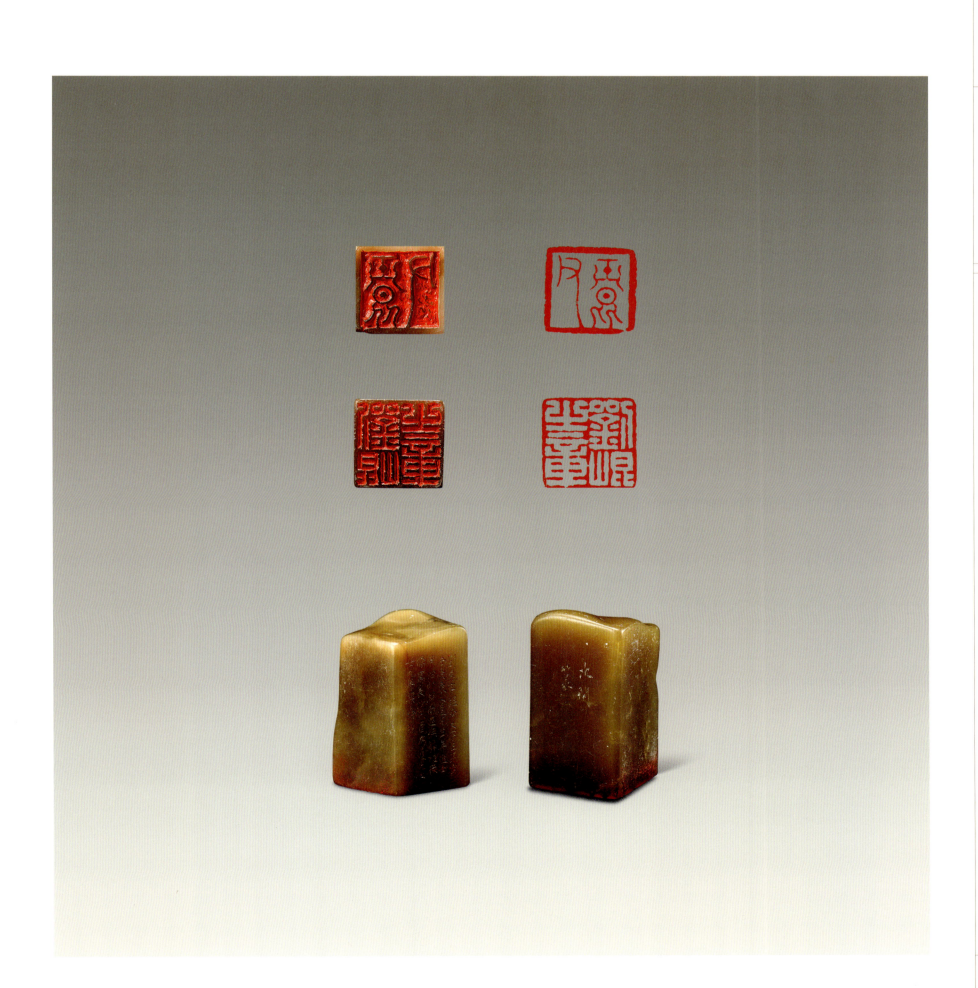

305

二六五

徐世昌　"徐大／毅伯書箆"朱白文對章

壽山石

民國（1912 ～ 1949 年）

長 1.2 厘米　寬 1.2 厘米　高 5.7 厘米

商承祚家屬捐贈

深圳博物館藏

"徐大"朱文印

邊款：《下終南山過斛斯山人宿置酒》，李白。暮從碧山下，山月隨人歸。卻已顧所來徑，蒼蒼橫翠微。相携及田家，童稚開荊扉。綠竹入幽徑，青蘿拂行衣。美酒聊共揮，歡言得所稀。長歌吟松風，"雲"者。甲子年五月上浣徐世昌手作刊日。

"毅伯書箆"白文印

邊款：主人有酒歡今夕，奏鳴琴廣陵客。月照城頭烏半飛，霜凄萬木風入衣。華燭燭增光。僧言古壁佛畫好，以火來照所見稀。楚妃後動一聲物皆靜。清淮奉使千餘里，敢告雲山從此始。白吟詩。甲子年五月，上浣徐世昌手作刊。

　　一印邊款主要錄李白詩《下終南山過斛斯山人宿置酒》。一印邊款錄唐李頎《琴歌》詩句，其中又插有韓愈《山石》詩句，缺漏無序，蓋興之所至，隨性吟刻。

　　徐世昌（1854 ～ 1939 年），河南衛輝人，晚年長居天津。清季翰林，官至東三省總督、體仁閣大學士。辛亥革命後曾任北洋政府大總統。

二六六

"冰雪爲心"白文印章

田黃石

民國（1912 ～ 1949 年）

長 2.6 厘米　寬 0.5 厘米　高 3.0 厘米

商承祚家屬捐贈

深圳博物館藏

　　此印質地溫潤，通體橘皮黃，暗含蘿卜紋，夔龍紋薄意鈕。小篆與漢印風格相結合，章法規矩，渾厚古蒼。

二六七

佚名 "劉福姚印／佩珩／壬辰狀元／臣寶鋆印" 朱白文四面印章

端石

清（1616～1911 年）

長 2.9 厘米　寬 2.9 厘米　高 2.9 厘米

商承祚家屬捐贈

深圳博物館藏

邊款：寶鋆。

此印刻一進士、一狀元名號與閑章，頗爲珍貴。方形四面章，朱文、白文間隔：① "壬辰狀元" 朱文；② "劉福姚印" 白文；③ "佩珩" 朱文；④ "臣寶鋆印" 白文。

寶鋆（1807～1891 年），索綽絡氏，字佩蘅，滿洲鑲白旗人，世居吉林。道光十八年（1838 年）進士。咸豐時曾任內閣學士、禮部右侍郎、總管內務府大臣。同治時任軍機大臣上行走，并充總理各國事務大臣、體仁閣大學士。光緒時晉爲武英殿大學士。卒諡文靖。著有《文靖公遺集》等。

劉福姚（1864～？），字伯棠、伯崇，號忍庵、守勤。廣西桂林人。清光緒十八年（1892 年）狀元及第，授翰林院修撰，官至翰林院秘書郎兼學部圖書局總務總校。著有《忍庵詞》。

端石

清（1616～1911 年）

長 2.9 厘米　寬 2.9 厘米　高 2.9 厘米

商承祚家屬捐贈

深圳博物館藏

冼玉清　廣東印譜考

油印本
商承祚家屬捐贈
中山大學圖書館藏

　　冼玉清（1895～1965年），著名古文獻學家，嶺南第一位
女博學家。從事嶺南叢帖及印譜考證和研究。其《廣東印譜考》
全面對粵東地區印譜進行了整理和考證。另著有《廣東叢帖叙
錄》。冼玉清曾任廣東省文史研究館副館長、中山大學教授兼
文物館館長。

　　商承祚爲廣東篆刻藝術的普及和發展做出了重要貢獻。他
曾任廣東省書法篆刻研究會副主任委員，大力倡導廣東書法篆
刻活動，掀起了群衆性的書法篆刻熱潮。

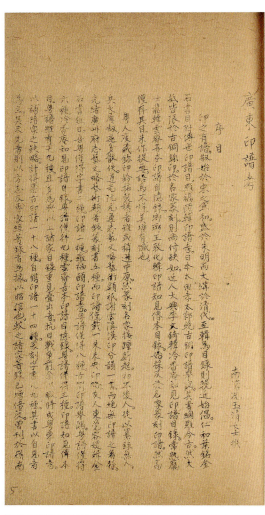

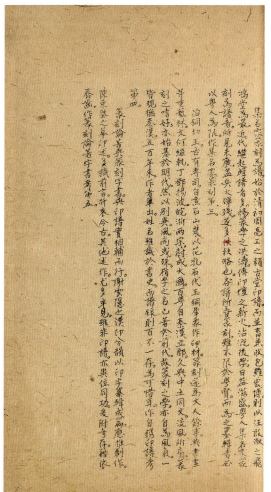
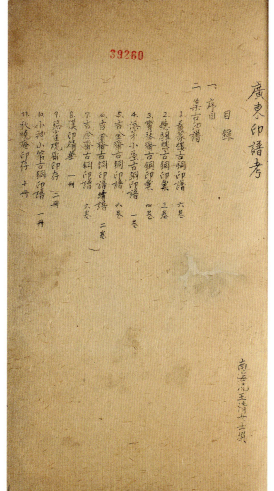

二六九

徐三庚　　"醉經精舍"朱文印章

壽山石
清（1616 ～ 1911 年）
長 3.2 厘米　寬 3.2 厘米　高 7.5 厘米
商承祚家屬捐贈
深圳博物館藏

邊款：醉經精舍。子韻仁兄屬，仿吾子行法于慈湖旅次，徐三庚。

　　徐三庚（1826 ～ 1890 年），字辛穀，別號金罍道人。浙江上虞人。精通金石學、善篆隸。浙派後學傳人。篆刻初宗浙派陳鴻壽、趙之琛，後參以漢篆、漢印結體，自成一家，爲時所尚。嘗輯自刻印《似魚室印譜》《金罍山民印存》等。

　　此印留白疏朗清馨，整體章法布局精巧，篆書綫條勁峭而爽健，筆意暢達；刀法利落柔美，氣貫神通。

二六九

徐三庚　　"醉經精舍"朱文印章

壽山石
清（1616 ～ 1911 年）
長 3.2 厘米　寬 3.2 厘米　高 7.5 厘米
商承祚家屬捐贈
深圳博物館藏

二七〇

徐三庚 "曰濂印信／姚江邵氏" 朱白文獅鈕對章

壽山石
清·同治十年（1871年）
長 3.8 厘米　寬 3.8 厘米　高 6 厘米
商承祚家屬捐贈
深圳博物館藏

"曰濂印信" 白文印
邊款：擬皇象書，稍變其體勢，子長仁兄鑒之。徐三庚記于滬壘。辛未立冬。

"姚江邵氏" 朱文印
邊款：仿水晶宮道人，參以鄧石如法。金罍。

　　此爲清末大臣邵曰濂私印。徐三庚篆取《天發神讖碑》。水晶宮道人即趙孟頫。"姚江邵氏" 一印爲徐三庚仿趙孟頫而作，參以鄧石如篆刻之渾厚奇崛。徐三庚曾兩度游粤，留下了大量的書迹印作，其 "新奇可喜" 的印風引發嶺南印人的競相追逐，於嶺南廣爲傳播。

二七一

蘇展驥 "樵野／張蔭桓印" 朱白文對章

壽山石
清·光緒二十年（1894 年）
長 3.9 厘米　寬 3.9 厘米　高 9.1 厘米
商承祚家屬捐贈
深圳博物館藏

"樵野" 朱文印
邊款：光緒甲午瑞陽夜，窗燈始華，井天如墨，霖雨乍傾，茶煙甫歇，刻罷善刀，漏四下矣，不俯刻並記。

"張蔭桓印" 白文印
邊款：漢印渾厚和平，神閑體雅，殊難規仿。端陽對雨擬此，恐三年優孟末肖叔敖耳。順德蘇展驥並誌。

　　張蔭桓（1837～1900 年），字樵野，廣東南海縣人。維新變法重要政治人物，頗負文譽。山水超逸，喜收藏。此對章爲重要歷史人物自用章，實屬難得。
　　蘇展驥（？～1899 年），字梓敬，號不俯翁。廣東三水人，活動於清光緒年間。擅長書法，楷行均厚健，尤癖於八分。於篆刻之學致力獨勤，搜羅排比，曾手自粘貼《文印樓印存》4 冊。

二七二

何昆玉　"高要馮氏藏書"朱文印章

壽山石
清·咸豐十一年（1861 年）
長 3.7 厘米　寬 1.1 厘米　高 5.7 厘米
商承祚家屬捐贈
深圳博物館藏

邊款：辛酉九秋，仿小篆朱文，爲鎮華三先生大人清賞。伯瑜何昆玉。

　　此印小篆風韵，章法布局用心多變，留白均匀，刀法犀利，筆道方圓。

　　何昆玉（1828～1895年），字伯瑜。廣東肇慶人。清代篆刻家。篆刻師法秦漢，所作謹嚴渾厚，時出新意。繼嶺南大儒陳澧薪傳，承東塾印派獨具嶺南地方特色的淳正典雅印風。精於古印鑒藏，輯有《樂石齋印譜》《吉金齋古銅印譜》等。其藏印盡歸陳介祺，協助編拓《十鐘山房印舉》與《簠齋藏古玉印譜》。

二七三
黃牧甫印譜

商承祚家屬捐贈
中山大學圖書館藏

　　黃士陵（1849～1908年），字牧甫，一作穆甫，號倦叟、黟山人，安徽黟縣人。取法秦漢印，深追鼎彝，首創以單刀衝刀刻魏體書之法，自成一家，寓居嶺南二十餘年，融西法以繪彝器、花卉，革故鼎新，篆刻於皖浙兩派外另辟蹊徑，人稱"黟山派"或曰"嶺南派"，對嶺南地區影響尤爲深遠。著有《雙清閣鐵書經眼録》《從翠堂藏印》等。

　　嶺南篆刻藝術可追溯至西漢南越王墓出土印章。明清時因經濟文化進步，文人志士涌入，嶺南印學得以全面發展，形成了典雅淳樸、清新勁道的印風。晚清以來，受西方觀念和革命思潮的影響，"求新求變""弘揚國粹"也是嶺南印學的核心理念之一。嶺南印壇從受徐三庚等影響的印風式微，到東塾印派崛起，進而取黃氏印學精髓，濯古開新，大膽變法革新，開創了印壇嶄新的局面。要言之，近代嶺南印人將傳統文人篆刻與現代西方美學觀念融會貫通，成爲藝術變革的代表之一。

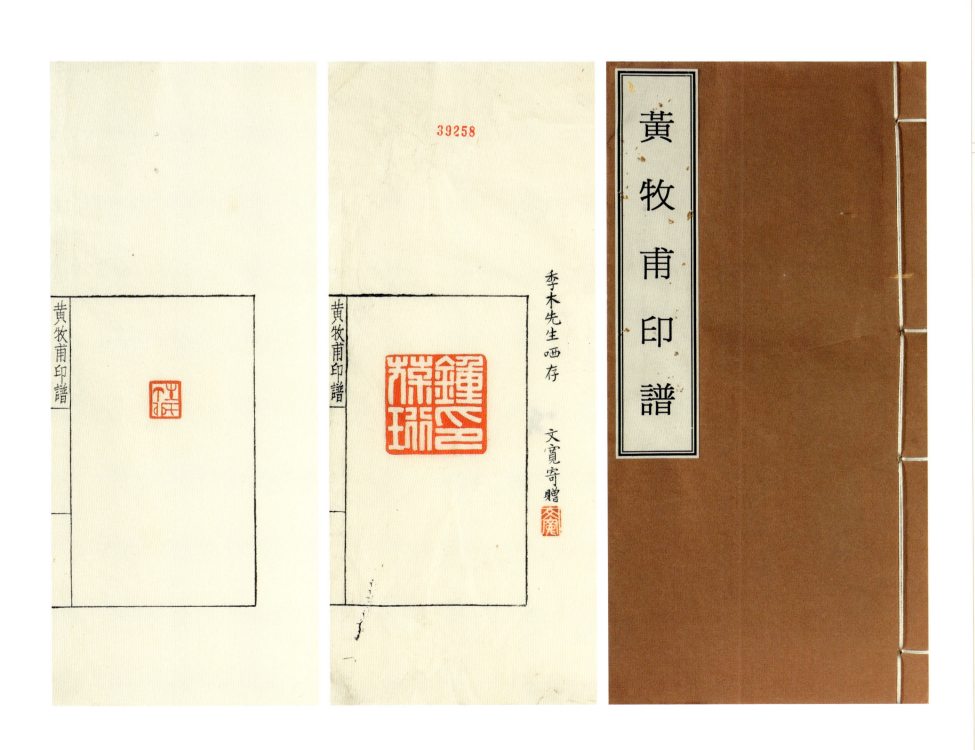

二七四

黃士陵 "華父／蔣迺勛" 朱白文夔龍鈕對章

青田石
清·光緒八年（1882 年）
長 1.5 厘米　寬 1.5 厘米　高 3.3 厘米
商承祚家屬捐贈
深圳博物館藏

"華父" 朱文印
邊款：華翁私用，穆甫時同屬穗垣。

"蔣迺勛" 白文印
邊款：壬午十月牧父作。

　　此印密中有疏，布章、留紅濃重；刀法、筆道雄峻，粗狂貫通。
　　蔣乃勛，字華父。晚清書法家，光緒進士。黃士陵曾多次爲其製印。

二七五

鄧尔雅 "江夏" 朱文瑞獸鈕印章

青田石
民國（1912～1949 年）
長 2.6 厘米　寬 1.1 厘米　高 2.9 厘米
商承祚家屬捐贈
深圳博物館藏

邊款：晦公正，尔疋作。

　　此印結合小篆、漢印。布章疏密相間、紅重白輕、穩重大方。鄧爾雅爲黃節治此印。因黃氏多以"江夏"爲郡望，故有"江夏黃氏"之稱。

　　鄧爾雅（1884～1954 年），字季雨，號爾疋，別署綠綺臺主，齋堂號未綠綺園、鄧齋，廣東東莞人。翰林院編修、江西按察使司鄧蓉鏡之子。曾留學日本，兼通中西之學，書畫篆刻別開生面，取法黃士陵，爲黟山派傳人。鄧爾雅身處晚清民國中西文明激烈碰撞的時代中，以保存國粹爲己任，又希冀中國文化走向國際，故又以外國文字入印，篆文設計"橫斜都做幾何看"，頗有現代美術趣味。著有《篆刻危言》《鄧齋印譜》《綠綺園詩集》等。

二七六

李尹桑 “黃節／晦聞”朱白文對章

青田石
民國十年（1921 年）
長 2.3 厘米　寬 2.3 厘米　高 6.4 厘米
商承祚家屬捐贈
深圳博物館藏

“黃节”白文印
邊款：辛酉新秋，鉥齋刻寄晦聞學長於京師。

“晦闻”朱文印
邊款：鉥齋擬古封泥。

黃節（1873 ~ 1935 年），原名晦聞，別署晦翁，廣東順德人。近代嶺南著名詩人、學者。清末在上海與章太炎、馬叙倫等創立國學保存會，刊印《風雨樓叢書》，創辦《國粹學報》。民國成立後加入南社，先後任教北京大學、清華大學。

李尹桑（1882 ~ 1945 年），號壐齋、鉥齋等，廣東番禺人。工書法，臨摹秦漢諸碑，治印師從黃士陵，與黃賓虹、易大庵、鄧爾雅交善。

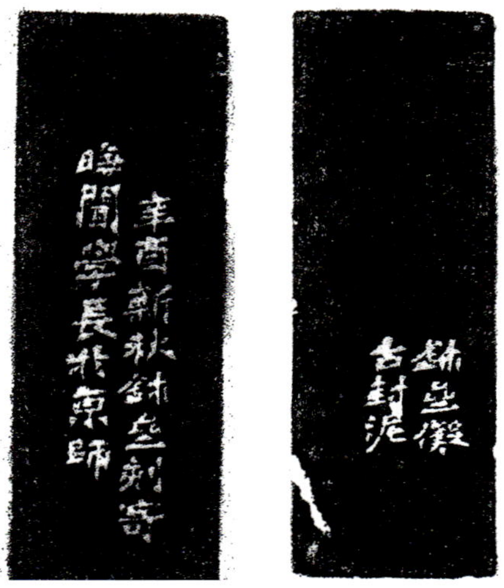

陶瓷

石湾陶

    從出土資料上看，石灣窑最早可追溯到唐宋時期。明末清初時期開始崛起并大量生產出口，主要運往韓國及東南亞等地。石灣窑以屋瓦建築裝飾品、仿鈞器以及各類塑像三大類聞名，尤其是仿鈞器與陶塑盛極一時。

    商承祚認爲石灣陶爲廣東出色的文物，建國後曾多次親臨石灣，爲石灣陶藝的復興提出寶貴意見。1963年至1964年，廣州陳家祠舉辦兩次大型石灣陶器展，影響深遠。1964年商承祚向廣東民間工藝博物館捐贈石灣陶藝珍品172件，其中可松《翠釉香爐》、黃炳《布袋佛》、潘玉書《貴妃醉酒》、陳渭岩《粉彩寶玉》等，都是傳世經典之作。

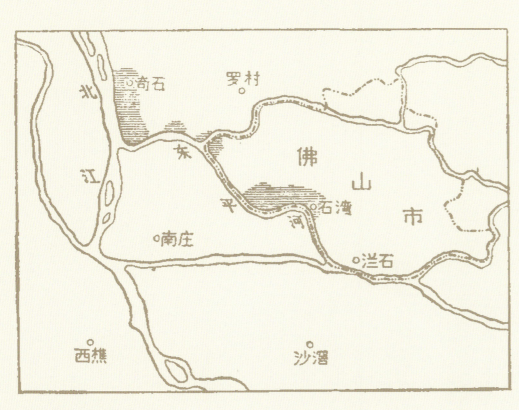

石灣附近古窑址位置示意圖

潘玉書　石灣窑青白釉貴妃醉酒塑像
廣東民間工藝博物館藏

二七七
三彩馬

唐（618 ～ 907 年）
高 33.1 厘米　長 32.1 厘米　寬 11.7 厘米
商承祚家屬捐贈
中山大學圖書館藏

　　唐三彩是我國中古時期陶瓷工藝突飛猛進的代表之一，馬匹是其常見的表現題材。該馬體量小巧，造型生動，較爲少見。考古出土同類形體較小、製作精巧者，多屬盛唐初期。該馬不僅展現了精湛高超的三彩技藝，更反映了商承祚作爲文史學者，鑒識之慧眼獨具，收藏之體系多元。

商承祚父親商衍鎏舊照，後爲唐三彩馬。

二七八

潮州白釉雙獸耳刻人物扁方瓶

清（1616～1911 年）
高 35.5 厘米　口徑 12.5×8.5 厘米
商承祚家屬捐贈
廣東民間工藝博物館藏

　　潮州地區的陶瓷業始於唐代，至宋代頗具規模，與德化窯一同大量仿燒景德鎮窯青白瓷，供出口外銷。明清德化窯產品以白釉瓷著稱，潮州窯在此影響下也多有生產，遠銷海外。此瓶即對德化窯同類器的模仿。

　　潮州窯的歷史面貌長期以來不甚明晰。20 世紀中葉，商承祚、顧鐵符、陳萬裏等學者的考察調查，對潮州窯的研究極富開拓之功。

二七九

青釉瓷鉢

南朝（420～589 年）
高 6.5 厘米　口徑 20 厘米　底徑 11.7 厘米
商承祚家屬捐贈
深圳博物館藏

　　青瓷燒制技術在我國東漢晚期已經成熟，歷經魏晋迅速發展，至南北朝時臻於完善，青瓷成為了人們日用的主要器具。此鉢便屬當時常見的器型之一。

　　商氏家族捐贈文物以金石書畫為大宗，歷代陶瓷也不在少數。此鉢為六朝青瓷的典型器物，可見商承祚鑒藏更為關注文物的歷史與學術價值。

二八○

石灣窰白釉秋葉洗

清（1616～1911年）
高 4.5 厘　長 18 厘米
商承祚家屬捐贈
廣東民間工藝博物館藏

　　石灣窰文房類陶器造型多樣，別具一格。此洗造型爲一邊緣卷曲的落葉，葉面滿布開片，葉脉紋路亦清晰可見，頗有天然意韵。卷邊葉形多見於明清時期的筆洗、筆舐等文房器中，更有於葉面塑出伏蟬者，意趣無限，甚得文人歡心。

二八一

石灣窰素胎三足爐

明（1368～1644年）
高 19.5 厘米　口徑 20 厘米
商承祚家屬捐贈
廣東民間工藝博物館藏

　　此爐底部落款"南石堂"，該款多見於石灣窰制品上，或爲明清時期的陶瓷商號。素胎制器是南石堂出品的一大特色，其陶塑樸素自然，綫條清晰有序。

　　有學者認爲"南石"一名乃取"南海"和"石灣"前字而成，也有主張南石堂原爲明代東莞陶店，遷至佛山石灣後改名"祖唐居"，有待考證。

二八二

石灣窰花釉梅瓶

民國（1912 年 ~ 1949 年）
口徑 14.6 厘米　底徑 7.7 厘米　高 27.2 厘米
商承祚家屬捐贈
故宮博物院藏

　　石灣窰以善仿各大名窰釉色而著稱，自明代起以仿燒鈞窰窰變釉聞名，世稱"廣鈞"。石灣窰仿鈞釉色以藍、紅、紫等顏色爲主，斑駁變幻，器型則比鈞窰更爲多樣，富於創新。石灣陶器的釉色獨特，也因胎泥不白而別具一格。仿祭紅成爲起黃綫的石榴紅；仿哥釉、釉色偏黃、有小棕眼；仿龍泉綠釉不太亮，有乳濁感。

　　石灣窰出品深受粵人珍愛。商承祚曾自述，"對佛山石灣陶器异常欣賞愛好，在文德路古玩鋪見到舊作，多爲購置。"

石灣窯窯變釉鍾馗像

清·道光（1821 ～ 1850 年）
高 21 厘米　寬 8.5 厘米
商承祚家屬捐贈
故宮博物院藏

　　除了以仿鈞窯釉色著稱，石灣窯制品更以陶塑造型見長。無論是小型的塑像，還是大型的建築裝飾，石灣窯陶器的人物、動物形象都生動傳神，極具觀賞性。

　　鍾馗是石灣窯人像的常見題材之一。此鍾馗像頭部與腹部露出紅褐色陶胎，運用胎體表現膚色光澤與質感，足見陶人構思之精妙。

二八四

潘玉書 石灣窯青白釉西施像

清（1616 ～ 1911 年）
高 22.5 厘米
商承祚家屬捐贈
廣東民間工藝博物館藏

　　潘玉書（1889 ～ 1936 年）是活躍於清末民初的陶塑名家，以人物塑像成就最爲突出，尤善仕女。其時文人黎暢九贊曰："萬國爭傳潘玉書，美人陶塑更誰如？"

　　石灣陶塑常以民間喜聞樂見的故事或人物爲題材，"四大美人"便是其中之一。此像即表現"西施浣紗"，爲潘玉書的代表作之一。

二八五

潘玉書 石灣窯青白釉關羽像

清（1616～1911年）
高 25.5 厘米
商承祚家屬捐贈
廣東民間工藝博物館藏

　　潘玉書早年拜師陶藝名家黃炳，後入陳渭岩門下。潘玉書技藝青出於藍，時人有稱黃、潘二人爲"石灣兩陶匠"；而陳、潘二人的崛起，更將石灣陶塑藝術推至高峰。

　　此爲潘玉書制關羽讀書像，面部與手部塑造尤爲細膩、形神兼備。"關公讀書"的故事因《三國演義》而廣爲人知，坊間更有傳爲"關羽夜讀《春秋》"。

二八六

梁醉石　石灣窯白釉歐陽修像

民國（1912～1949年）
高 23 厘米
商承祚家屬捐贈
廣東民間工藝博物館藏

　　梁福，又名梁醉石，清末民初石灣陶人，店號"醉石軒"。擅制小型人物塑像與文具，以釉色鮮麗著稱，更有布袋和尚、達摩、李鐵拐等塑像遠銷國外。其子梁華甫（1905～2005年）也是現代陶塑名家，以施制紅釉見長。

　　"歐陽修苦讀"是古代勤學勵志的典故之一，旨在勸勉後人勤奮學習。此像即塑造出歐陽修讀書時全神貫注的狀態。

二八七

石灣窯白釉蘇東坡像

民國（1912～1949 年）
高 23 厘米
商承祚家屬捐贈
廣東民間工藝博物館藏

　　此像雖未署名款，但塑工精巧、面部刻畫生動傳神，衣紋流利婉轉。人物所執硯臺施黃釉，硯池釉色近墨，以此表現"東坡愛硯"的題材。世傳蘇軾愛硯成癖，自謂"我生無田食破硯，爾來硯枯磨不出"。

二八八

石灣窯素胎立隼

民國（1912～1949 年）
高 30.5 厘米
商承祚家屬捐贈
廣東民間工藝博物館藏

　　此隼怒目圓睜，趾爪有力，立於山石之上。作品利用陶胎泥色表現隼的軀幹，羽毛的陰綫刻劃技法極爲細致，將隼體塑造得豐滿雄壯，英姿勃發。
　　動物陶塑也是石灣窯制品的主要門類之一，以刻畫動物神態著稱，更有熊與獅、熊與鷹等動物組合，多爲受民衆喜愛或富含吉祥寓意的動物形象。

書齋雅玩

　　商承祚書齋常挂以秦隸筆意自書清張問陶《遣悶》詩橫幅："名箋五色卷奇光，束簡如林又滿床。顛倒一枝書畫筆，閉門轉比要人忙。張問陶《遣悶》詩似爲我而作，錄以自嘲。一九七六年八月，商承祚。"商承祚亦喜藏筆、墨、紙、硯、印、香爐、花器等文房清玩。

商承祚於書齋

二八九

商承祚、商衍鎏父子自用毛筆一組

長 19 至 26 厘米不等
商承祚家屬捐贈
深圳博物館藏

二九〇

商承祚自用多屜抽板匣

木、象牙
寬 22.5 厘米　高 28 厘米　深 21 厘米
商承祚家屬捐贈
深圳博物館藏

　　商承祚曾用此匣存放甲骨、簡牘等研究資料。

二九一

商承祚自用書畫箱

漆皮、木胎
長 55 厘米　寬 35 厘米　高 27 厘米
商承祚家屬捐贈
深圳博物館藏

　　該書畫箱爲民國年間廣東陽江漆皮箱，代表了陽江漆皮家具工藝的重要水
平。陽江漆皮家具是晚清民國以來行銷海內外的重要手工藝產品，因其出色的
密封防潮功能而馳名海內外。清代詩人譚松年《陽江竹枝詞·漆皮箱》："贈
君珍重載衣裳，定造成雙黑漆箱。從此黑頭人不老，相投膠漆兩情長。"

二九二

帶研石石硯

西漢（公元前 206 ～公元 25 年）
硯：長 18 厘米　寬 16 厘米　高 3 厘米
硯石：長 7.5 厘米　寬 5 厘米　高 2 厘米
商承祚家屬捐贈
深圳博物館藏

　　石硯附有研石，爲研墨用具，一端已因研墨而形成斜面。漢代的墨大多尚未形成具有一定硬度和形狀的墨錠，常以研石研磨。

二九三

青釉瓷硯

晉（265 ～ 420 年）
直徑 11.7 厘米　高 1.9 厘米
商承祚家屬捐贈
深圳博物館藏

　　瓷硯僅剩研盤。硯面圓形，周圍有凸棱一圈，硯沿作二層臺狀寬邊。底面邊緣處刻弦紋二圈。

蘭亭修禊圖石硯

明（1368 ～ 1644 年）
長 23.5 厘米　寬 14.5 厘米　高 6.5 厘米
商承祚家屬捐贈
廣東民間工藝博物館藏

　　此硯質地細純，造型規整，硯面淺雕蘭亭修禊圖。覆手處陰文行
書蘭亭序。

　　《蘭亭修禊圖》題材蓋始於宋代，據載李公麟曾繪《蘭亭修禊圖》，
今存最早這類題材圖像爲黑龍江省博物館藏南宋俞紫芝繪《蘭亭序圖
卷》。明代中後期，蘭亭修禊圖式大盛，文徵明、唐寅、錢谷等諸多
名家皆有《蘭亭修禊圖》作品。這種文人風雅也影響了硯臺裝飾藝術，
明代蘭亭修禊題材也開始見於石硯上，這與二王帖學崇拜之風相契合。

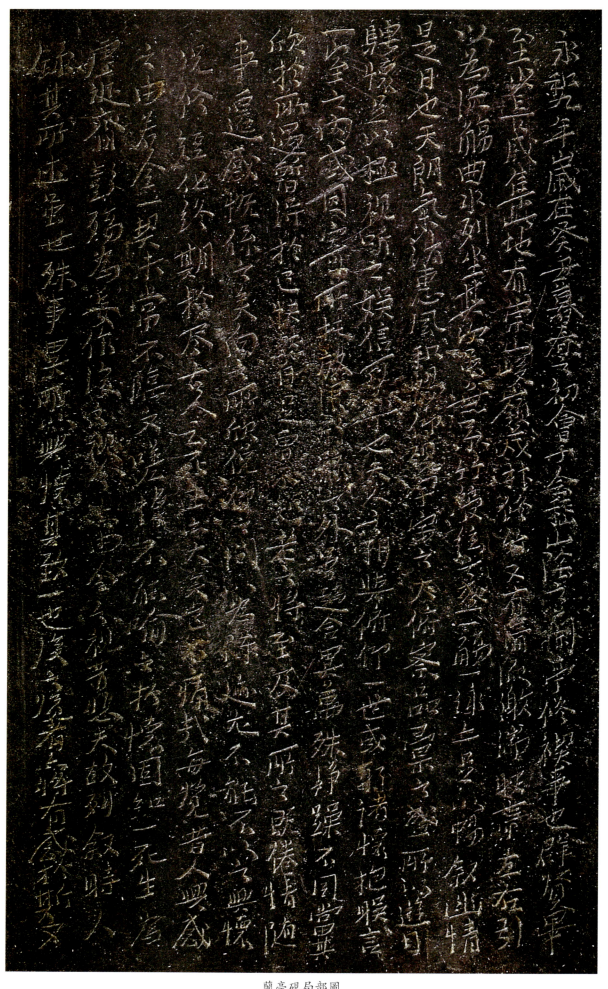

蘭亭硯局部圖

二九五

豇豆紅印盒

清·康熙（1662～1722年）
直徑7厘米　高4.6厘米
商承祚家屬捐贈
中山大學圖書館藏

　　此印盒造型輕靈秀美。紅釉質勻靜細膩，色調淡雅。器物底足內白釉青花書"大清康熙年製"楷書款。

　　豇豆紅是康熙晚年官窯燒造成功的銅紅高溫釉品種。豇豆紅瓷器無大器，一般造型輕靈秀美，如太白尊、石榴尊、菊瓣瓶、洗、印盒等，顏色嬌艷，又被稱爲"美人醉"。

曹素功製 "天府元香" 墨錠

清（1616 ～ 1911 年）
長 9.9 厘米　寬 2.4 厘米　高 1.3 厘米
商承祚家屬捐贈
深圳博物館藏

　　正面楷書 "天府元香"，下有楷書 "曹素功監製"。背刻雙龍紋，龍首相對，上飾火焰寶珠，底端飾海江崖紋。一側楷書 "曹素功制"。

　　曹素功（1615 ～ 1689 年），名聖臣，安徽歙縣岩寺鎮人，齋號藝粟齋。著《曹氏墨林》，與汪近聖、汪節庵、胡開文并稱清代四大墨家。

二九七

胡開文製 "驪龍珠" 墨錠

清（1616 ～ 1911 年）
長 9.5 厘米　寬 2.2 厘米　高 0.5 厘米
商承祚家屬捐贈
深圳博物館藏

　　此爲一套六錠。墨面浮雕五爪蒼龍、火焰，鑲嵌珍珠一顆。墨背楷書填金 "驪龍珠"。墨側楷書 "徽州胡開文選烟"。六錠合裝於一黑漆描金雲龍紋匣中。

　　胡開文（1742 ～ 1808 年），字柱臣，號在豐，安徽休寧人，清代四大制墨家之一。

二九八

"公侶" 墨錠

清·康熙（1662～1722 年）
長 3.1 厘米　寬 1.9 厘米　高 0.5 厘米
商承祚家屬捐贈
深圳博物館藏

墨面一虎填金，墨背篆書"公侶"。

葉公侶爲清康熙年間安徽休寧製墨名家，墨肆"知白齋"，善製小巧精致之品，以成套集錦墨聞名，與清早期曹素功、吳守默、胡星聚、吳天章、程正路等具有聲名，墨品傳世較少。這三件墨錠皆爲葉氏"知白齋"所製，尤爲珍貴。

二九九

"知白齋墨" 墨錠

清·康熙（1662～1722 年）
長 3.4 厘米　寬 2 厘米　高 0.5 厘米
商承祚家屬捐贈
深圳博物館藏

墨面浮雕鹿紋，上部楷書"鹿鳴"，背面楷書"知白齋墨"。

三〇〇

"桃花浪" 墨錠

清·康熙（1662～1722 年）
長 3.4 厘米　寬 2.7 厘米　高 0.7 厘米
商承祚家屬捐贈
深圳博物館藏

墨面浮雕水波紋、桃花沉浮其間。上方行書填金"桃花浪"。墨背行書"禹門浪急桃花泛，公侶氏"。

結 語

Conclusion

　　高山仰止，景行行止。縱觀商承祚的一生，爲探源中華文明而上下求索，開拓創新；爲搶救和保護中華文物而不懼戰火，傾盡全力；治學與鑒藏雙豐收，既有傳統學者的風流儒雅，又有現代學者的人文關懷，更體現了"獨立之精神，自由之思想"的學術追求，這種學者的責任擔當和大義精神尤其值得今人學習。

　　中華文明源遠流長，博大精深。商承祚研究、收藏和捐贈的藏品凝聚了其畢生心血，承載了中華文明的基因和血脈，是反映中華優秀傳統文化的寶貴遺產。顧炎武謂："天下興亡，匹夫有責。"文物保護何嘗不是如此？守護文明，讓文物"活"起來，期待更多社會力量的共同參與。

Shang Chengzuo's spirit and achievements were as high as a mountain to be admired, and one could not help but follow his manners as a code of conduct. Throughout his life, Shang Chengzuo not only sought to explore the origins of Chinese civilization but was also committed to pioneering innovative approaches. He had the traditional scholarly elegance as well as modern scholar's humanistic concern, and embodied the academic pursuit of "spirit of independence, thought of freedom". Such scholarly responsibility and spirit of righteousness are especially worthy of study by the present generation.

Chinese civilization has a long and profound history. The collection researched, preserved, and donated by Shang Chengzuo embodied his lifelong efforts, and is a precious heritage reflecting the excellent traditional culture of China. Gu Yanwu once said, "Every person is responsible for the rise and fall of the country", and we believe so in heritage conservation as well. We look forward to a future in which more social sectors will be involved in safeguarding Chinese culture and bringing cultural heritage back to life.

商承祚師友集語

天姿英敏，性情亦篤實，現從事研究古文字之學，於殷墟文字，嗜之至篤，頗能心知其意，將來成就，未可限量。

——羅振玉
致王國維書信

精密矜慎，不作穿鑿附會之說。

——王國維
《殷虛文字類編》序

以錫永之俊才偉抱，如與眾人爭於取捨之途，雖膺青紫躋顯庸，豈有所不逮。乃屏百為，甘落莫，撢古尋幽，日從事於鐘鼎彝器之學，其耽此而弃彼，孰得孰失，後之人必有能辨之者。

——于省吾
《十二家吉金圖錄》序

同門商君錫永以金石學馳名中外，近集古印千鈕，制譜以傳。君審定古印，瀏覽譜錄，凡陝西山東塞上及直省所出，靡不賅洽，博識前人之所已見者，而精選前人之所未見者，蓋諸地之菁英，皆采獲於所藏，準以古今藏印之條流區畫，可謂得其時地矣。

——柯昌泗
《契齋古印存》序

錫永此編，集諸書所佚，亦有千片，其間材料，尤多重要為有裨於斯學，誠不待言。

——唐蘭
《殷契佚存》序

環顧海內，努力於第一項工作（收輯所有材料）者，則以錫永為最。錫永收輯功勤，考釋矜慎，固收藏者樂與流傳。此書（殷契佚存）取材并其所有凡八家，而新獲者猶絡繹不已，雖金陵大學倡導國學之力，然非錫永實無以成茲大業也。

——董作賓
《殷契佚存》序

……洋洋乎考釋之精且詳也。其間若考籩鋪之制，考羽觴之原始於匜，考戈戟縛柲之制，考楚瑟之為二十五弦，考楚簠之有薦與珠飾，考璏璲之制，考全劍之形制，或正舊說，或創新義，或因目驗以定制度，或援經籍以名實物，其有功於考古論史，豈淺鮮哉！

——陳夢家
《長沙古物聞見記》序

含咀殷周，睥睨秦漢。陶鑄堯舜，筆削春秋。

——郭沫若
深圳博物館藏對聯

錫永與容氏兄弟，皆今之少年金石家也。

——顧頡剛
《顧頡剛日記》

甲骨篆籀，無體不工，吾不如商承祚。

——容庚
《容庚北平日記》

商承祚年表

1902 年

三月七日生於廣州紙行街蓮花巷。

1904 年

父親商衍鎏高中探花。

1912 年

商衍鎏赴德國任教。不久商承祚喪母，遂隨伯父商衍瀛往青島。

1914 年

拜山東曲阜音韵學家、篆刻家勞健 (字篤文) 爲師，日摹漢印十餘方爲常課。

1916 年

商衍鎏歸國，商承祚跟隨到南京。

1921 年

赴天津隨羅振玉研習甲骨、金文。

1922 年

經羅振玉介紹與容庚訂交。兩人來往甚密。

1923 年

出版《殷虛文字類編》，爲當時最完備、最詳盡的甲骨文字典。

1926 年

春，由王瀣 (字伯沆) 介紹，與友人合購劉鶚舊藏甲骨 2500 餘片。

1927 年

應中山大學史學系主任顧頡剛邀請，任中山大學教授。

1928 年

12 月，中山大學語言歷史學研究所考古學會成立，商承祚任主席。赴北平爲學校搜購文物 200 餘件。

商衍鎏 (1875 - 1963 年)

1909 年商氏兄弟攝於北京。居中坐者爲商承祚。

羅振玉 (1866 - 1940 年)

容庚 (1894 - 1983 年)

《殷虛文字類編》書影

商承祚爲中山大學所購北
齊陰子岳造像碑。

1933 年，商承祚攝於北平。

1937 年，中國藝術史學會成立合影。
前排左三爲商承祚。

1932 年

被聘爲南京金陵大學教授，兼任該校中國文化研究所專任研究員。

1933 年

致力於金陵大學首任校長福開森（John Calvin Ferguson）所贈甲骨、商周彝器及相關拓片的整理與研究，編輯出版《福氏所藏甲骨文字》；廣泛搜集甲骨資料，編輯《殷契佚存》。

1934 年

刊印《契齋古印存》，將歷年收藏先秦至秦漢等古璽印資料公諸於世。

1935 年

搜集羅振玉、于省吾、黄伯川等十二家吉金收藏，詳細拓印圖版，輯録考證，出版《十二家吉金圖録》。

1936 年

搜集海内外散佚資料，出版《渾源彝器圖》。

1937 年

10 月底，因抗日戰争離開南京。

11 月，與徐養秋等人至安徽屯溪。後前往安徽婺源裏蕉鄉。

1938 年

2 月，隨金陵大學西遷，途經長沙，聽聞有古物出土消息，親自前往長沙城郊考察，冒着被日軍轟炸的危險停留三月有餘。

10 月，《長沙古物聞見記》於成都刊行，爲楚文化研究開拓之作。

12 月起，赴四川新津、樂山調查崖墓。

1941 年

春，再赴長沙爲金陵大學中國文化研究所進行第二次古物調查。

兩次赴長沙搜集到古物 7 類共 220 餘件。編成《長沙古物聞見續記》。

1942 年

1 月，所獲文物輾轉運至成都，成功舉辦長沙古器物展覽，轟動
蓉城。

1948 年

秋，回到中山大學任教。後經院系調整，與容庚同在古文字研究
室工作。

1950 年

春，廣州光孝寺大殿內佛像被拆，佛腹內一批精美的北宋木雕像
散失。商承祚四處訪求，收集到 17 件，編成《廣州光孝寺古代木
雕像圖錄》一書。

1952 年

應中南行政區文化部邀請，第三次來到長沙支援基本工程，進行
搶救性考古發掘。代理主持發掘工作，參與發掘上百座墓葬。
赴杭州拜訪黃賓虹，請其題跋王守仁《聰馬歸朝詩叙》卷。

1955 年

《長沙出土楚漆器圖錄》出版。

1956 年

加入中國民主同盟。
故宮博物院成立銅器研究專門委員會，成員包括商承祚、郭沫若、
容庚、于省吾、陳夢家、唐蘭等。
1956 年起，於中山大學與容庚聯名招收古文字學研究生。

1961 年

購得《龍泉寺檢書圖》，并邀容庚等人在廣州南園酒家細心鑒賞。
兩年後，商承祚重展《龍泉寺檢書圖》，跋記此卷始末，再請容庚、
陳邦懷、顧頡剛等 11 家題跋。

1966 年

發表《論東晉的書法風格并及〈蘭亭序〉》，參與"蘭亭論辯"。

《廣州光孝寺古代木雕像圖錄》書影

商承祚摹繪狩獵紋漆樽圖案

商承祚、容庚合影

《龍泉寺檢書圖》（局部）

1977 年商承祚攝於河北，11 月題照於廣州。

1978 年，商承祚在中山大學古文字
研究室研究戰國楚竹簡。

1982 年 8 月，商承祚鑒定文物。

1984 年 11 月，商承祚攝於中山大學。

1967 年
與來訪廣州的日本書道會交流書法。

1974 年
年初，國家文物局成立銀雀山漢墓竹簡整理小組和馬王堆漢墓帛
書整理小組，與唐蘭、張政烺等齊聚北京沙灘紅樓。

1977 年
親赴河北中山王墓發掘工地，手拓中山王鼎、壺銘文。

1978 年
冬，參加中國古文字研究會成立大會暨第一次學術討論會，被推
舉爲理事會召集人。

1979 年
秋，赴西安出席中國考古學會成立大會，被推舉爲名譽理事。

1983 年
12 月，參加西泠印社八十周年紀念會，被聘爲印社顧問。

1988 年
3 月，在中山大學中文系設立商承祚獎學金，用以獎勵古文字研
究室的優秀學生。
深圳博物館開館，商承祚在次子商志䪿的陪同下攜墨寶到賀。

1989 年
致函時任深圳市委書記李灝，建議成立文物管理委員會，以加强
對特區文物工作的領導。這一建議很快得到采納。
1949 年後，商承祚及其家屬秉承"藏寶於國，施惠於民"的理念，
將萬餘件藏品悉數捐贈於全國十餘家國有單位。

1991 年
5 月 12 日，商承祚逝世於廣州。

商承祚論著表

《殷虛文字類編》	《古陶軒秦漢印存》	《甲骨文字研究》	《福氏所藏甲骨文字》
1923 年	1924 年	1932 年	1933 年
《殷契佚存》	《契齋古印存》	《說文中之古文考》	《十二家吉金圖錄》
1933 年	1934 年	1934 ~ 1940 年	1935 年
《渾源彝器圖》	《長沙古物聞見記》	《長沙古物聞見續記》	《廣州光孝寺古代木雕像圖錄》
1936 年	1939 年	1941 年	1955 年
《長沙出土楚漆器圖錄》	《石刻篆文編》	《中國歷代書畫篆刻家字號索引》	《商承祚篆隸册》
1955 年	1957 年	1960 年	1981 年
《商承祚秦隸册》	《先秦貨幣文編》	《戰國楚竹簡匯編》	《商承祚文集》
1982 年	1983 年	1995 年	2004 年

商承祚自用印表

姓名印

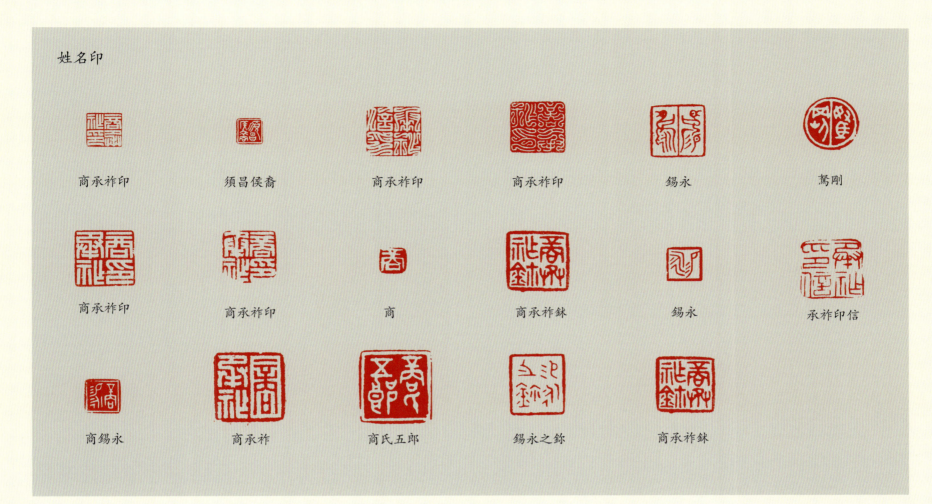

商承祚印　　須昌侯裔　　商承祚印　　商承祚印　　錫永　　鴬剛

商承祚印　　商承祚印　　商　　商承祚鉢　　錫永　　承祚印信

商錫永　　商承祚　　商氏五郎　　錫永之鉢　　商承祚鉢

齋室印

古先齋　　契齋　　楚漆俎几室　　古先齋藏　　契齋　　已贖　　契齋　　楚簀居

鑒藏印

曾藏契齋　　契齋暫保　　曾在契齋信　　契齋暫保　　契齋暫保

閑印

世上无難事只要　　番禺商氏契　　契齋六十歲手摹戰　　一九七四年秋　　歷劫不磨　　一九零二年　　一九零二年生
肯攀登　　齋手拓金石　　國楚竹簡　　契齋登長城高　　　　　　生于番禺
　　　　文字記　　　　　　峰時年七十二

商承祚先生誕辰一百二十周年紀念與學術研討會紀要

2022 年是商承祚先生誕辰一百二十周年。2022 年 12 月，在克服了重重困難後，"商聲振金石——紀念商承祚先生誕辰一百二十周年特展"在深圳博物館古代藝術館開幕。此次展覽採取館校合作的形式，由深圳博物館與中山大學聯合主辦，故宮博物院、上海博物館、廣東省博物館、廣東民間工藝博物館、重慶中國三峽博物館、南京博物院、南京大學博物館、太平天國歷史博物館、湖南博物院、西泠印社等十家相關文博單位協辦。展覽也得到番禺商氏家族的鼎力支持，融合文博機構與教育機構之力，實現資源互補，效果顯著。展覽展出 330 件（組）展品，涵蓋了甲骨文、先秦青銅器、秦漢璽印、篆刻、古泉、帛書、居延漢簡、古籍、書畫、陶瓷等諸多精品文物，全面梳理和展示了商承祚先生的學術傳承、研究成果及其保護、弘揚中華文化的可貴精神，尤其是表彰其無私奉獻、服務國家的捐贈義舉，助力深圳乃至粵港澳大灣區文化事業更上一層樓。

商承祚像　　　　　展覽海報

一、展覽策劃

商承祚（1902~1991 年），字錫永，號契齋，廣東番禺人，是我國近現代成就卓著的古文字學家、金石學家、考古學家、教育家、書法家與鑒藏家，曾任教於清華大學、北京大學、金陵大學、中山大學等多所著名大學，一生著述豐富，尤其是在商周秦漢文字（甲骨文、古錢幣文等）、先秦青銅器、楚文化以及四川摩崖考察等領域成就卓著。近代以來，中國面臨"三千年未有之大變局"，國家屢遭列強欺凌，西學也對中華文化形成了全面的衝擊。晚清民國有識之士宣導振興中華傳統文化，商承祚先生正是這樣一位胸懷"救亡圖存"愛國熱情與精神追求的大學者。商承祚先生始終將金石學術研究、文物搶救保護、書畫碑帖鑒藏、書法篆刻創作與振興中華文化的思想抱負相結合。商承祚先生及其家屬先後將商氏所藏歷代古籍、古器物、書畫碑帖等萬餘件藏品悉數捐贈給深圳博物館、中山大學等十餘家國有單位，反映了商承祚先生"藏寶於國，施惠於民"的愛國情懷。

深圳博物館藏品得益於商承祚先生及其家屬的捐贈。自 1992 年至 2009 年，商氏家族先後五次向深圳博物館捐贈了商周青銅器、甲骨殘片、明清書畫、筆墨紙硯、近現代名家信札、明清及近現代名人印章等共 530 餘件（組），其中書畫類藏品明祝允明草書《〈晚

展廳現場

晴賦〉〈荔枝賦〉》卷、清戴熙《龍泉寺檢書圖》被定爲國家一級文物。

展覽主要分爲"金石之學""治學求藝""傳承奉獻"三大單元。第一單元"金石之學"介紹證經補史的金石學的發展歷程。商承祚先生成長生活於晚清民國政治與文化大變革時期，其學術與鑒

藏深受清乾嘉以來金石學以及近代啟蒙思潮的影響。近代以來，隨着甲骨文、敦煌文書、簡牘文獻、古器物等大量文物的新發現，金石學也不斷拓展新的研究領域，加以西方學術思想與觀念的傳播，傳統金石學逐漸向現代考古學轉型。金石學研究的發展對商承祚先生的學術成長有着重要影響。本單元展示了諸多商承祚先生舊藏的乾嘉以來樸學大師的金石學代表性著作以及秦漢璽印、封泥、甲骨文書法等金石學相關文物，如孫星衍《寰宇訪碑錄》、吳大澂《愙齋集古錄》以及吳雲《攈古錄》、羅振玉甲骨文書法作品等。

第二單元"治學求藝"是核心展示區，重點呈現了商承祚先生的家學師承、學術歷程以及藝術成就。商承祚先生生於傳統書香世家，幼承家學。由深圳博物館藏商承祚之父商衍鎏所作《墨竹圖》，可窺見番禺商氏"心有常師淇澳竹，品宜特立華峰蓮"之家訓。師承近代學術奠基人、"甲骨四堂"之一羅振玉，商承祚先生致力於古文字的整理與考釋，以及傳統金石學的研究，於歷史考古方面也取得了諸多成果。商承祚先生所著《殷墟文字類編》考訂嚴謹又勇立新說，王國維親自校對增補并作序，稱讚"錫永此書可以傳世矣"。本部分文物豐富，舉凡商承祚先生相關的甲骨殘片、渾源彝器、造像、篆刻璽印、錢幣以及書法碑帖等多有展出，尤其是甲骨文、青銅器、楚文化以及四川摩崖石刻研究。商承祚先生的書法與其學術研究交相輝映，擅甲骨、金文、篆書、隸書等書體，兼工篆刻，書法力追金石文字的渾厚平正之氣，造詣深厚。由金文《正氣歌》《秦隸册手稿》及眾多自刻印，可見

觀眾看展

商承祚先生書印雙絕的藝術造詣。

第三單元"傳承奉獻"部分則重點展示商承祚先生的教育傳承，尤其是"藏寶於國"的精神。商承祚先生與眾多知名學者、藝術家交往，共同促進中國近代學術發展與文物保護研究。王守仁《驄馬歸朝詩敘》卷後有張大千、黃賓虹、陳邦懷、酈承銓、潘伯鷹、謝稚柳、葉恭綽等人題跋或鑒賞鈐印。既可見諸公對該卷的推崇，也可見商承祚先生的翰墨因緣。由商承祚先生舊藏祝允明草書《〈晚晴賦〉〈荔枝賦〉》卷以及乾嘉以來學者書畫、居延漢簡、青銅器、石灣陶等品類豐富的珍貴文物，可知其精鑒賞，富收藏，在近現代學人中可謂別具慧眼。先生及其家屬秉承"藏寶於國，施惠於民"的理念，將所藏萬餘件藏品悉數捐贈於國。此舉既反映了商承祚的寬廣胸襟和淡泊名利的精神，更體現了商氏家族一以貫之的文化理念和家國情懷。

展覽還輔以商承祚先生大事年表、學術論著表等資料，以及老照片視頻、商承祚行曆觸摸互動等多媒體展示，更立體地呈現商承祚先生潛心治學、守護中華文化和遺產的學者形象。

二、學術紀念活動

爲更好地弘揚中華優秀傳統文化精神，深圳博物館於2023年3月18~19日圍繞展覽在深圳博物館古代藝術館舉辦了商承祚先生誕辰一百二十周年紀念活動，來自全國十餘家文博單位和高校的專家學者，以及商氏家族親屬及友人近百人齊聚於此，共同緬懷商承祚先生。深圳博物館館長黃琛、中山大学图书馆常务副馆长林明、广东民间工艺博物馆馆长黄海妍、商氏家族代表在開幕式上致辭。

上午舉辦座談會，從商承祚先生學術研究、逸聞趣事、教育傳承、文物保護及其鑒藏捐贈等多個角度回顧先生卓越的學術成就，重溫先生矢志不移的愛國精神，傳承和發揚先生的精神風範。下午，十位專家學者圍繞商承祚先生的學術研究、收藏和捐贈文物做了精彩報告。

（一）梳理商承祚先生的收藏與捐贈

專家學者回顧了商承祚先生與各自所在機構的淵源，并對其的捐贈文物進行了梳理，回憶先生對機構收藏做出的重要貢獻，尤其是表彰商老"獨樂莫如眾樂"的捐贈精神。

開幕式致辭（图片从左至右、从上至下依次为黃琛、林明、黃海妍、商爾大）

中山大學圖書館特藏部主任張琦與館員肖卓介紹了商承祚教授與中山大學圖書館的淵源，商承祚教授長期任教於中山大學，爲中山大學的學科發展、人才培養與文化傳承做出了重要貢獻。報告回顧了商承祚教授與中山大學圖書館早期藏書建設的歷史，系統梳理了商承祚教授捐贈藏書與文物的特色與價值，并介紹了中山大學圖書館爲保護與利用這些珍貴藏書與文物、傳承商承祚教授精神所作的工作。

故宮博物院文物管理處文物徵集科楊兮談及商承祚先生的捐贈精神，講述商承祚先生秉承家學淵源，青年時期關注文物的收集、整理和研究。他將流散文物視爲自己的生命，以畢生的精力進行搶救和保護。商承祚先生學識淵博且治學態度嚴謹，具有大家風範。"獨樂莫如眾樂""公諸同好"，是他一向的思想。先生將所藏數百件藏品捐獻給故宮博物院、廣東省博物館等單位，體現了可貴的奉獻精神和崇高的人格魅力。他在歷史、考古、古文字、書法、鑒定等多個研究領域卓有建樹。在文化文物領域所取得的非凡的學術成就，爲後學所尊崇敬仰。

廣東民間工藝博物館館長黃海妍，梳理了商承祚先生對廣東民間工藝博物館館藏品體系建設的貢獻，自1964年5月，商承祚先生到廣東民間工藝博物館參觀展覽，發現館藏中石灣陶器尚有欠缺，馬上決定把珍藏的明清至民國時期的石灣陶172件捐贈給該館。這批石灣陶中有人物、動物塑像、器皿等，極大地豐富和完善了該館的石灣陶收藏。除此之外，先生還捐贈了窯變釉瓷、彩瓷、潮彩瓷、廣彩瓷、黑白瓷、青瓷、銅鏡、竹雕、石雕、端

硯等相關文物給該館收藏，爲完善廣東民間工藝博物館藏品體系作出了重要的貢獻。

太平天國歷史博物館副館長袁蓉在會上對太平天國歷史博物館藏商氏家族捐贈晚清稟牘奏稿函札的整理與利用進行了介紹，2003年春至2004年初夏，商承祚先生哲嗣、中山大學商志馥教授分三批向該館捐贈了一批珍貴的晚清稟牘奏稿函札等文物229件。這批文物對中日甲午戰爭以及戊戌變法等歷史和人物研究具有極高價值，之前從未見於著錄。接受捐贈後，太平天國歷史博物館對這批文物進行了分類整理及考釋，并以徐邦道稟牘函稿爲例闡釋其文物價值以及文物的出版、展示等利用情況。

南京大學博物館副館長史梅介紹了商承祚先生對南京大學的考古文物事業的重要貢獻。商承祚先生於1932年至1942年間在金陵大學（南京大學前身之一）中國文化研究所任職，一方面對甲骨文進行研究整理；一方面也不遺餘力對長沙楚漢文物進行搶救性徵集、保護，開創了楚漢文物考古的先河；同時又對西南漢崖墓進行調查考察。這期間的研究與交往奠定了商承祚先生今後古文字學、楚文化與金石文物研究的學術成就。

開幕式合照

座談會現場

學術研討會現場

文化等相關文物，也關注佛教造像藝術與研究。1929 年，商承祚先生爲中山大學徵集了一批北朝隋唐宋時期的佛教造像，具有重要的藝術和學術研究價值，惜今僅存 18 件。更值得襃揚的是，20 世紀 50 年代，先生爲保護光孝寺大殿三寶佛腹內發現的一批精美木雕像，四處尋訪，將搜集到的 17 件木雕編輯出版《廣州光孝寺古代木雕像圖錄》，爲嶺南木雕造像藝術研究留下了極爲寶貴的圖像和實物資料。

上海博物館研究館員柳向春就《商承祚文集》對商承祚先生一生的論著之成就表示感歎，商承祚先生畢生致力古文字研究，寝饋傳統文化數十年，聞見廣博，所得豐盈，專著而外，又有《商承祚文集》行世。柳向春圍繞文集中如《宣和博古圖》之版本、孫海波《魏三字石經集錄》之誤收、"郭永思"晉瓷之內容及羅振玉《殷墟書契考釋》之稿本等相關問題展開了稽考，乃見商承祚先生學術之嚴謹。

廣東省博物館藏品管理部副主任任文嶺稱，在商承祚先生及其後人向公立文博機構所捐藏品中，書畫類藏品占到了一半左右，從中可見書畫類藏品在其收藏體系中的重要性。通過這些珍貴的書畫作品，我們不僅可以管窺商承祚先生的書畫收藏來源與途徑、收藏價值取向及藏品特色，還可以瞭解到他與諸多學者、書畫家之間的交流往來，對於我們全面立體地瞭解商承祚先生及開展相關研究有着重要的價值和意義。

何香凝美術館典藏研究部副主任易東華以商承祚舊藏何香凝"虎"圖爲線索，探討何香凝與許承堯"交集"的可能。作爲 20 世紀重要的社會活動家，關於何香凝"交游"的研討，或許有別於純粹藝術家身份的思考。對於何香凝而言，藝術創作，或者說"藝

（二）探討商承祚先生的金石考古與學術研究

專家學者由商承祚先生所捐文物與學術研究出發，論述了先生在古文字研究、書畫鑒藏、印學研究、造像藝術研究等方面的貢獻，闡發先生所捐文物的學術內涵與獨特價值。

廣東民盟、中國書法家協會會員王祥指出，《契齋藏名人印章》、商承祚篆刻理論手稿和日記手稿等是研究商承祚印學思想和成就最寶貴、最真實的史料之一。這些一手資料相互映襯和補充，不僅有利於明晰地認識商承祚的古印鑒藏、印學成就和貢獻，更有利於後學者的借鑒以及推動當代篆刻藝術的發展。王祥從"契齋藏名人印章"看商承祚的古印鑒藏，分析商承祚的篆刻創作和理論思想，對商承祚的印學交游、教育和影響進行探討。

深圳博物館古代藝術研究部主任黃陽興梳理了商承祚對造像藝術研究的貢獻，商承祚先生是一位涉獵廣博的金石考古學家，不僅研究殷商甲骨、商周青銅器、秦漢權衡、先秦貨幣、長沙楚

與會學者發言（图片从左至右、从上至下依次为张琦、杨今、黄海妍、袁蓉、史梅、王祥、黄阳兴、柳向春、任文岭、易东华）

術"的目的、意義應該是明晰的：一者是"藝術救國"，二者是"文人式"的寄幽懷、壯志於翰墨。無論是"救國"，還是"寄懷"，兩者始終與"交游"的社會行為關聯。這張複雜的"交游"圖，顯示出"藝術"在其中扮演何種角色。但是，局限於史料，對於"交游"中的某些"歷史情境"以及具體人物，有時只能通過不同史料信息交叉，然後"合理"推測而已。深圳博物館藏何香凝"虎"圖即是一例。

此外，深圳博物館圍繞展覽還舉辦了三場公益講座。浙江大學藝術與考古學院院長白謙慎教授《晚清官員收藏活動研究》的講座分析了金石拓本的流通與晚清學術發展的深層次關係，為理解晚清金石學提供了非常重要的視野；深圳博物館學術研究部主任黃陽興做了《商聲振金石——紀念商承祚先生誕辰一百二十年特展的學術解讀》的報告，深入闡發了此次紀念展覽的獨特視野和學術意義；中國國家博物館古代繪畫研究所所長朱萬章以《學術與美術——商承祚與黃賓虹交游新證》為題，以商承祚先生鑒藏王守仁《驄馬歸朝詩敘》卷及商承祚、黃賓虹的信札為例，透析兩個不同領域的學者的相同愛好，探討商承祚和黃賓虹建立在學術與美術基礎上的交游及其在各自藝術、學術歷程中的意義。

三、總結與展望

商承祚先生的學者風範與捐贈義舉令人欽佩，其始終將金石學術研究、文物搶救保護、書畫碑帖鑒藏、書法篆刻的事業與振興中華文化的理想抱負相結合。商承祚先生研究、收藏和捐贈的藏品凝聚其畢生心血，承載了中華文明的基因和血脈，是反映中華優秀傳統文化的寶貴遺產。博物館作為珍藏和延伸歷史記憶的公共文化場所，需要像商承祚先生這樣的社會人士的熱情支持與參與，社會捐贈對於博物館而言十分重要，涓涓細流彙聚成海，不僅提升了大眾對中華優秀傳統文化的認知與熱愛，更是為中華民族的偉大復興做出了貢獻。

活動大合照

憶我的祖父商承祚

文 / 商爾大

我與祖父同一屋檐下朝夕相處近三十年，至今許多往事仍歷歷在目。

祖父在我們眼中就是一個慈祥的長者，從未見他發脾氣，也從未對我們大聲斥責教訓。我也闖過幾次禍，例如有一次爲了抓飛進家裏的蜻蜓，踩爛了一個清代大缸，他走近看了一下説："可惜了，以後走廊裏不能再放易打碎的東西了"。他有時會訓導我，但也就三言兩語，從不嘮叨。

"文革"前我們住的房子雖然不小，并不好用，我和曾祖父睡唯一的臥室，共用臥室裏的一張大桌子。祖父和奶奶就睡在一個約六平米的小房間，房間狹長，規制的床放不下，就在裝古玩的陽江漆皮箱上鋪上褥子當床。我也是睡字畫箱子，這"床"估計價值不菲。祖父的書桌設在飯廳，飯廳的地板很舊了，走動會響，要放輕腳步。家裏什麼東西我都可以動，包括字畫古董，但不能動他的書桌，他的書桌太亂了，堆滿了資料和稿紙。"文革"後住的房子也有百多平方，他總算有一個獨立的約六平方的書房了。祖父把走廊隔了一段作爲臥室，奶奶説光亮些，大臥室讓我住。家裏的傢具大多是租用學校的，有的已經不穩當了。他對生活沒什麼要求，似乎有張床睡就行。在家穿的内衣有些是奶奶給打了補丁的，襯衣的袖口和領子磨破了就在家裏穿。

那時每天家裏都會收到許多信，要寄的信也多。我們會用小刀小心地拆信，奶奶就會把信封反過來粘好做成信封重新用。草稿紙也是用廢紙裁剪後訂成了本子用的。

祖父的早餐十幾年都是一成不變的。在飯桌上我從未聽他抱怨過什麼東西不好吃，稍有改善會説，"今天那麼好，有蝦吃啊"。有時我們會在走廊支張桌子"宵夜"，祖父愛吃毛蟹，但也就一隻起兩隻止，他吃得很仔細，一條蟹腿肉都不會放過。其間也會説些過去和友人品螃蟹賞菊、談詩論畫的"八卦"趣事，看來他十分懷念一群文人雅士"一詩換得兩尖團""乘月醉高台"的日子。其後奶奶會把我們三人吃剩的蟹殼拼成幾隻完整的蟹的模樣。祖父調侃地説，她就這本事。

祖父愛花，特喜蘭花，即便中大的"花王"不時來伺弄，也還是種得不太好。薑花倒是種得不錯，一叢薑花開起來，在走廊就能聞到花香。不久樓上的馮乃超副校長搬走了，過後才聽説，原來是馮乃超的夫人怕薑花的味道——把副校長夫婦熏走了。這唯一好打理的花也就不種了。祖父也喜歡曇花，算好曇花要開的

時間，他就會讓我把花搬進屋子，即便出門在外，也盡可能趕回來觀看。每年春節，他都去買一支大吊鐘花，年邁後就讓我叔叔去買，年年如是。

祖父在生活上沒什麼要求，但在做學問上可以説是認真到"吹毛求疵"。不管是學術權威還是推心置腹的老朋友，在學術分歧上都沒有情面可講。祖父和郭沫若是那種經常在一起討論并散步，一起吃擔擔麵、手撕雞的老朋友。但他在"蘭亭論辯"中卻旗幟鮮明地與郭老辯論，并不留情面地指出許多辯僞的文章是"對郭文奉命捧場"。他和容庚更是經常地吵，我見到他們能"和諧"地在一起的時候還真不多。容庚嗓門大，又年長祖父幾歲，吵到最後總是祖父不作聲。一天他把關山月送他的一幅梅掛在走廊，看了一會説，倒梅就倒梅吧。原來他曾經調侃過關説，我不要倒梅（霉），收到畫後覺得關山月還是倒掛的梅畫得好，於是退回，關重新畫了張迎春梅。黎雄才畫的一幅松石圖在他書房的門楣上掛了幾天就不見了，我問，祖父説，松石松石，這石頭也太大了。黎又重新畫了一張，這次祖父滿意了，在書房門楣上掛了很久。有次幫祖父整理書畫時，您和徐悲鴻是老朋友，怎麼不見他畫的馬？他説你覺得他的馬畫得怎樣？我説，大家都説好。祖父説，我數落過他畫的馬多數是三條腿的，他也接受，我更喜歡他畫的花鳥。

祖父鑒別文物的眼光也是不錯的。他把一幅石濤自畫像掛在客廳門的左側，多次在畫前揣摩，又或拿放大鏡仔細審視，口中自言自語。不少行家看後認爲這張畫不是石濤真迹，還有説是他人仿米芾自畫像冒石濤名的。一天，又聽見客廳裏爭論，故宮來的人也認爲是僞作。過了一段時間，我發現畫不見了，問祖父，他説，故宮要走了，口氣頗有些得意。

祖父性格率直，他認爲對的就會堅持到底，即使面對的是位高權重的官員，也會直言極諫。有次我和祖父在東方賓館的電梯裏碰到當時的省委書記梁靈光，梁書記主動地和他打招呼，他沒有一句客套話，就問"我的信你收到了沒有？"（指反對省委拆西堂決定的信）。他不屈從權勢，對附庸阿諛、諂媚卑怯的行爲十分鄙視。他從北京開會回來給奶奶和我模仿一位粵劇名伶爲江青理頭髮撣頭皮屑的動作，説"大庭廣眾，開着會，真不像話！"

祖父并非恃才自傲，目中無人。家中來訪的有學者、藝術家、政府官員，也不乏工人、農民、少年宮的孩子、書法愛好者等。

有時一批接着一批，要在走廊等，他對所有人都會熱情接待。有時家裏的飯桌鋪滿來訪者送來的資料和習作，我們不得不推遲吃飯。我在參加農忙時結識的增城農民五六個人來家，祖父也主動出來打招呼。求字的人也很多，我們真怕累着他，以至不少家中至親至今都沒有一張他落款的字。

祖父遭受的打擊和非難也不少。"文化大革命"抄家時，因爲我騎走了造反派要沒收的自行車，他被叫去挨過皮帶；我曾祖父最愛的唐三彩馬被打斷了腿（後來故宮修復了）；陪伴祖父考古多年的兩台徠卡照相機和許多記者都垂涎的十幾個鏡頭也被抄走了……與另一位教授合住一小宿舍，只能在床上寫字吃飯，祖父、奶奶和我堂弟三人共睡一張床，我探親回家連站的地方都沒有；他的工資被凍結，只發生活費，經濟上不時要親屬接濟。幸而祖父生性豁達，被批鬥，寫認罪書，罰背領袖語錄詩詞，到生產大隊勞動，從眾人吹捧到人人喊打，都挺了過來。祖父在"蘭亭論辯"時的辯文被《文物》雜誌社歸入唯心史觀一冊，一場學術討論變成了政治站隊，他也僅僅是搖搖頭說"荒唐！"祖父書桌前方長期掛着鄭板橋的《四面風墨竹》，畫上題詩云："咬定青山不放鬆，主根原在亂崖中，千磨萬折還堅勁，任爾顛狂四面風。"他如此喜愛此畫，想是以此激勵和自勉，我更覺得是他文人風骨的寫照。

他批評說，看你們寫的字，一代不如一代，再這樣下去，以後就沒有人會寫毛筆字了。80年代以後，他花費大量精力和時間扶掖培養書法新人。一次我的朋友問我，不是說你爺爺從不賣他寫的字嗎，現在賓館有你爺爺的字賣。原來是他的一個學生在賓館開畫展，出售自己的字，也把祖父送他的字一并出售。我認爲會敗壞祖父名聲，祖父卻不以爲然，說"由他去吧，他已經好久沒來了。"不久，我回家正碰見這個學生和他母親離去，我問，他又來了？奶奶說，他媽媽覺得這段日子孩子的字沒進步，又來求你爺爺再教他。

爲保護祖國的文化遺產他是到處奔走呼籲。那個年代的口號是一切以經濟發展爲中心，陳家祠裏有機械廠、倉庫，牽涉到搬遷，收回尤爲困難。那時政府并不積極，祖父反復多次催促。本來這是政府行爲，不知爲何矛頭竟然指向祖父個人，我的一個同學說，"就是你的老爺子，讓我們廠搬到郊區，上班那麼遠"，"陳家祠裏的人都知道，就是那個中大姓商的教授搞搞震，讓我們搬遷的，

搞得我地冇喫好食"，他還被指責爲阻礙經濟發展。

這麼多年過去了，回想起來，深深佩服祖父看問題的前瞻性和判斷力。南京出土與王羲之同時代的墓碑，有楷書也有行書，證明祖父在"蘭亭論辯"中所說的"從東漢起，隸書一方面向草書發展，另一方面也走向楷化，到東晉則已成熟"的正確觀點。他上書建議拆除市內珠江兩岸的廣告，不遺餘力保護的陳家祠、光孝寺、中華全國總工會舊址，現在已然成爲廣州市的名片。我想，要是西堂沒有拆，現在一定會成爲廣州又一"打卡"聖地。

祖父對信仰執着，對真理堅持；堅守本心，淡泊名利；中正自持，寵辱不驚。他不屈從權貴，不流於世俗。他將傳承和保護中華文明和文化爲使命，義無反顧地傾其一生，值得讓我們永遠懷念。

從左到右依次爲：商爾大、商承祚、商文琪、孫綺秋（蕙芬）、謝建虹（1985 年攝於中山大學）

從左到右依次爲：商承祚、商文琪、商爾大（1989 年 11 月 4 日攝於中山大學）

主要參考文獻

歷史文獻

（宋）歐陽修、歐陽棐撰 :《集古録跋尾・集古録目》，上海古籍出版社，2020 年。

（宋）吕大臨撰 :《泊如齋重修考古圖》，北京圖書館出版社，2003 年。

（宋）王黼等撰 :《至大重修宣和博古圖録》，北京圖書館出版社，2005 年。

（宋）趙明誠撰，金文明校證 :《金石録校證》，中華書局，2019 年。

（宋）薛尚功撰 :《歷代鐘鼎彝器款識法帖》，浙江古籍出版社，2019 年。

（清）汪啟淑輯 :《漢銅印叢》，中華書局，1962 年。

（清）王念孫輯 :《廣雅疏證》，中華書局，2019 年。

（清）葉衍蘭、葉恭綽編 :《清代學者像傳》，上海商務印書館，1928 年。

（清）林伯桐撰 :《學海堂志》，刊印本，清道光十八年（1838 年）。

（清）孫星衍、嚴可均撰 :《平津館金石萃編》，上海古籍出版社，2020 年。

（清）王昶撰 :《金石萃編》，上海古籍出版社，2020 年。

（清）翁方綱撰 :《粤東金石略》，石州草堂，清乾隆三十六年（1771 年）。

（清）阮元著 :《積古齋鐘鼎彝器款識》，浙江人民美術出版社，2019 年。

（清）陳介祺著 :《十鐘山房印舉》，西泠印社出版社，2012 年。

（清）錢大昕撰 :《潛研堂金石文跋尾》，上海古籍出版社，2020 年。

（清）吳大澂編，吳湖帆重編 :《愙齋集古録》，中華書局，2022 年。

（清）孫詒讓撰 :《契文舉例》，上虞羅振常蟫隱廬，1927 年。

（清）畢沅撰 :《關中金石記》，經訓堂，清乾隆四十六年（1781 年）。

（清）畢沅撰 :《中州金石記》，經訓堂，清乾隆五十四年（1789 年）。

（清）包世臣撰 :《藝舟雙楫》，皖省聚文堂 "木活字" 本，清光緒十年（1884 年）。

（清）康有爲撰 :《廣藝舟雙楫》，上海廣藝書局，1916 年。

（清）康有爲撰，（日）中村不折、井土靈山譯 :《六朝書道論》，二松堂書店，1913 年。

（清）劉鶚藏，鮑鼎釋 :《鐵雲藏龜》，上虞羅振常蟫隱廬石印本，1931 年。

（清）商廷煥著 :《味靈華館詩》，清宣統刻本。

（清）梁章鉅輯 :《楹聯叢話》，上海書店出版社，1981 年。

著作

趙爾巽等撰 :《清史稿》，中華書局，1977 年。

王襄編 :《簠室殷契征文》，天津博物院，1925 年。

陳介祺輯 :《簠齋藏古玉印譜》，神州國光社，1930 年。

關百益輯 :《東亞民族國幣舉要目録》，中華書局，1930 年。

羅福頤主編、故宮博物院研究室璽印組編纂 :《秦漢南北朝官印徵存》，文物出版社，1987 年。

《甲骨學舊籍叢編》編寫組編 :《甲骨學舊籍叢編》（第 8 册），廣西師範大學出版社，2022 年。

段玉裁撰 :《説文解字注》，世界書局，1972 年。

馬衡著 :《中國金石學概論》，時代文藝出版社，2019 年。

朱劍心著 :《金石學》，文物出版社，1981 年。

趙國英主編 :《乙瑛碑》，故宮出版社，2016 年。

上海圖書館編 :《孔羨碑》，上海古籍出版社，2015 年。

謝光輝、劉春喜編：《商衍鎏、商承祚藏朱次琦、康有爲信翰》，文物出版社，2008 年。

周亞編著：《窓齋集古圖箋注》，上海古籍出版社，2012 年。

郭沫若、胡厚宣總輯，中國社會科學院歷史研究所：《甲骨文合集》，中華書局，1982 年。

《甲骨文研究資料彙編》編委會編：《甲骨文研究資料彙編》，國家圖書館出版社，2008 年。

中國國家博物館、中國書法家協會編：《中國國家博物館典藏甲骨文金文集粹》，安徽美術出版社，2015 年。

羅振玉著：《羅振玉學術論著集》，上海古籍出版社，2010 年。

商廷煥等著：《清芬濟美——番禺商氏四代詩書畫集》，文物出版社，2020 年。

商衍鎏著：《清代科舉考試述錄》，故宮出版社，2014 年。

商衍鎏著：《商衍鎏詩書畫集》，文物出版社，2008 年。

商承祚編：《殷墟文字類編》，《甲骨文研究資料匯編》（第 13 冊），國家圖書館出版社，2008 年。

商承祚編：《殷墟文字類編》，《甲骨文研究資料匯編》（第 13 冊），國家圖書館出版社，2008 年。

商承祚編：《福氏所藏甲骨文字》，金陵大學中國文化研究所，1933 年。

商承祚著：《甲骨文字研究》，《甲骨文研究資料匯編》（第 6 冊），國家圖書館出版社，2008 年。

商承祚輯：《殷契佚存》，《甲骨文研究資料匯編》（第 14 冊），國家圖書館出版社，2008 年。

商承祚著：《說文中之古文考》，上海古籍出版社，1983 年。

商承祚編：《十二家吉金圖錄》，中新書局，1973 年。

商承祚編：《渾源彝器圖》，金陵大學中國文化研究所，1936 年。

商承祚編著：《石刻篆文編》，中華書局，1996 年。

商承祚著：《長沙古物聞見記》，文海出版社，1971 年。

商承祚著：《長沙古物聞見記·續記》，中華書局，1996 年。

商承祚編：《長沙出土楚漆器圖錄》，中國古典藝術出版社，1957 年。

商承祚編著：《戰國楚竹簡匯編》，齊魯書社，1995 年。

商承祚編：《廣州光孝寺古代木雕像圖錄》，上海出版公司，1955 年。

商承祚、王貴忱、譚棣華編：《先秦貨幣文編》，書目文獻出版社，1983 年。

商志𩡑編：《商承祚文集》，中山大學出版社，2004 年。

王貴忱著：《可居叢稿》，廣東人民出版社，2011 年。

李零著：《子彈庫帛書》，文物出版社，2017 年。

杜廼松著：《古文字與青銅文明論集》，故宮出版社，2015 年。

趙曉軍著：《先秦兩漢度量衡制度研究》，上海交通大學出版社，2017 年。

中國國家博物館編：《華夏之路：文物裏的中國通史》（第 2 冊 西周至戰國時期），朝華出版社，2021 年。

李國鈞主編：《中華書法篆刻大辭典》，湖南教育出版社，1990 年。

容庚著：《容庚北平日記》，中華書局，2019 年。

王祥著：《商承祚》，嶺南美術出版社，2012 年。

王家葵著：《近代印壇點將錄》，四川文藝出版社，2020 年。

馬國權著：《廣東印人傳》，上海書畫出版社，2023 年。

深圳博物館編：《契齋藏印——深圳博物館藏商承祚捐贈印章集》，文物出版社，2020 年。

廣東省博物館、深圳市博物館、廣東民間工藝博物館編：《商承祚先生捐贈文物精品選》，嶺南美術出版社，1998 年。

陳煒湛著：《三鑒齋雜著集》，中西書局，2016 年。

王國平著：《東吳大學簡史》，蘇州大學出版社，2009 年。

太平天國歷史博物館著：《商承祚藏清季名人稟牘奏稿函札——甲午中日戰爭新史料》，江蘇人民出版社，2006 年。

梁啓超著：《飲冰室合集》，中華書局，1989 年。

蔡季襄著：《晚周繒書考證》，中西書局，2014 年。

孫文清編纂，商承祚校訂：《南陽漢畫像彙存》，金陵大學中國文化研究所叢刊甲種，1937 年。

（日）常盤大定、關野貞著，復旦大學文史研究院編，李星明主編：《中國文化史迹》，上海辭書出版社，2018 年。

容庚編著：《金文編》，中華書局，2016 年。

周亞編著：《愙齋集古圖：了解一代學人的金石收藏與學術研究》，上海古籍出版社，2023 年。

佛山市文化廣電新聞出版局編：《佛山市博物館藏繪畫》，文物出版社，2013 年。

陸德富、張曉川整理：《吳大澂書札》，上海古籍出版社，2023 年。

黃耀中編著：《黃士陵》，嶺南美術出版社，2023 年。

孫慰祖撰：《中國璽印篆刻通史》，東方出版中心，2016 年。

周彝馨、呂唐軍著：《石灣窯文化研究》，中山大學出版社，2014 年。

紀文瑾著：《石灣窯研究》，廣東人民出版社，2017 年。

鄭君雷主編：《中山大學人類學博物館館藏珍品》，中山大學出版社，2019 年。

文章

徐熊飛：《兩浙金石志序》，《白鴿山房駢體文鈔》卷 1，《清代詩文集匯編》第 470 冊，上海古籍出版社，第 180 頁。

王國維：《齊魯封泥集存序》，《觀堂集林》，中華書局，1959 年。

容肇祖：《學海堂考》，《暨南學報》3 卷 4 期，1934 年 6 月。

商承祚：《我和古文字學》，《書林》1981 年第 5 期，第 3 ~ 5 頁。

商承祚：《記南京出土之梁五銖泥範》，《金陵學報》1935 年第 5 卷第 2 期，第 439 ~ 442 頁。

商承祚：《商承祚自傳》，《中國現代社會科學家傳略》（第 4 輯），山西人民出版社，1983 年。

商承祚：《我與容希白》，《廣州日報》1983 年 3 月 13 日。

商承祚：《追憶往事 如晤故人》，《郭沫若研究》1986 年第 1 期，第 363 ~ 364 頁。

商承祚：《我與金陵大學》，《東南文化》2002 年第九期，第 76 ~ 79 頁。

周常林：《羅振玉與清末民初歷史文獻學》，蘭州大學博士學位論文，2011 年。

陶智：《〈貞松堂集古遺文〉研究》，安徽大學博士學位論文，2011 年。

高去尋：《李峪出土銅器及其相關之問題》（1935 年北京大學論文），《“中央研究院”歷史語言研究所集刊》第 70 本第 4 分，1999 年 12 月。

盧岩：《說燕國泉貨面文的所謂“明”字》，《中原文物》2012 年第 1 期，第 50 ~ 55 頁。

白雲翔：《邾國故城新莽銅詔版和銅環權簡論》，《考古》2018 年第 8 期，第 35 ~ 39 頁。

傅振倫：《甘肅定西出土的新莽權衡》，《中國歷史博物館館刊》1979 年，第 90 ~ 93 頁。

朱萬章：《商承祚書法的示範意義》，《群言》2015 年第 5 期，第 49 ~ 50 頁。

楊頻：《袁安碑系年問題及其他》，《中國書畫》2013 年第 6 期，第 56 ~ 59 頁。

曾憲通：《商錫永先生與楚帛書之緣及其貢獻》，《大學書法》2021 年第 3 期，第 14 ~ 18 頁。

容庚：《考古學社之成立及願望》，《考古社刊》1935 年第 1 期，第 5 ~ 7 頁。

甘肅居延考古隊：《居延漢代遺址的發掘和新出土的簡冊文物》，《文物》1978 年第 1 期，第 1 ~ 25 頁。

陳智亮：《廣東石灣古窑址調查》，《考古》1978 年第 3 期，第 195 ~ 199 頁。

陳煒湛：《商承祚先生學術成就述要》，《古籍整理研究學刊》1993 年第 5 期，第 41 ~ 48 頁。

黃詩金：《深圳博物館藏小型青銅器》，《收藏家》2010 年第 6 期，第 11 ~ 14 頁。

朱萬章：《商承祚與黃賓虹：一段美術關系的鈎沉——以鑒藏〈聰馬歸朝詩叙〉爲例》，《文物鑒定與鑒賞》2011 年第 1 期，第 60 ~ 67 頁。

紹輝：《商志覃與上海中國科舉博物館的淵源》，《都會遺踪》2021 年第 1 期，第 166 ~ 174 頁。

圖版目録

○○一　王厚之　鐘鼎款識

○○二　翁方綱　隸書七言聯

○○三　黃易　隸書臨楊太尉碑軸

○○四　孫星衍　寰宇訪碑録

○○五　孫星衍　篆書軸

○○六　阮元　揅經室集

○○七　阮元　隸書七言聯

○○八　吳榮光　辛丑銷夏記

○○九　陳澧　篆書八言聯

○一○　包世臣　藝舟雙楫

○一一　包世臣　行書八言聯

○一二　康有爲　廣藝舟雙楫

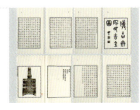

○一三　康有爲　致商衍鎏信札折頁（其一）

○一四　段玉裁　說文解字注

○一五　湖啓昆　小學考

○一六　潘仕成　潘氏泉譜

○一七　張鳳　漢晉西陲木簡彙編

○一八　黃濬　尊古齋所見吉金圖

○一九　“敬爾”圓形臺鈕銅印

○二○　“中壹”日字形瓦鈕銅印

○二一　“量事”方形鼻鈕銅印

○二二　“富”方形鼻鈕銅印

○二三　“軍假司馬”銅印

○二四　“部曲將印”銅印

○二五　“部曲將印”銅印

○二六　“郭長卿印·郭安樂印”方形兩面銅印

○二七　“朔方將軍章”銅印

○二八　人獸紋方形臺鈕銅印

○二九　“齊宮者丞”封泥

○三○　“京兆尹印”封泥

○三一　“小月府”封泥

○三二　“東光長印”封泥

○三三　“都鄉君”封泥

○三四　陳介祺　十鐘山房印舉

○三五　陳漢第　伏廬藏印

○三六　徐堅　西京職官印録

○三七　錢坫　十六長樂堂古器款識考

○三八　錢坫　篆書録語軸

○三九　曹載奎　懷米山房吉金圖

○四○　吳式芬　攈古録金文

○四一　吳雲　兩罍軒彝器圖釋

○四二　吳雲　行書聯

○四三　陳介祺　簠齋吉金録

○四四　陳介祺　古陶器拓片軸

○四五　吳大澂　吳中丞說文部首墨蹟

○四六　吳大澂　篆書七言聯

○四七　黃士陵　周季良父盉全器圖軸

○四八　鄒安　周金文存

○四九　端方　陶齋吉金續錄

○五○　端方　秦權全形拓片及端方題記軸

○五一　唐蘭　天壤閣甲骨文存并考釋

○五二　劉鶚　鐵雲藏龜

○五三　張蔭桓　致王懿榮函

○五四　羅振玉　甲骨文七行軸

○五五　羅振玉　臨善鼎銘軸

○五六　羅振玉　楚雨樓叢書初集

○五七　王國維　海寧王忠慤公遺書初集

○五八　王國維　觀堂遺墨

○五九　商廷煥　味靈華館詩

○六○　商廷煥　詩音易簡

○六一　商廷修　居庸疊翠圖卷

○六二　"甲辰探花／商衍鎏鉥"朱白文兩面印章

○六三　"藻亭／商衍鎏"朱白文兩面印章

○六四　"康樂老人九十後作／臨池學書耽詩句"白文對章

○六五　商衍瀛　楷書十四言聯

○六六　商衍鎏　行書五行軸

○六七　商衍鎏　墨竹圖

○六八　商衍鎏　畫竹一得淺說

○六九　羅振玉舊照

○七○　貞翌乙未易日等字卜辭

○七一　羅振玉　甲骨文七言聯

○七二　羅振玉　甲骨文橫幅

○七三　婦觶

○七四　祖中甗

○七五　羅振玉　臨矢令方彝銘軸

○七六　散氏盤全形及銘文拓片軸

○七七　羅振玉　臨毛公鼎銘四條屏

○七八　羅振玉　集石鼓文八言聯

○七九　羅振玉　篆書十言聯

○八○　羅振玉　篆書四字橫幅

○八一　羅振玉　臨西狹頌軸

○八二　商承祚　殷虛文字類編

○八三　商承祚　福氏所藏甲骨文字

○八四　商承祚　甲骨文字研究

○八五　商承祚　殷契佚存

○八六　刻字甲骨殘片一組

○八七　商承祚　說文中之古文考

○八八　"金陵大學中國文化研究所印"朱文獅鈕印章

〇八九 "番禺商氏愙齋手拓金石文字記"白文雙魚鈕印

〇九〇 商承祚 十二家吉金圖錄

〇九一 父乙簋

〇九二 季右父鬲

〇九三 宗婦簋

〇九四 攻吳王光戈

〇九五 鳩杖首

〇九六 鑄客豆

〇九七 鑄客缶

〇九八 楚王酓肯簠

〇九九 楚王酓璋（章）劍

一〇〇 商承祚 渾源彝器圖

一〇一 蟠虺紋鼎

一〇二 鑲嵌卷龍紋鼎

一〇三 雙龍絡紋罍

一〇四 四虎蟠龍紋豆

一〇五 商承祚等 先秦貨幣文編

一〇六 "明"銅刀幣

一〇七 "明"銅刀幣

一〇八 "明"銅刀幣

一〇九 "半兩"泥錢

一一〇 "五銖"銅錢一組

一一一 商承祚 石刻篆文編

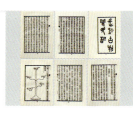
一一二 陶撫琴俑

一一三 漢畫像磚拓片

一一四 漢石棺拓片

一一五 商承祚 訪漢崖墓畫像題記拓片

一一六 吳天發神讖碑拓片冊頁

一一七 商承祚 長沙古物聞見記

一一八 "楚簹居"朱文印章

一一九 "楚簹是寶"白文印章

一二〇 銅鋪首銜環

一二一 閔翁主銅鎣

一二二 "天福五年"端硯

一二三 石盂

一二四 石杯

一二五 雙鋪首石扁瓶

一二六 雙鋪首石方壺

一二七 雙鋪首石方壺

一二八 子彈庫帛書殘片

一二九 商承祚 長沙出土楚漆器圖錄

一三〇 彩繪狩獵紋漆樽

一三一 "楚冠俎几室"朱文印章

一三二 商承祚 戰國楚竹簡匯編

一三三 "愙齋六十歲手摹戰國楚竹簡"白文獅鈕印章

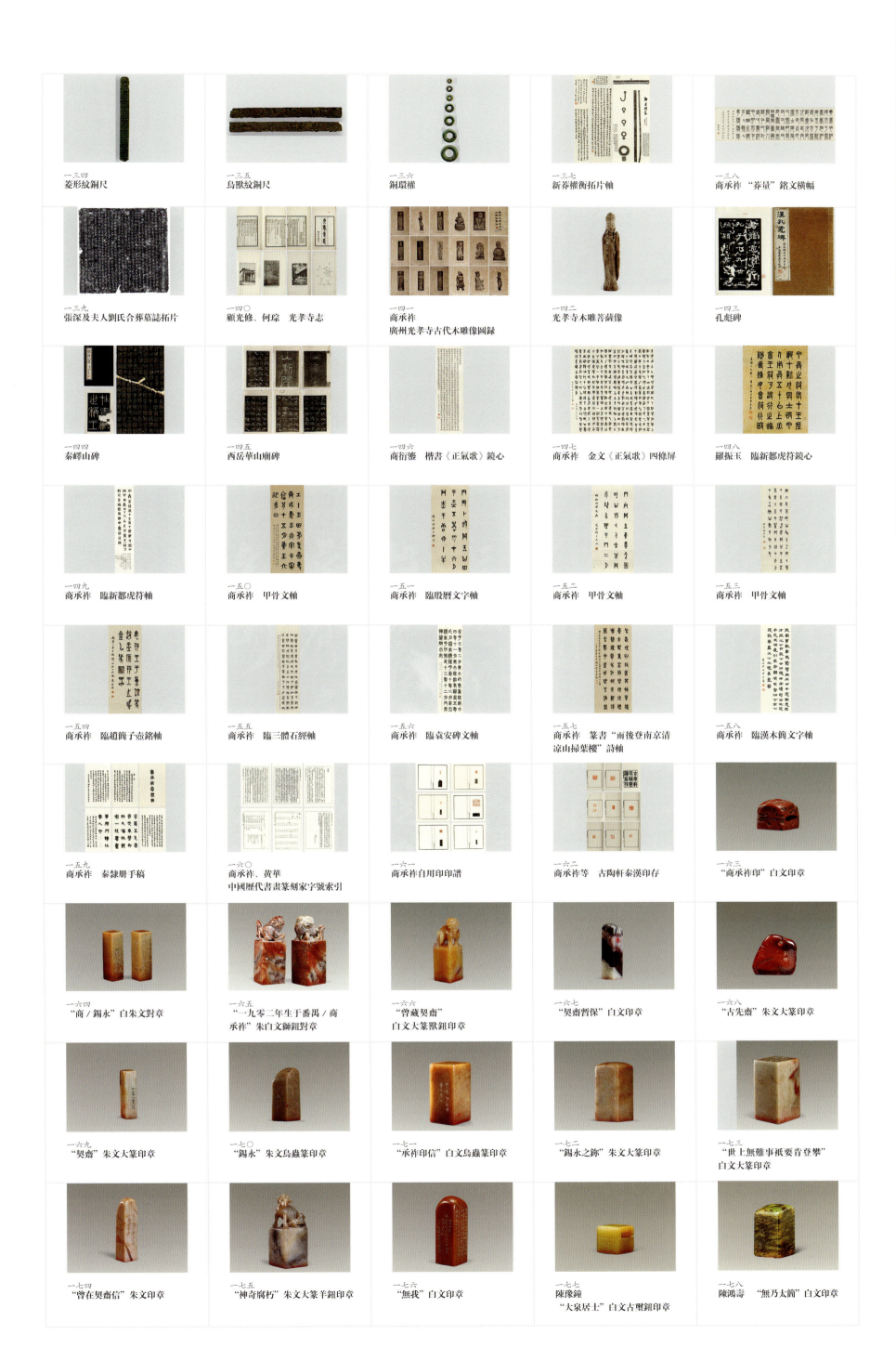

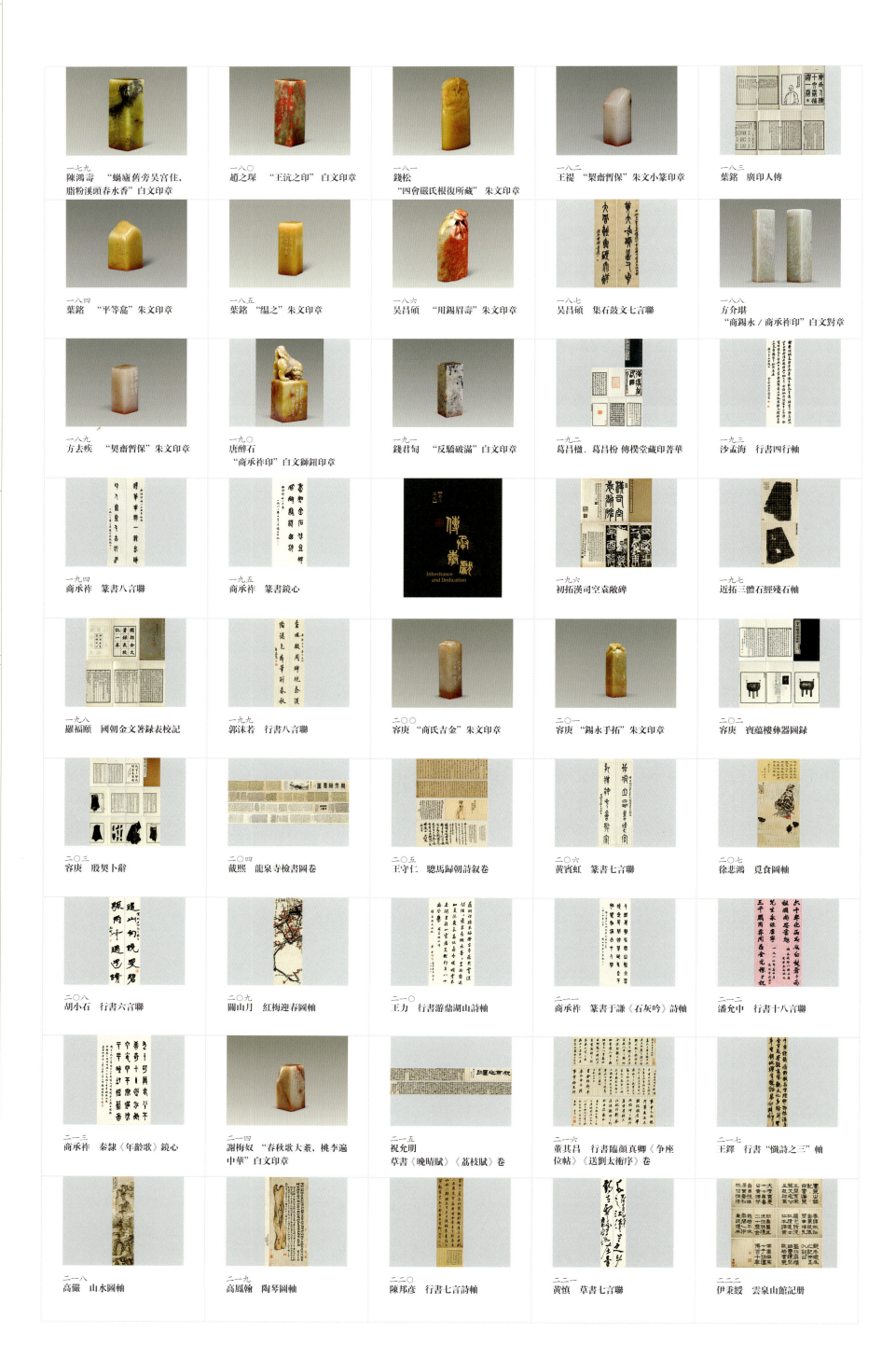

一七九　陳鴻壽　"蝸廬舊旁吳宮住，脂粉溪頭春水香"白文印章

一八○　趙之琛　"王沇之印"白文印章

一八一　錢松　"四會嚴氏根復所藏"朱文印章

一八二　王禔　"聚齋暫保"朱文小篆印章

一八三　葉銘　廣印人傳

一八四　葉銘　"平等龕"朱文印章

一八五　葉銘　"緼之"朱文印章

一八六　吳昌碩　"用錫眉壽"朱文印章

一八七　吳昌碩　集石鼓文七言聯

一八八　万介堪　"商錫永／商承祚印"白文對章

一八九　方去疾　"契齋暫保"朱文印章

一九○　唐醉石　"商承祚印"白文獅鈕印章

一九一　錢君匋　"反驕破滿"白文印章

一九二　葛昌楹、葛昌枌　傳樸堂藏印菁華

一九三　沙孟海　行書四行軸

一九四　商承祚　篆書八言聯

一九五　商承祚　篆書鏡心

一九六　初拓漢司空袁敞碑

一九七　近拓三體石經殘石軸

一九八　羅福頤　國朝金文著錄表校記

一九九　郭沫若　行書八言聯

二○○　容庚　"商氏吉金"朱文印章

二○一　容庚　"錫永手拓"朱文印章

二○二　容庚　寶蘊樓彝器圖錄

二○三　容庚　殷契卜辭

二○四　戴熙　龍泉寺檢書圖卷

二○五　王守仁　聽馬歸朝詩叙卷

二○六　黃賓虹　篆書七言聯

二○七　徐悲鴻　覓食圖軸

二○八　胡小石　行書六言聯

二○九　關山月　紅梅迎春圖軸

二一○　王力　行書游鼎湖山詩軸

二一一　商承祚　篆書于謙《石灰吟》詩軸

二一二　潘允中　行書十八言聯

二一三　商承祚　秦隸《年齡歌》鏡心

二一四　謝梅奴　"春秋歌大義，桃李遍中華"白文印章

二一五　祝允明　草書《晚晴賦》《荔枝賦》卷

二一六　董其昌　行書臨顏真卿《爭座位帖》《送劉太衝序》卷

二一七　王鐸　行書"僦詩之三"軸

二一八　高儼　山水圖軸

二一九　高鳳翰　陶琴圖軸

二二○　陳邦彥　行書七言詩軸

二二一　黃慎　草書七言聯

二二二　伊秉綬　雲泉山館記冊

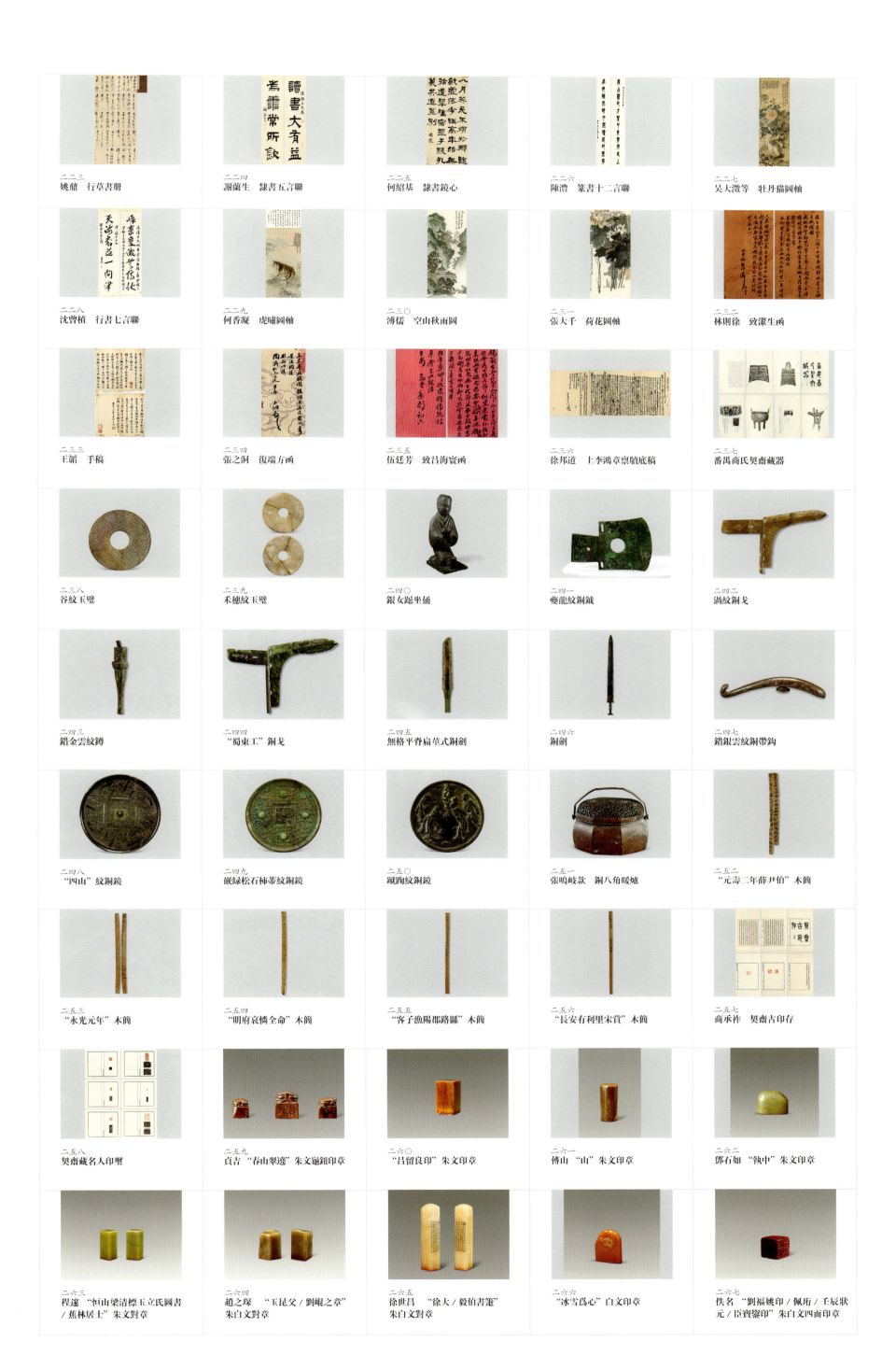

二二三　姚鼐　行草書册

二二四　謝蘭生　隸書五言聯

二二五　何紹基　隸書鏡心

二二六　陳澧　篆書十二言聯

二二七　吳大澂等　牡丹貓圖軸

二二八　沈曾植　行書七言聯

二二九　何香凝　虎嘯圖軸

二三〇　溥儒　空山秋雨圖

二三一　張大千　荷花圖軸

二三二　林則徐　致潔生函

二三三　王韜　手稿

二三四　張之洞　復端方函

二三五　伍廷芳　致呂海寰函

二三六　徐邦道　上李鴻章稟牘底稿

二三七　番禺商氏奕齋藏器

二三八　谷紋玉璧

二三九　禾穗紋玉璧

二四〇　銀女跽坐俑

二四一　夔龍紋銅鉞

二四二　渦紋銅戈

二四三　錯金雲紋鐏

二四四　"蜀東工"銅戈

二四五　無格平脊扁莖式銅劍

二四六　銅劍

二四七　錯銀雲紋銅帶鉤

二四八　"四山"紋銅鏡

二四九　嵌綠松石柿蒂紋銅鏡

二五〇　蹴鞠紋銅鏡

二五一　張鳴岐款　銅八角暖爐

二五二　"元壽二年薛尹伯"木簡

二五三　"永光元年"木簡

二五四　"明府哀憐全命"木簡

二五五　"客子漁陽郡路縣"木簡

二五六　"長安右利里宋賞"木簡

二五七　商承祚　奕齋古印存

二五八　奕齋藏名人印璽

二五九　貞古　"春山翠遶"朱文螭鈕印章

二六〇　"呂留良印"朱文印章

二六一　傅山　"山"朱文印章

二六二　鄧石如　"執中"朱文印章

二六三　程遂　"恒山梁清標玉立氏圖書／蕉林居士"朱文對章

二六四　趙之琛　"玉昆父／劉崐之章"朱白文對章

二六五　徐世昌　"徐大／毅伯書簏"朱白文對章

二六六　"冰雪爲心"白文印章

二六七　佚名　"劉福姚印／佩珩／壬辰狀元／臣寶鍙印"朱白文四面印章

二六八 洗玉清　廣東印譜考

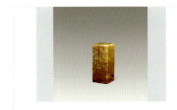

二六九 徐三庚　"醉經精舍"朱文印章

二七〇 徐三庚　"日溓印信/姚江邵氏"朱白文獅鈕對章

二七一 蘇展驥　"樵野/張蔭桓印"朱白文對章

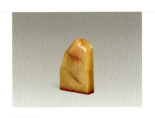

二七二 何昆玉　"高要馮氏藏書"朱文印章

二七三 黃牧甫印譜

二七四 黃士陵　"華父/蔣洒助"朱白文夔龍鈕對章

二七五 鄧爾雅　"江夏"朱文瑞獸鈕印章

二七六 李尹桑　"黃節/晦聞"朱白文對章

二七七 三彩馬

二七八 潮州白釉雙獸耳刻人物扁方瓶

二七九 青釉瓷缽

二八〇 石灣窯白釉秋葉洗

二八一 石灣窯素胎三足爐

二八二 石灣窯花釉梅瓶

二八三 石灣窯變釉鍾馗像

二八四 潘玉書　石灣窯青白釉西施像

二八五 潘玉書　石灣窯青白釉關羽像

二八六 梁醉石　石灣窯白釉歐陽修像

二八七 石灣窯白釉蘇東坡像

二八八 石灣窯素胎立隼

二八九 商承祚、商衍鎏父子自用毛筆一組

二九〇 商承祚自用多屜抽板匣

二九一 商承祚自用書畫箱

二九二 帶研石石硯

二九三 青釉瓷硯

二九四 蘭亭修褉圖石硯

二九五 豇豆紅印盒

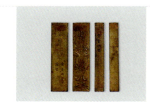

二九六 曹素功製 "天府元香"墨錠

二九七 胡開文製 "驪龍珠"墨錠

二九八 "公佰"墨錠

二九九 "知白齋墨"墨錠

三〇〇 "桃花浪"墨錠

　　精誠所至，金石爲開。2022 年 12 月底，“商聲振金石——商承祚先生誕辰一百二十周年紀念特展”在經歷了種種波折、衝破了重重困境與曲折後終於如期開幕，其中凝結了眾多文博同仁的辛勞與熱血。本次展覽的圓滿舉辦，要感謝番禺商氏家族的鼎力支持；感謝中山大學、故宮博物院、上海博物館、廣東省博物館、廣東民間工藝博物館、重慶中國三峽博物館、南京博物院、南京大學博物館、太平天國歷史博物館、湖南博物院、西泠印社等及同仁的支持。

　　同時，感謝故宮博物院王躍工副院長、重慶中國三峽博物館張榮祥副館長、南京博物院王奇志副院長、南京大學博物館史梅副館長在展覽開幕時發來的祝賀。

　　高山仰止，景行行止。商承祚先生是近現代胸懷“救亡圖存”愛國熱情、以振興中華傳統文化爲精神追求的大學者。展覽主標題“商聲振金石”爲中國傳統文化的遐想妙得，用於展覽具有多重含義。“商聲”既是“宮商角徵羽”五音之一，也寓意商承祚先生的學術之聲；“金石”既是“商聲”的發音特色，也寓意了商承祚先生的金石之學，又表達先生學術成就如金石之堅，傳之不朽，可謂妙語雙關。本次展覽是首個紀念商承祚先生的大型綜合性文物展覽，其中過半數展品是商承祚先生及其子嗣將其重要收藏悉數捐贈後的首次整理并展出，品類豐富，面貌多元，全面反映了商承祚先生的學術成就、教育貢獻、文物鑒藏及其大公無私的捐贈義舉。

　　展覽的舉辦受到了社會各界的廣泛關注，好評如潮，全國、粵港澳大灣區的各大新聞媒體、網站以及微信、抖音等自媒體紛紛報道和轉載。展覽期間我館還舉辦了“紀念商承祚先生誕辰一百二十周年”主題座談會、學術研討會與公益講座，深圳博物館微信視頻號、微博等平臺同步線上直播，數萬名觀眾線上參與了本次活動。海內外觀眾絡繹不絕，更有金石學者、商氏後人、商承祚先生舊時友人、後學與書畫篆刻藝術愛好者等前來觀展。

　　北朝著名詩人庾信《徵調曲》云：“落其實者思其樹，飲其流者懷其源。”深圳博物館一直感恩社會各界人士對博物館的無私捐贈，致力於弘揚中華優秀傳統文化。商承祚先生是深圳博物館藏品最重要的捐獻者，適時舉辦具有學術價值的紀念展是我館同仁多年的心願。本次展覽由深圳博物館原古代藝術研究部團隊共同完成，部門主任黃陽興博士、研究館員擔任學術策劃、展覽，從學術層面全面梳理、補充完善展覽大綱內容；金石組組長黃詩金擔任展覽顧問，負責與商氏家族的聯絡協調；書畫組組長陳珊婉擔任展覽策展人，執行展覽事務；書畫組成員張傲、劉倩、高雅爲策展助理，協助大量事務工作。本次圖錄編訂不僅收錄了展覽相關延展內容，更重新梳理和完善了諸多文物說明及學術信息，希望爲學界提供更全面、更具價值的研究材料。我館致力於編輯出版高質量的學術圖錄，也將對捐贈文物做進一步的研究和利用，希望這樣優良的捐贈之風能在當今社會中得到發揚和延續。

　　本次展覽策劃得到了商氏後人，尤其是中山大學商爾從教授、熊啟紅先生等人的積極聯絡和傾力支持。感謝中山大學中文系陳煒湛教授不辭高齡校訂展覽大綱，悉心指教。感謝文化部辦公廳原副主任錢林祥在展覽籌備時給予的熱心幫助。也特別感謝中山大學范常喜教授爲圖錄中的部分甲骨文書法作品做了釋錄和校對；同時，感謝故宮博物院原研究員羅隨祖、中國國家博物館原研究館員朱萬章提供的指導和幫助。此次展覽得到了諸多相關文博同仁以及館內同事的幫助，在此謹致謝忱！

　　“夫學術者，天下之公器也。”限於時間與編者的學識，本圖錄也難免存在缺漏或錯誤，敬請方家指正。